내가 하는 말이 나를 만든다

일러두기

책에서 소개하는 스피치 강의 사례에 등장하는 분들의 이름은
가명으로 표기하였습니다.

나를 완성하는
언어의__품격

내
가
하
는
말이
나
를
만든다

손지애 지음

당글

이 책을 통해 독자님들께서 얻게 될 것들

> ## 말을 한다는
> ## 행위의 의미를 되새기게 됩니다.
>
> 말을 한다는 것은 세상과 소통하는 차원을 넘어
> 나의 생각과 신념을 제대로 드러내며,
> 세상과 내 인생에 씨앗을 심는 행위입니다.
> 각각의 상황에서 어떤 말을 선택하느냐에 따라
> 삶의 결실이 달라질 수 있음을 알게 됩니다.

> ## 발성과 발음이
> ## 보다 명확해집니다.
>
> 성량을 높이고
> 음성을 선명하게 만드는 호흡법과
> 발성, 발음 훈련을
> 직접 해볼 수 있도록 안내합니다.
> 이로써 스피치의
> 기본 체력을 쌓을 수 있습니다.

> ## 내 삶의 스토리와 내 존재의 의미를
> ## 깨닫게 해줍니다.
>
> 말에는 필연적으로 '이야기'가 따라오기 마련입니다.
> 그리고 그 이야기의 시작은 바로 나 자신입니다.
> 미처 깨닫지 못했던,
> '나'라는 세계를 구성하고 있는 다양한 이야기를
> 만들어가는 기회를 갖게 될 것입니다.

**스피치 훈련으로 인해
찾아오는 변화를 확인할 수 있습니다.**

이 책에는 저자가 10년 가까이 현장에서
스피치 강사로 활동하며 체험한
다양한 임상 사례를 담았습니다.
'말'을 바꿈으로써
삶의 변화를 겪은 분들의
감동적인 에피소드를 접할 수 있습니다.

**말의 품격을 높이는
제스처에 익숙해집니다.**

말은 입으로만 하는 것이 아니라,
몸 전체로 하는 것입니다.
듣는 이의 호감을 끌어내고 집중도를 높이는
상황별 동작을 익힐 수 있습니다.
그리고 반드시 피해야 할
제스처에 대해서도 소개합니다.

**나의 세계를 바라보는
긍정적인 관점을 갖게 됩니다.**

스피치 훈련과 말하기 연습을 통해
스스로 변화하는 모습을 확인하면서
자신감을 갖게 되고 내 삶을 응원하게 됩니다.
그리고 말하는 행위가 자유로워지면
세상과의 접점이 보다 넓어집니다.
이전과는 다른 느낌으로 세상을 만나며
에너지가 충만해지는 경험을 하게 될 겁니다.

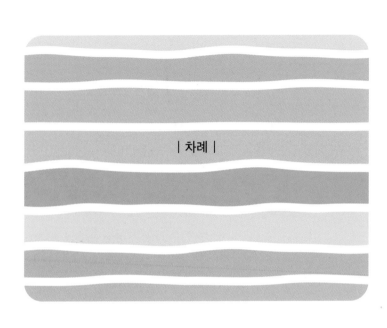

| 차례 |

Chapter 6
지애의 스피치 교실로 오세요

에필로그

Chapter 1

보이스 트레이닝을 왜 해야 할까?

뛰어난 장인(匠人)이 만든 훌륭한 악기라 해도 연주자가 꾸준히 연주하지 않으면 그 악기는 제대로 성능을 발휘하지 못합니다. 또 연주자가 함부로 다루면 제아무리 뛰어난 명기(名器)라 해도 값어치를 못해요. 우리의 성대 역시 하나의 악기입니다. 어떤 사람은 그 악기를 제대로 쓰지 않아서, 또 어떤 사람은 잘못 써서 '소리'를 망치는 경우가 많습니다. 많은 분들이 목소리는 타고나는 것 아니냐고 생각하겠지만, 무슨 일에든 선천적인 부분과 후천적인 부분이 공존하는 법입니다.

말을 바꾸고
인생이 업그레이드되다

처음 만났을 때부터 진영희 씨(49세)는 참 성실한 사람이라는 인상을 주었습니다. 교육 공무원인 그녀는 자신의 직업에 대한 자부심과 사명감이 남달랐고, 주변 사람에게 좋은 영향력을 전하고자 하는 바른 사람이었어요.

공무원 승진 시험을 준비할 때는 고생이 참 많았다고 해요. 몇 달 동안 하루에 한 시간씩 자면서 김밥으로 끼니를 때우며 시험을 준비한 끝에 뜻을 이루었죠. 보통 3년이 걸리는 승진 시험을 8개월 만에 통과할 수 있었던 것은 남다른 책임감과 오기, 해내고야 말겠다는 집념이 있었기 때문입니다. 사람이 하루에 한 시간만 자고도 살 수 있다는 사실을 그때 알았다고 해요. 시험이 임박한 즈음에는 다크서클로 퀭한 얼굴을 하고서도 눈빛에는 독기가 서려 있어서 딸이 보고는 흠칫 놀라기도 했다고 합니다.

그렇게 목숨을 건 듯 최선을 다한 끝에 5급 사무관 승진 시험에 합격했습니다. 하지만 진영희 씨는 기쁨을 누릴 새도 없이 이내 깊은 시름에 잠겼습니다. 6급 공무원으로 일할 때까지만 해도 웬만한 행정 업무는 거뜬히 해내며 맡은 바에 성실히 임했기에 직장에서 신임이 두터웠지만, 5급 사무관이 된 이후로는 이전과 다른 지위와 역할에 요구되는 역량이 다소 부담스럽게 느껴졌던 거예요.

공무원 사회에서 5급 공무원은 중간 관리직으로 조직의 책임자 위치에 서게 됩니다. 따라서 개별적인 업무에 충실한 것만으로는 요구되는 역할을 충족할 수 없어요. 한 기관을 대표하여 크고 작은 문제와 안건에 최종적인 결정을 내려야 하고, 부하 직원들에게 지시 사항을 전할 뿐 아니라 대내외적으로 나서서 커뮤니케이션을 할 기회가 많아졌습니다. 이러한 상황이 진영희 씨의 마음을 여간 불편하게 만든 것이 아니었습니다. 예전부터 남 앞에 나서는 일은 진영희 씨에게 큰 부담이었습니다. 말하기에 대한 두려움 때문에 승진 시험을 피한 적도 있다고 하더군요.

하지만 일어날 일은 일어나게 되어 있습니다.

강의 의뢰, 대민 업무, 기관 간 협약, 대외 활동 등 타인과 소통해야 할 상황과 마주할 때면 구실을 만들어서 회피하고는 했어요. 하지만 언제까지나 그럴 수는 없었습니다. 시간이 지날수록 사방에서 조여오는 압박감에 점점 힘겨워졌습니다. 그리고 더는 피할 수 없게 되었을 때, 그녀는 스스로에게 물었습니다.

'네가 생각하는 네 모습이 고작 이런 것이었어? 언제까지 뒤로 숨으려고만 할 거야?'

그녀는 내면 깊은 곳에서 들려오는 소리를 들었습니다.

'피할 수 없다면, 즐기자.'

회피하려고만 했던 소통 업무에 대한 부담감을 마주하기로 결심했습니다. 그리고 소개를 통해 저를 찾은 것이었습니다.

스피치 수업을 통해 성공적인 결과를 이끌어내기 위해서는 수강을 원하는 사람에 대해서 선생이 제대로 알아야 합니다. 어떤 문제를 안고 있는지, 어떤 삶의 궤적을 통해 오늘에 이르렀는지, 원하는 삶의 방향이 무엇인지 등을 묻고 답하면서 수강생의 이야기에 귀 기울여야 해요. 그래야만 수강생과 가르치는 사람 사이에 신뢰를 쌓을 수 있고 문제점을 올바르게 진단하며 거기에 맞는 커리큘럼을 짤 수 있습니다. 말하기 능력이 부족하거나 말하기에 두려움을 가진 원인의 대부분이 어딘가 억눌린 내면의 문제일 때가 많으니까요.

처음 만난 날, 진영희 씨와 저는 많은 이야기를 나누었습니다. 그 대화를 통해 그녀가 사회에 봉사하고자 하는 참된 공무원이며 자녀를 위해 헌신하는 훌륭한 어머니라는 사실을 알 수 있었습니다. 그리고 자신이 지닌 역량을 발전시켜 더욱 널리 쓰이기를 바라고 있었어요. 이제 필요한 일은 그녀의 '목소리'를 찾는 것이었습니다.

테이블을 사이에 두고 마주 앉은 뒤 음성을 테스트하기 위해 진영희 씨에게 미리 준비한 원고를 읽게 하고 간단한 자기소개를 부탁했습니다. 그 모습을 캠코더로 촬영했는데, 둘 다 30초 내외의 짧은 분량이었습니다.

진영희 씨는 말투가 단조롭고 목소리에 힘이 없었으며 발음은 대체로 알아들을 수 있었지만 명료하지는 않았어요. 자기소개를 할 때는 표정이 더욱 굳었고 문장 앞뒤로 추임새를 넣듯 "이게 맞나?" "아휴, 내가 무슨 말을 했지?" "아, 그러니까 그게" 등의 불필요한 혼잣말과 "음~" "어~" 등의 간투사를 습관적으로 썼어요. 평소 깨닫지 못했던 자신의 그릇된 습관을 확인하는 것만큼 민망한 일도 드물 거예요. 진영희 씨는 녹화된 영상을 확인하면서 자신이 생각했던 것보다 말주변이 더 없는 것 같다며 걱정했습니다.

누구나 그래요. 처음 보는 사람 앞에서 자신을 소개하는 일이 그리 만만한 일은 아니에요. 하지만 교육청 소속 공무원으로서 대민(對民) 업무가 잦은 직업을 가진 사람이 그런 상황 앞에서 주눅이 들어서는 안 되겠죠. 저는 진영희 씨에게 체계적인 스피치 훈련이 필요하다고 판단했고, 거기에 맞는 커리큘럼을 제안했습니다.

무슨 일을 하든 중요한 것은 자신감입니다. 노래를 부르든, 말을 하든, 다른 무슨 일을 하든 자신감이 떨어지면 심리적으로 위축되고 안으로 기어들어서 제 역량을 발휘하기 힘들어요. 진영희 씨에게 가장 필요한 것이 자신감이었어요. 작은 습관을 수정하는 것만으로도 많은 것이 달라지고, 스스로 기본이 갖추어져 있다고 여기면 괜스레 위축되는 일은 줄어듭니다. 그래서 저는 진영희 씨의 잘못된 말 습관을 고치고 스스로의 목소리와 말에 대해서 자부심을 느끼도록 하는 작업을 시작했습니다.

성량이 작고 목소리가 떨리는 1차적인 원인은 호흡 방식이 잘못되었기 때문입니다. 그래서 복식 호흡이 중요합니다. 흉식 호흡을 하면 내 몸 안에 저장해두는 공기의 양이 적어서 들숨과 날숨의 맥이 쉽게 끊기고 말을 할 때도 불안정할 수밖에 없습니다. 저축한 돈이 적은 사람이 늘 살림에 쪼들릴 수밖에 없는 것과 같은 이치죠. 그리고 흉식 호흡은 필연적으로 목과 성대에 무리를 가하게 되는데, 이런 상태로 조금 길게 말하다 보면 이내 목이 잠기거나 목소리가 갈라지는 현상이 일어납니다.

그래서 진영희 씨와 가장 먼저 한 일은 바른 자세에서 복식 호흡을 하면서 배에 힘을 실어 발성하는 방법을 훈련하는 것이었습니다. 그러면 소위 '먹는 소리'가 아니라 '내뱉는 소리'가 나오기 때문에 듣는 사람은 명쾌함을 느끼고, 말하는 사람은 스스로의 목소리에 자신감을 가질 수 있습니다.

진영희 씨와는 일주일에 두 번 수업을 했는데, 수업을 시작하기 전에는 항상 20분씩 발성 연습을 했어요. 그동안 소리를 제대로 크게 내본 적 없는 진영희 씨는 발성 연습하는 시간을 힘겨워했지만, 시간이 지날수록 어려움은 차츰 줄어들었고 목소리에 힘이 실리기 시작했습니다.

소리를 제대로 내는 훈련을 하고 나면 스타카토 발성 등의 단계별 발성법을 적용하면서 말하기 습관을 개선하는 과정을 거쳤어요. 이렇게 발성 연습을 한 뒤에는 표준 발음법과 우리말 정보, 끊어 읽기, 강조 기법, 방송 언어 등의 스피치 이론을 공부했고, 다양한 스크립트를 가지고 일상적인 말하기를 연습하는 것으로 수업의 마무리를 지었습니다. 하지만 이게 끝이 아닙니다. 말하기 연습을 하는 장면을 캠코더로 녹화해서 함께 분석하는 과정을 거치면 그날의 수업이 완성됩니다.

수업을 하지 않는 날에도 스피치 훈련을 멈출 수는 없죠. 수업 시간에 부족했던 부분을 혼자 연습하면서 휴대폰으로 찍도록 했고, 우리 두 사람만 공유하는 커뮤니티에 올리도록 했어요. 그러면 제가 거기에 피드백을 다는 형식의 온라인 수업도 진행했죠.

수업의 강도가 만만치 않죠? 하지만 수강생 대다수가 커리큘럼을 잘 따라오고 수업에 열정적으로 임하며 과제도 잘 수행합니다. 사회생활에 쫓기느라 다들 여유가 없고 바쁠 텐데도 모범적인 학생의 모습을 보여주어요. 그만큼 말하기에 대한 갈증이 크기 때문일 겁니다. 말하는 습관을 개선하는 것만으로도 삶의 많은 부분이 달라질 것이라는 기대가 컸을 거예요. 그동안 다소 억눌려 있었고 주눅 들어 지냈던 근본적인 원인이 말하기에 대한 두려움이었다는 사실을 다들 어느 정도 인지하고 있었을 테니까요.

진영희 씨는 저와 일 대 일로 진행하는 수업 외에 그룹 수업에도 참여했습니다. 그룹 수업은 주어진 대본을 숙지한 뒤 여러 사람 앞에서 발표하는 방식으로 진행합니다. 다수의 사람 앞에서 말하거나 발표해본 적이 거의 없는 수강생들은 발표를 하면서 저도 모르게 불필요한 행동을 하기 마련인데, 그걸 스스로 확인하면서 개선하고 수정하도록 이끄는 거예요. 캠코더로 녹화한 영상을 함께 보면서 의미 없는 동작, 불안한 시선 처리, 습관적인 간투사, 절제되지 않은 말과 표현 등을 체크해서 다음 발표 때는 보다 나아진 모습을 보일 수 있도록 반복적으로 훈련합니다.

그룹 수업에 참여한 첫날 진영희 씨는 그야말로 그릇된 스피치의 종합 선물 세트를 보여주었습니다. 그동안 저와 함께 해온 훈련이 무색할 지경이었죠. 진영희 씨는 나름 준비가 되었다고 믿었다

19

타인과
대화하는 것이 두려워서
자신의 삶을 제한하는 사람은
떠나는 것이 무서워서
평생 고향에
머무르는 사람과 같습니다.

가 여러 사람 앞에서 바짝 긴장하고 발표도 뜻대로 되지 않자 점점 더 미궁에 빠져들었어요. 발표를 끝낸 뒤에는 "아, 실수한 것 같아." "이상하게 말했어."라고 자책하며 울상을 지었어요.

하지만 저는 그것도 하나의 과정이라고 생각하기에 개의치 않았습니다. 아무리 혼자 준비를 철저히 했다고 해도 여러 사람 앞에서 선보이는 일은 누구에게나 힘든 일이니까요. 경험이 쌓이면, 진영희 씨도 긴장감이 줄어들고 여러 사람 앞에서 말할 때에 여유를 가질 수 있을 거라고 믿었어요.

그리고 실제로 그렇게 되었습니다. 그룹 수업에 참여하는 횟수가 거듭되면서 진영희 씨는 확실히 달라진 모습을 보여주었습니다. 뿐만 아니라 수업 사이사이에 다른 수강생의 장점과 단점을 알려주는 리더로서의 모습을 보여주었고, 때로는 조교처럼 처음 수업에 임하는 수강생의 발성 훈련을 돕기도 했어요.

스피치를 잘한다는 것은 발성과 발음, 제스처 등을 잘하는 일에 그치지 않습니다. 말하는 내용도 형식 못지않게 중요합니다. 그래서 필요한 것이 논리 스피치 수업인데, 이때는 논리적으로 말하기 위한 스피치 구조를 파악하고, 다양한 주제에 대해서 말할 거리를 고민하며, 그것을 글로 써보는 작업을 진행합니다. 이어서 그 글을 바탕으로 발표를 하고 다시 피드백을 받는 과정을 거칩니다. 이를 통해 진영희 씨는 생각을 정리한 뒤 원고를 작성해서 보다 완성된 스피치를 할 수 있는 역량을 하나둘 익혀나갔습니다.

몇 달간 스피치 트레이닝이 이어진 어느 날이었습니다. 진영희 씨는 귀갓길에 청년들 틈에 섞여 집으로 향하는 버스를 기다리는 동안 말하기에 대한 설움에서 벗어나 더 큰 꿈을 꾸게 된 자신을 생각하다가 벅찬 가슴과 기대로 엮은 감동의 메시지를 제게 보내 왔습니다.

저는 지금까지 스피치는 노력해서 되는 게 아니라고 생각해왔는데, 선생님 덕분에 조금씩 변화하는 제 모습을 확인하며 희망이라는 것이 사람을 이렇게나 행복하게 해주는구나, 라고 느끼게 되었어요. 선생님은 제 인생의 터닝 포인트를 만들어주신 분으로 평생 기억될 겁니다. 열심히 노력해서 선생님처럼 되고 싶어요. 2018년은 선생님을 만났다는 자체가 행운이고 행복 넘치는 해였습니다. 다가오는 2019년 역시 선생님께 배울 생각에 벌써 설렘 가득하고요. 선생님, 감사드립니다.

그 메시지를 읽으며, 버스 정류장에서 미래를 향한 설렘과 흥분에 달떠 있는 청년들에 둘러싸인 진영희 씨와 제가 서로 눈을 바라보며 곧 실현될 꿈을 나누는 듯한 상상에 젖어들었습니다.

2018년 연말에 교육원에서 주최한 스피치 대회에서 진영희 씨는 자신이 목표를 향해 다가가는 이야기, 일과 양육을 병행하며 겪은 우여곡절 등을 감동적인 에피소드로 멋지게 엮어서 발표하여 청중들로부터 큰 박수를 받았습니다. 처음 사람들 앞에서 발표를 하며 쭈뼛거리고 어색해하던 모습은 온데간데없었어요.

이후 진영희 씨는 직장에서 두각을 나타내기 시작했습니다. 원래 가지고 있던 성실함에 스피치 능력이 더해지자 달리는 말에 날개를 단 격이었어요. 그녀는 다른 공공 기관의 영향력 있는 곳으로 자리를 옮겼고, 특유의 부드러운 카리스마와 여유로운 아량을 보임으로써 현재 부하 직원들로부터 존경을 받는 고위직 공무원으로 활동하고 있습니다.

리더로서 공정하고 올바른 방향으로 조직을 이끌어가기 위해서는 탁월한 업무 능력 외에 인품과 권위를 드러내는 스피치 역량을 필요로 합니다. 물론 말에 대한 고민이 100퍼센트 말끔하게 사라진 것은 아닐 수 있겠지만, 진영희 씨는 스피치에 대한 두려움을 상당한 정도로 극복하여 공식 행사를 진행하고, 면접관으로 활동하며, 대표 인사말을 하는 등 다양한 공적 스피치 현장에서 자신의 생각을 효과적으로 전하며 바라던 꿈에 다가가고 있습니다.

지금도 저는 그녀와 소통하며 응원과 지지를 보내고 있습니다. 하루는 스피치에 대한 공부를 더욱 열심히 해서 나중에 어려운 환경에 있는 청소년들을 위해 봉사하고 싶다는 뜻을 내비치더군요. 저는 진영희 씨가 원하는 대로 결실을 맺을 거라고 확신합니다.

목소리 덕분에
매출이 올랐다고?

요즘엔 비대면 시스템이 발달한 덕분에 온라인 쇼핑이
활발하게 이루어지고 있습니다. 하지만 저는 체형이 작은 탓에 몸
에 딱 맞는 의류를 구하기 어려워서 직접 옷가게를 찾아가 옷을
사고는 합니다.

방송 리포터로 활동할 때였어요. 파견 나간 근무지가 동대문 쇼
핑몰과 가까워서 귀갓길에 종종 그곳에 들러 쇼핑을 했는데, 어느
새 자주 찾는 단골 매장까지 생겼습니다. 그 매장에는 규격화된
치수로 제작하는 브랜드 의류들과는 달리 저의 체형에 딱 맞는
사이즈의 옷들이 많아서 늘 기분 좋게 원피스나 재킷 등을 구할
수 있거든요.

어느 날 흰색 블라우스를 사기 위해 동대문 쇼핑몰을 찾았습니다. 여성 의류 매장이 몰려 있는 1층부터 3층까지 훑으면서 매대에 진열된 옷들을 구경했어요. 잠깐 이해를 돕기 위해 동대문 쇼핑몰의 분위기를 그려볼게요. 비교적 공간이 여유로운 백화점과 달리 동대문 쇼핑몰은 공간이 협소한 데다 옷가게들이 다닥다닥 붙어 있어서 사람들 틈을 비집고 다녀야 하고, 빠른 템포의 음악이 쉴 새 없이 흘러나오는 가운데 상인들이 손님을 끌기 위해 저마다의 방식으로 호객 행위를 하기 때문에 매우 어수선합니다.

여느 때처럼 저는 3층 매장을 찬찬히 둘러보고 나서 결국에는 늘 향하게 되는 단골 옷가게로 걸음을 옮겼습니다. 그때 한 목소리가 귓속으로 파고들어 제 발걸음을 멈추게 만들었습니다. 마치 뮤지컬 무대에서 남자 주인공이 여자 주인공을 향해 세레나데를 불러주거나 중절모를 쓴 멋진 중년 신사가 연회장에서 숙녀에게 정중한 태도로 춤을 권하는 영화 속의 장면을 연상시키는, 중후하면서도 묵직한 신뢰가 느껴지는 그런 목소리였어요. 저는 저도 모르게 그 목소리를 따라갔습니다.

"어떤 옷을 찾나요? 저렴하게 해드릴 테니 한번 둘러보고 가세요."

50대로 보이는 점잖은 인상의 남성이었어요. 저는 '전직 성우였거나 성악가였을까?'라는 생각을 하며 그 가게 진열대의 옷들을 둘러보았습니다. 아쉽게도 제가 찾거나 좋아하는 스타일의 옷이 없어서 돌아서기는 했지만, 그분의 그윽하고 매력적인 목소리가 참 인상적이어서 뭐라도 하나 사고 싶은 마음이 들었습니다.

4년 가까이 지난 일인데도 아직까지 그분의 목소리 톤과 느낌이 제 기억에 생생하게 남아 있다는 건 사람의 목소리가 전체적인 인상과 이미지를 좌우할 만큼 영향력이 크다는 뜻이겠죠?

한때 유명한 쇼 호스트였다가 현재 엠제이소비자연구소 대표로 재직 중인 장문정 씨는 몇 해 전 중앙대학교 신문방송대학원에서 석사 과정을 밟으면서, 남성 쇼 호스트의 목소리 톤이 낮고 말투의 속도가 느릴수록 소비자들로부터 호감을 얻으며 구매로 연결되는 수치 또한 높게 나타난다는 내용의 논문을 발표했습니다. 소비자 입장에서는 상품이 좋고 마음에 들면 그만이지 쇼 호스트의 목소리가 무슨 상관이 있을까 하는 생각을 하겠지만, 장문정 씨의 이론이 전혀 엉뚱한 것만은 아니라는 과학적 근거가 있습니다.

여성의 경우 남성보다 청각이 더욱 발달해 있다는 점은 널리 알려진 사실입니다. 근력이 남성보다 발달하지 않은 여성은 시각, 청각 등의 감각을 발달시킴으로써 주변에서 닥칠지 모를 위험을 미리 감지하고자 했으니까요. 이 때문에 여성 소비자의 경우 판매자의 목소리와 말투를 판단 근거로 삼고 구매 행위로 연결하는 빈도가 높은 것이죠.

오감에 육감까지 발달한 여성은 사람의 음성, 특히 남성의 음성을 통해 많은 것을 파악합니다. 물론 목소리와 말투 자체가 그 사람의 전부를 드러내는 것은 아니에요. 하지만 첫인상을 결정하는 중요한 요소가 되기는 합니다.

원조 걸 그룹 아이돌이자 시대의 아이콘인 가수 이효리 씨는 한 TV 음악 프로그램의 MC로 활동할 당시 자신의 이상형은 목소리가 좋은 남자라고 말한 적이 있습니다. 그리고 이효리 씨는 뮤지션인 이상순 씨와 결혼했습니다. 이상순 씨는 저음에 느릿느릿한 말투를 지닌 분이죠. 어떤가요? 쇼 호스트의 목소리 톤이 낮고 말투의 속도가 느릴수록 소비자들로부터 호감을 얻는다는 장문정 대표의 논문 내용이 떠오르지 않나요? 실제로 테스토스테론이라는 남성 호르몬이 많을수록 음성이 굵고 낮다는 연구 결과가 있는 만큼 이효리 씨의 이상형 발언과 그 뒤의 행보가 상당수 여성의 취향을 반영했다고 보아도 무방하지 않을까요?

약 5년 전부터 출강하기 시작한 사설 교육원이 있습니다. 그곳에서는 자기 계발을 하거나 제2의 인생을 꿈꾸는 많은 성인들이 스피치 강의에 참여하고 있어요. 취업 준비생, 유튜버, 항공기 조종사와 승무원, 공기업 직원, 일반 회사원, 연극배우, 공무원, IT 기업 CEO, 목회자 등 저마다 다양한 직업과 이력을 가진 분들이어서 강의가 신설될 때면 이번에는 또 어떤 이야기를 가진 분들이 와 계실까 하는 기대와 설렘을 갖게 됩니다.

그날은 휴일이어서 오전부터 저녁까지, 점심시간을 뺀 8시간 동안 연속해서 스피치 강의를 진행했습니다. 이른 아침 시간대부터 강의가 시작되는 만큼 정말 부지런하거나 자기 발전에 열정적인 분들이 참석하는데, 스피치 강의를 들을 생각에 설렌 나머지 전날 잠을 설쳤다는 청년이 한 명 있었어요. 성우 지망생으로, 단기 아르바이트를 하며 꿈을 이루기 위해 고군분투하는 열혈 청년이었죠. 성우 지망생답게 자기소개를 할 때부터 목소리가 남달랐어요. 마치 영화배우가 가을날 낙엽 깔린 길 위로 트렌치코트 자락을 휘날리며 걸어오는 것처럼 단상에 서더니 묵직하고 울림 있는 목소리로 자신을 소개했습니다. 그렇게 개강 첫날부터 인상적인 등장으로 강의실 분위기를 휘어잡으며 여성 수강생들의 관심을 한 몸에 받았습니다.

하루는 수업 중에 목소리와 관련한 에피소드를 발표하는 시간을 가졌는데, 그 청년은 자신이 최근에 소개팅에 나갔다가 다섯 명의 여성으로부터 프러포즈를 받았다는 이야기를 꺼내서 같은 수업을 듣는 남성 수강생들의 부러움을 샀습니다. 물론 연애 관계를 잘 이끌어가는 것은 개개인의 노력에 달려 있습니다. 하지만 좋은 목소리가 연애 상황을 촉발하는 기폭제 역할을 하는 것임은 분명한 것 같습니다.

청년 남성 여러분, 여성들에게 인기 있는 사람이 되고 싶다면 머리와 차, 옷에 투자하기 전에 먼저 목소리와 스피치에 투자하는 건 어떨까요?

비대면 상황에서
목소리의 진가는 더욱 높아진다

이 책의 원고를 쓰기 시작한 때는 코로나19 상황이 점점 악화될 무렵이었습니다. 오래지 않아 코로나 셧다운이 시행되어서 각 매장은 영업 제한을 감수해야 했고, 학교와 학원에서는 원격으로 수업을 진행해야 했습니다.

비대면 상황으로 인해 다양한 산업에 종사하는 많은 분들이 큰 타격을 입었지만, 이런 중에도 어떤 사업 분야는 '코로나 특수'를 누리며 크게 발달했습니다. 음식 배달 앱을 개발한 회사가 그랬고, 넷플릭스로 대표되는 OTT(Over the Top) 서비스 기업이 그랬으며, 유튜브를 비롯한 SNS 동영상 채널 역시 바깥출입이 제한된 사람들을 구독자로 끌어들이면서 이전보다 더욱 큰 성장을 이루었습니다.

그렇다면 이러한 비대면 상황, 그러니까 매장에 직접 가서 물건을 고르는 게 아니라 온라인으로 주문하고, 영화관에 가기보다는 집에서 TV나 모바일을 통해 최신 드라마와 영화를 시청하며, 식당에 방문하지 않고도 음식을 배달시켜서 먹고, 학교에 가지 않은 채 온라인 수업을 하거나 각종 서비스를 원격으로 누리는 시스템은 코로나19 확산으로 인한 어쩔 수 없는 선택이었을까요? 팬데믹 상황이 그치면 비대면 상황은 종료되고 우리는 예전과 같이 직접 경험하고 부딪치는 오프라인 시스템으로 흡수될까요?

그렇지 않습니다. 많은 전문가들이 이렇게 말합니다. 코로나19 팬데믹이 비대면 시스템이라는 미래 사회를 한층 앞당겼을 뿐 코로나 시대 이후에도 비대면 문화는 사그라지지 않고 대면 문화와 병행한 채 우리의 생활에 꾸준히 영향력을 미칠 것이라고요. 지금 우리가 누리고 있는 갖가지 비대면 시스템은 팬데믹으로 인한 어쩔 수 없는 선택이 아니라, 어차피 당면하게 될 미래 삶의 중요한 부분이라는 의미입니다. 이와 같이 앞으로 점점 더 강화될 비대면 시스템에서 아주 큰 역할을 하게 될 것이 바로 사람의 '말'입니다.

사람의 음성이 중요한 역할을 하는 사업 분야로 가장 쉽게 떠올릴 수 있는 것이 각종 보험사와 금융 기관을 비롯한 서비스 직종의 콜센터입니다. 비대면 시스템이 발달할수록 지속적으로 비중이 커질 것으로 예상되는 분야예요. 사실 콜센터 종사자의 감정노동이 심하고 스트레스가 커서 당장은 그리 환영받는 직종이라 할 수는 없지만, 앞으로 비대면 문화가 발달함에 따라 비대면에 관한 사회적 규범 역시 강화될 것이기에 업무 환경이 조금씩 개선될 것으로 기대할 수 있습니다.

콜센터 종사자는 민원과 서비스에 대한 정확한 지식과 정보를 갖추어야 할 뿐 아니라, 음성으로만 고객을 상대해야 하는 만큼 좋은 목소리와 정확한 발음이 필수적인 요소입니다. 아무리 직업 분야에 관한 지식을 잘 갖추어도 음성을 통해 정보를 정확하게 전달할 수 없다면, 업무 자체가 성립될 수 없으니까요.

비대면 상황에서 이루어지는 원격 수업과 동영상 강의 등에서도 '말'의 중요성은 아무리 강조해도 지나치지 않습니다. 다만 원격 수업과 동영상 강의 등 온라인 교육 현장에서는 단순히 목소리가 좋고 발성과 발음이 뛰어나다고 해서 수용자의 요구를 충족시킬 수 있는 것은 아니에요. 화면 속의 선생이 무미건조한 음성으로 지식과 정보를 나열하는 장면을 상상해보세요. 그것은 책을 대신 읽어주는 것과 마찬가지일 뿐이죠.

교육 현장에서는 학생과 수강생 등의 청자를 집중시키고 몰입시킬 수 있는 '스피치' 기술이 필요합니다. 음성을 가다듬고 발성과 발음을 제대로 하는 것 외에 청중이 강의와 발표에 빠져들 수 있도록 만드는 제스처를 활용하고 말의 강약을 적절히 조절하면서 리듬을 타야 합니다. 어렵다고요? 걱정하지 마세요. 제가 이 책을 쓴 목적이 바로 여러분이 겪는 어려움을 해결하기 위한 것이니까요. 끈기 있게 계속 페이지를 넘겨보세요.

하지만 뭐니 뭐니 해도 비대면 시스템에서 '말'이 가장 중요한 분야는 우리의 일상에 바짝 다가와서 각종 광고와 홍보, 정보 전달, 오락거리 매체로 활용되고 있는 유튜브와 틱톡, 인스타그램 릴스(Reels) 등의 개인 동영상 채널입니다. 불과 몇 년 전만 해도 대중은 방송과 언론이 생산한 정보와 오락을 일방적으로 수용하는 존재에 머물러 있었습니다. 하지만 지금은 개인의 영상이 방송을 통해 송출되고, 개인이 만든 콘텐츠와 뉴스가 매스 미디어 업체의 그것보다 더욱 활성화되고 확대되는 양상을 보이고 있습니다.

제가 대학교에 다닐 때만 해도 드라마나 예능 등 인기 TV 프로그램이 방영되는 시간대에는 온 가족이 거실에 둘러앉아 함께 TV를 시청하는 것이 가정의 아주 흔한 일상사였습니다. 하지만 지금은 어때요? 온 가족이 함께 밥을 먹는 일조차 드문 일이 되어버렸습니다. 다들 직장 다니고 학교와 학원에 가고 아르바이트하느라 바빠서 한 자리에 모일 여유가 없습니다. 여기에 갖가지 동영상 사이트도 한몫합니다. 시간에 구애받지 않고 내가 편하고 여유로울 때 내 취향에 맞는 영상을 휴대폰을 통해 마음껏 즐길 수 있기 때문에 굳이 거실 한 구석을 차지하고 있는 TV에 얽매일 필요가 없게 되었죠. 그만큼 1인 크리에이터의 동영상 채널은 우리의 일상 깊숙이 파고들었고, 생활의 패턴마저 바꾸어놓았습니다.

한때 유튜브에 영상을 올리는 일은 일종의 취미 활동 내지는 부업이었습니다. 하지만 요즘 아이들에게 꿈이 뭐냐고 물어보면, "유튜버요!"라고 답하는 경우가 적지 않습니다. 자신의 관심사를 영상으로 꾸미는 일은 누가 시켜서 하는 것이 아니기 때문에 재미있습니다. 더군다나 이 재미있는 일이 수익까지 창출해주잖아요. 구독자가 일정 수를 넘어가면 웬만한 직장인으로서는 꿈도 꾸지 못할 수입이 발생합니다. 자신이 좋아하는 일을 자유롭게 하면서 사회에 영향을 미치는 인플루언서가 되고 돈까지 많이 벌 수 있으니, 유튜버가 아이들이 선망하는 직업이 된 것은 당연한 일이죠. 상황이 이러하기 때문에 앞으로도 1인 크리에이터 영역은 더욱더 확대될 것입니다.

그런데 쇼츠와 틱톡, 인스타그램 등에서 구독자를 많이 확보한 프로그램에는 한 가지 공통점이 있습니다. 바로 '말'입니다. 캠핑 체험, 일부 먹방, ASMR 등의 프로그램에서는 자막으로 처리하는 경우가 많지만, 대부분의 채널은 사람의 음성을 통해 콘텐츠를 전달합니다. 이때 채널의 진행자와 패널의 목소리, 발성, 발음은 구독자와 시청자를 확보하는 가장 중요한 요소가 됩니다. 유튜브 등의 동영상 채널을 즐기는 구독자의 대다수가 '화면'보다는 '음성'에 주목하기 때문입니다. 콘텐츠가 좋아도 그것을 전달하는 말이 불안정하거나 부정확하면 구독자의 외면을 받습니다. 라디오를 사용하는 것처럼 휴대폰으로 동영상 채널을 켜놓고 일을 하는 사람이 있는가 하면, 밤에 수면을 청하는 도구로 동영상 채널을 활용하는 사람도 많다고 하니, 그만큼 '말'이 중요한 거죠.

앞으로 비대면 문화가 더욱 발달하면, 갖가지 민원 요청과 서비스 구매 행위는 모바일이나 컴퓨터의 키를 몇 개 누르는 것으로 더욱 간소화될 것입니다. 하지만 정보, 지식, 뉴스, 오락, 스포츠, 교양 등을 전달하는 수단은 여전히 '말'일 것이고, 그래서 목소리의 중요성이 더욱 커질 것입니다. 1인 미디어 환경에서는 굳이 얼굴을 드러내지 않아도 목소리가 그 사람을 상징하는 요소가 될 것이고, 목소리는 일종의 명함처럼 어떤 사람을 기억하는 매개로 계속 활용될 것입니다. 따라서 목소리와 발음을 가다듬는 일은 코앞에 닥쳐온 미래 환경에 적응하기 위한 기본 소양이라고 할 수 있습니다.

타고난 목소리를
바꿀 수 있을까?

강의실에서 직접 만나거나 비대면으로 원격 수업을
할 때면 적극적이고 긍정적인 반응을 보여서 수업 분위기를 좋게
끌어가고, 가르치는 사람에게 힘이 되어주는 수강생이 있습니다.
정은경 씨(55세)가 딱 그런 분이었습니다.

정은경 씨는 중학교 교사인데, 학교 선생님과 교직원의 역량을
강화하기 위한 교육 프로그램에 제가 스피치 강사로 참여하면서
인연을 맺게 되었습니다. 사람 좋아 보이는 선한 인상에 성실함까
지 갖춘 분이었어요. 온라인 스피치 수업을 할 때면 가장 먼저 비
대면 강의실에 입장했다가 제일 나중에 퇴장해서 강사인 저로서
는 참으로 든든했습니다. 스피치를 향한 관심이 높아서 세 번의

시즌에 걸쳐 진행한 온라인 라이브 스피치 강좌에 모두 참여했으며, 강의 중에 질문을 자주 했고 미처 해결하지 못한 의문은 이메일을 통해 문의를 하는 '훌륭한 학생'이었습니다. 하지만 사실 정은경 씨가 처음부터 그랬던 것은 아닙니다. 첫 수업 때부터 저는 정은경 씨에게서 여러 가지 문제점을 발견했고, 그 문제점을 개선하기 위해서는 각별한 노력과 긴 시간이 필요할 것이란 생각을 했습니다.

정은경 씨는 좋은 말 습관이 몸에 배어 있었습니다. 말 한마디를 할 때도 칭찬과 배려, 감사의 마음을 담은 긍정적인 화법을 써서 듣는 사람의 마음을 푸근하게 만들었어요. 그런데 말에 담겨 있는 좋은 마음과 내용을 무색하게 만드는 결정적인 단점이 있었습니다. 바로 실낱같이 가늘고 여려서 좀처럼 알아듣기 힘든 목소리였습니다.

정은경 씨의 목소리에 힘이 없다 보니 무슨 말을 하는지 잘 들리지 않을 때가 많았습니다. 이런 경우 처음에는 듣는 사람이 두 번 세 번 되물어서 내용을 확인하는 과정을 거치지만, 같은 일이 자꾸 반복되면 말하는 사람에게도 실례인 것 같아서 나중에는 그런 과정을 생략하게 됩니다. "조금 더 크게 말씀해주시겠어요?"라고 요청하면 오히려 주눅이 들어서 목소리가 더욱 기어들기도 합니다. 아마도 정은경 씨는 살아오면서 그런 경험을 숱하게 했을 겁니다. 그런데도 여러 사람이 참여하는 스피치 수업에 열심히 임하고 부지런히 질문한 것은 그만큼 절실했기에 용기를 낸 것이겠죠.

정은경 씨는 목소리가 약할 뿐 아니라 말투에 사투리가 섞여 있어서 그런지 자기소개를 할 때나 발표할 때면 무척 쑥스러워하며 말을 빨리 끝내려는 태도를 보였습니다. 일 대 일 수업이 아니어서 정은경 씨에게 딱 맞는 맞춤 수업을 할 수는 없었지만, 첫 시즌은 발성과 발음에 주안점을 두어 말하기의 기본기를 닦는 교육 과정을 거쳤기에 목소리가 약한 정은경 씨에게도 많은 도움이 되었을 겁니다. 이렇게 발성과 발음을 개선하는 것만으로도 어느 정도 스피치에 자신감을 갖게 되어서 여러 사람 앞에서 말할 때 예전보다는 덜 긴장하는 효과를 얻을 수 있습니다.

첫 시즌이 지나고 두 번째 시즌의 첫 강의 때 다시 만난 정은경 씨는 딱 보기에도 달라져 있었습니다. 첫 시즌 때 그랬던 것처럼 정은경 씨는 수업을 시작하기 전부터 온라인 강의실에 입장해서는 저와 간단한 인사를 나누었는데, 말투에서 배어나오던 사투리가 많이 개선되어 있었어요. 뿐만 아니라 모깃소리 같았던 목소리에 힘이 붙어 있는 것을 느낄 수 있었습니다. 그동안 얼마나 노력했는지 그녀의 음성과 말투가 많은 것을 이야기해주었습니다. 수

언어의 범위가 곧
그 사람이 누리는 세상의 범위예요.
말의 차원을 높이면
새로운 세상을 경험하게 됩니다.

업이 끝난 뒤에는 다른 수강생들이 나갈 때까지 기다렸다가 궁금했던 점들을 질문해서 해결한 뒤에야 퇴장했습니다. 미처 풀지 못한 의문은 앞서 밝혔듯이 제게 이메일로 문의했습니다.

그렇게 두 번째 시즌의 수업 횟수가 더해진 어느 날 정은경 씨는 전문가가 아닌 사람이 보기에도 몰라보게 달라지기 시작했습니다. 쑥스러워하는 태도나 표정은 말끔히 사라졌고, 발표할 때도 주도적으로 스피치를 이끌어가는 모습을 보였습니다. 수업 중에 정은경 씨가 어떤 말을 했을 때 잘 알아듣지 못해서 되묻는 경우도 더 이상은 없었습니다.

세 번째 시즌에는 말을 할 때 부쩍 여유로워져서 발표할 때마다 적극적으로 나섰으며, 수업 때 다룬 내용을 발표에 십분 적용해서 자신만의 스피치를 펼쳤습니다. 함께 수업을 들었던 어느 누구도 첫 시즌 때의 그 잔뜩 주눅 들고 여린 음성을 기억하는 이는 없었을 거예요.

그동안 메시지만 주고받다가 성영일 씨(47세)를 처음 직접 만나 인사를 나누었을 때 저는 그만 결례를 저지르고 말았습니다.

"최근에 목을 많이 쓰셨나 봐요. 목이 많이 쉬셨네요?"

성영일 씨는 저의 반응을 예상했다는 듯 약간 멋쩍어하며 "이게 원래 제 목소립니다."라고 말하고는 웃었습니다. 처음 뵙는 분에게 실례를 한 저의 실수에도 놀랐지만, 그분의 목소리에 또 한 번 놀랐습니다. 혹시 사고로 성대를 크게 다친 것이 아닐까 하는 생각이 들 정도로 쉿소리가 심하고 날카로웠거든요. 저로서는 처음 접하는 음성이어서 사람의 목소리에 민감한 저의 표정은 순간적으로 굳고 말았습니다.

성영일 씨의 음성에 대해서 독자 여러분께 어떻게 설명해드려야 할까 고민하다가 얼마 전 복귀전을 치른 격투기 선수 추성훈 씨의 경기를 우연히 유튜브로 보다가 딱 들어맞는 사례를 발견하고는 반가웠습니다. 상대였던 아오키 신야라는 일본인 선수가 추성훈 씨를 도발하며 험한 말을 쏟아내는 장면이 있는데, 그 선수의 음성이 성영일 씨의 음성과 거의 흡사했거든요. 독자 여러분도 궁금하다면 한 번 찾아보시기 바랍니다.

성영일 씨는 성인이 된 뒤 목소리 때문에 지속적으로 곤욕을 치르다가 제게서 강의를 들은 후배의 소개로 제게 연락을 취한 것이었습니다.

"도대체 성대에 무슨 짓을 하신 거예요?"

제가 농담조로 물었을 때, 성영일 씨는 이렇게 답했어요.

"어릴 때부터 목소리가 이렇지는 않았습니다. 중학교 다닐 때 변성기를 겪었는데, 그때 센 척하느라 일부러 목소리를 험하게 냈더니 이렇게 굳어지고 말았습니다. 그런데 갈수록 더 심해져서……."

중학생 남자아이들은 그러나 봐요. 무리에서 세 보이고 싶어서 일부러 목소리를 탁하고 거칠게 내는. 성영일 씨가 의도한 대로 거칠게 보이는 데는 성공했지만, 이후로 사회생활을 하는 데 애를 많이 먹었다고 합니다.

스피치의 기본은 발성입니다. 발음을 정확하게 하고, 말하는 내용을 다듬고, 타인 앞에서 말할 때 올바른 태도를 취하는 등의 훈련은 제대로 된 발성이 선행되지 않으면 안 됩니다. 하지만 저는 스피치 강사이지 의사가 아닙니다. 성영일 씨의 목소리 상태는 병원에 가보는 것이 더 낫지 않을까 하는 생각이 들게 했어요. 제 마음을 읽기라도 한 것처럼 성영일 씨가 말했습니다.

"사실 병원에 가보기도 했는데, 차도가 없었어요."

도움의 손길을 원하는 이를 매몰차게 돌려보낼 수 없어서 저는 큰 도전을 시작했습니다.

성영일 씨의 가장 큰 문제점은 말을 할 때마다 목과 아래턱에 잔뜩 힘을 준다는 점이었습니다. 그러니 성대가 근육에 짓눌리고, 그런 상태에서 소리를 내니 성대에 지속적으로 무리가 갈 수밖에요. 저는 말할 때 목과 아래턱에 힘을 빼는 연습부터 시켰습니다. 덧붙여서 복식 호흡을 하고 말할 때 아랫배에 힘을 주도록 유도했어요. 성영일 씨도 그런 사항은 익히 알고 있었지만, 오랜 습관을 하루아침에 바꿀 수 없어서 무척 힘들어했어요. 여기서 제가 할 수 있는 일은 성영일 씨가 올바른 습관을 갖도록 꾸준히 살피는 것뿐입니다. 훈련법이 명확하기 때문에 스스로 노력하는 것 외에 다른 방법은 없었어요.

마침 팬데믹 상황이어서 대면 수업을 할 수 있는 처지가 아니었습니다. 그래서 성영일 씨에게 읽기 훈련을 위한 교재를 주고, 그것을 읽는 음성을 녹음해서 제게 보내도록 했어요. 그동안 목소리 때문에 설움을 많이 겪었던 듯 성영일 씨는 저의 지시를 잘 따라주었습니다.

그렇게 두 달가량 지났습니다. 탁한 음성은 별반 달라지지 않았지만 쇳소리와 날카로움이 다소 무뎌지기 시작했어요. 저는 그때부터 목소리가 점점 나아지고 있다며 응원하고 용기를 심어주었습니다. 아마도 성영일 씨는 자신의 음성을 여러 번 녹음해서 그것들 가운데 스스로 가장 잘되었다고 판단한 파일을 제게 보내주었을 거예요. 그것만으로도 충분합니다. 자신의 음성을 직접 들으며 조금 더 나아지기 위해 노력하는 것만으로도 성영일 씨는 분명 더 나은 지점을 향해 가는 중이니까요.

코로나19 상황을 겪으면서 우리는 새로운 형태의 일상을 지나왔고, 전에는 경험하지 못한 기술을 접하기도 했습니다. 불편한 점이 많았지만, 어떤 면에서는 코로나19로 인해 생각지 못한 이점을 발견하기도 했습니다.

한창 매 주말마다 사설 교육원에서 종일반 강의를 할 때였어요. 코로나 사태가 시작된 지 일 년을 넘긴 시점이었지만, 여전히 감염 위험이 있어서 수강생의 절반 이상이 비대면 방식으로 수업에 참석했습니다. 그런데 부산도 광주도 아닌 미국에서 접속한 수강생이 있었어요. 가끔 지방에서 온라인으로 수업에 참석하는 경우는 있었지만, 지구 반대편에 있는 미국에서 접속한 사례는 처음이어서 참 놀랍고 신기했습니다.

어학이나 IT 강의는 코로나 사태가 불거지기 전에도 이용자들의 편의를 위해 동영상 서비스나 실시간 온라인으로 학습하는 시스템이 어느 정도 정착되어 있었지만, 스피치 수업은 직접 몸으로 부딪쳐가면서 배우는 성격이 강하기 때문에 코로나로 인한 온라인 수업 자체가 낯선 감이 없지 않았어요. 그런데 해외에서 수업을 듣는다니, 공간을 초월하는 비대면 방식의 묘미를 제대로 맛볼 수 있었습니다. 얼마나 간절하기에 머나먼 땅 미국에서 스피치를 배우려고 수업에 들어왔을까 하는 궁금증이 마치 끓는 물의 주전자 뚜껑처럼 들썩였습니다.

미국에서 접속한 수강생은 30대 초반 여성인 박은솔 씨였습니다. 자신이 그토록 좋아하던 여행 관련 일을 코로나 사태로 인해 못하게 되어 졸지에 백수가 되었다며, 여행사가 다시 문을 열 때까지 자기계발을 하기 위해 수업을 신청하게 되었다고 자신을 소개했습니다. 그리고 박은솔 씨는 코로나19로 인해 많은 이들이 휴직하거나 직업을 잃게 되는 등 삶의 전환점을 맞는 것을 목격했기에 현 상황을 그리 대수롭지 않게 여기고 있으며, 지금껏 쉬지 않고 달려온 만큼 적절한 휴식을 취하는 중이라고 당당하게 말했습니다. 그런데 그때 어느 순간부터 박은솔 씨의 목소리가 떨리기 시작하더니 마치 울음소리처럼 불안정하게 들렸습니다. 저는 오디오 시스템에 문제가 생긴 게 아닐까 생각했지만 오디오에는 아무런 이상이 없었습니다. 원인은 그녀였습니다.

"박은솔 씨, 괜찮으세요? 목이 아프시면 작게 말씀하셔도 돼요."

저는 은솔 씨가 상처받지 않도록 조심스럽게 말했습니다. 그녀는 여전히 떨리는 음성으로 말을 이어갔습니다.

"아, 선생님, 제 목소리가 듣기 불편하시죠? 발성 장애를 겪고 있어서 그래요. 여행사에서 일하는 동안 고객 응대 업무를 많이 하다 보니, 목을 많이 써서 그런 것 같아요."

저는 아무렇지 않은 듯 대화를 이어갔습니다.

"병원에는 가보셨어요?"

"네. 그런데 별로 나아지는 게 없어요."

"좋아요. 그럼 일단 목에 힘을 빼고 복식 호흡을 이용해서 말하는 방법을 배우셔야 할 것 같아요. 염려하지 마시고 함께 보이스 훈련부터 하도록 해요."

자신의 불안정한 음성으로 인해 마음마저 흔들릴까 봐 저는 오히려 밝고 활기찬 음성으로 그녀를 비롯한 수강생들에게 그날 다룰 보이스 훈련에 대해 안내했습니다.

본격적인 시작에 앞서 다 함께 꼿꼿하게 앉은 자세에서 목을 좌우로 당긴 후 앞뒤로 움직이고 오른팔과 왼팔을 차례로 반대편으로 넘기면서 스트레칭을 했습니다. 이어서 PPT 화면을 통해 복식 호흡의 원리를 설명하고, 제 배가 불룩 나왔다가 들어가는 모습을 보여주면서 한 사람씩 복식 호흡법을 익히도록 도왔습니다.

그렇게 어느 정도 복식 호흡에 익숙해지고 나면 복식 호흡을 바탕으로 하는 발성을 지도했습니다. 목에서 힘을 뺀 상태에서 코로 공기를 들이마신 뒤 입으로 내쉴 때 성대를 울려서 소리를 내는 일련의 과정을 반복해서 연습하도록 하면서 수강생들이 발성을 제대로 하고 있는지 확인했습니다. 모두 잘 따라주었고, 은솔 씨 역시 자기 순서가 되면 빼지 않고 잘 응했습니다.

은솔 씨는 낭독하거나 말할 때는 목소리가 떨렸지만, 발성할 때는 다른 수강생과 마찬가지로 힘이 실린 소리를 냈습니다. 저는 그녀를 칭찬하며 발성 장애를 곧 극복할 수 있을 것이라고 이야기해 주었습니다. 저의 긍정적인 피드백이 더해지자 은솔 씨도 조금씩 용기를 얻는 것 같았습니다.

발성에 이어 발음 훈련을 할 때는 한 사람씩 돌아가며 PPT에 적힌 단어를 하나도 빠뜨리지 않고 소리 내어 읽도록 이끌었고, 다양한 예문을 낭독할 때도 수강생 한 명 한 명에게 발성과 발음에 대한 피드백을 꼼꼼하게 해주었습니다. 은솔 씨 순서가 되었을 때는 결승선을 코앞에 둔 장거리 선수가 기진맥진할 때 조금만 더 힘내라고 악을 쓰는 코치처럼 저는 추임새를 넣어가며 목소리가 떨리는 가운데에도 끝까지 말을 내뱉을 수 있도록 지도했습니다.

첫 수업에 이어 두 번, 세 번, 네 번의 수업을 마치고 어느덧 마지막 발표를 하는 날이자 수료일이 되었습니다. 저는 은솔 씨가 자신의 불안정한 목소리 때문에 위축되어서 스피치 과정 도중 그만두지 않을까 걱정했지만, 그건 기우였습니다. 그녀는 꿋꿋하게 모든 수업에 참석했고, 마지막 날에는 자신이 롤모델로 삼고 있는 세계적 기업의 CEO에 대한 프레젠테이션을 했습니다.

발랄한 색감의 바탕에 센스를 발휘한 사진과 글씨체로 꾸민 PPT를 온라인 플랫폼 줌(ZOOM) 화면에 띄운 채 그녀는 자신이 닮고 싶어 하는 CEO의 생애와 회사의 성장 과정, 기업 철학 등 세세한 데이터를 곁들여 당당하게 자신의 의견을 펼쳤습니다. 백 퍼센트 발성 장애가 사라진 것은 아니지만, 적어도 발표하는 동안 목소리 때문에 내용이 묻히거나 첫 수업 때만큼 음정이 떨리지는 않았습니다.

수료를 한 시간 앞두고 소감을 말하는 자리에서 은솔 씨는 저와 수강생들에게 그동안 자신의 목소리가 듣기 불편했을 텐데도 배려해주고 힘을 주어서 고맙다는 인사를 했습니다. 그리고 이제까지 자신의 목소리가 창피해서 말하는 것을 기피했는데, 이번 스피치 수업을 통해 문제를 피하지 않고 직면했을 때 상황이 나아진다는 사실을 경험했기 때문에 앞으로는 타인의 시선을 덜 신경 쓰고 두려워하지 않겠다는 다짐을 전했습니다. 저는 당연히 그래도 된다며, 도움이 필요하면 언제든지 연락하라는 말과 함께 격려와 박수를 보냈습니다.

은솔 씨를 보면서, 만약 내가 같은 상황에 처해 있었다면 그녀처럼 용기를 내어 당당하게 임할 수 있었을까 하는 생각을 했습니다. 나의 부족한 점에 스스로 얽매어 앞으로 나아가지 못하는 건 아닌지 돌아보기도 했습니다. 그리고 약점이 되는 아킬레스건을 인정하고 긍정적인 면에 집중하면서 행동할 때, 그때야말로 변화가 일어나는 시점이라는 깨달음이 찾아왔습니다.

이제 코로나19 상황이 점차 안정을 찾고 있으니 태평양 건너편에 있는 은솔 씨도 여행 관련 일에 복귀했거나 새로운 일을 찾아 씩씩하게 나아가고 있을 거예요. 박은솔 씨, 잘 지내고 있죠?

말하는 것에 대한 약점 때문에
입을 다문다면
스스로를 가두는 것과 마찬가지예요.
문제를 직시하고
삶의 긍정적인 면을 바라볼 때
비로소 많은 것이 시작된답니다.

뛰어난 장인(匠人)이 만든 훌륭한 악기라 해도 연주자가 꾸준히 연주하지 않으면 그 악기는 제대로 성능을 발휘하지 못한다고 합니다. 또 연주자가 함부로 다루면 제아무리 뛰어난 명기(名器)라 해도 값어치를 못한다고 해요.

우리의 성대 역시 하나의 악기입니다. 어떤 사람은 그 악기를 제대로 쓰지 않아서, 또 어떤 사람은 잘못 써서 '소리'를 망치는 경우가 많습니다. 많은 분들이 목소리는 타고나는 것 아니냐고 생각하겠지만, 무슨 일에든 선천적인 부분과 후천적인 부분이 공존하는 법입니다. 좋지 않은 성대를 갖고 태어났거나, 혹은 그릇된 방법으로 혹사한 탓에 성대를 망쳤다 해도 꾸준히 노력하면 소리가 나가는 길이 닦이면서 얼마든지 좋은 음성을 찾을 수 있습니다. 정은경 씨와 성영일 씨, 박은솔 씨의 사례가 그런 사실을 증명하고 있습니다.

나의
목소리 역사

마르고 허약한 사람이 균형 잡힌 식단과 꾸준한 운동을 통해서 체형과 체질을 변화시키고 다부진 체격과 몸매로 바뀌는 것처럼 음색과 목소리 톤도 지속적으로 다듬으면 달라질 수 있음을 저는 지난 강의 경험을 통해 여러 번 확인했습니다. 거칠고 허스키한 음성을 지닌 사람이 보이스 트레이닝을 열심히 해서 매끄러운 목소리로 변화하고, 애교 부리듯 혀 짧은 소리를 하던 여대생이 중성적인 톤에 또렷한 말투로 바뀌는 것도 목격했습니다.

물론 날 때부터 저마다 타고나는 목소리가 있습니다. 다행히 타고난 목소리가 좋을 수도 있지만, 어떤 경우에는 그렇지 않을 수도 있죠. 그러나 앞에서 살펴본 정은경 씨와 성영일 씨, 박은솔 씨처럼 음성이 나오는 길을 잘 갈고 닦으면 자기만의 매력적인 목소리를 가질 수 있습니다. 그에 따라 스피치에 대한 자신감도 커질 거고요.

목소리에 관한 한 타고나는 부분은 20%에 불과하고, 나머지 80%는 이후의 노력 여하에 따라 얼마든지 달라질 수 있다고 저는 생각해요. 멀리 갈 것도 없이 저 자신이 바로 그런 과정을 거쳐 오늘에 이르렀기 때문입니다. 잠시 제가 지나온 스피치와 목소리의 역사를 말씀드릴게요.

저는 어릴 때 목소리가 작아서 어른들께는 내성적이고 얌전한 아이로 비쳐졌습니다. 초등학교 6년 내내 생활기록부에 내향적인 성격을 지녔다고 기록된 건 당연한 일이었죠. 초등학교 6학년 때는 일주일 동안 선도부 활동을 하면서 조회 시간에 전교생이 모인 운동장에서 단상에 올라 공지 사항을 말할 기회가 있었는데, 목소리가 너무 떨린 탓에 전교적으로 웃음거리가 되는 일을 겪기도 했습니다. 삼십여 년이 지난 지금까지도 그때의 일이 생생하게 떠올라서 때때로 이불을 차는 걸 보면, 어린 저에게는 그 일이 무척 크게 다가왔나 봅니다. 당시 그 일 때문에 힘겨워하는 저에게 담임선생님께서는 발표력을 키우라고 조언하시고는 생활기록부에 '발표력이 부족함'이라는 흑역사 한 줄을 남기시고 말았습니다.

제 성격이 대범하지 못해서 그렇게 목소리에 힘이 없고 웅얼거렸는지, 아니면 목소리에 자신이 없어서 성격마저 소심해졌는지 알 수는 없지만, 아무튼 저는 좋은 목소리를 타고난 운 좋은 경우에 속하지 못했습니다. 이처럼 제가 타고난 20%는 만족스럽지 못했지만, 긴 시간 노력하고 훈련한 덕분에 남은 80%에서 40% 정도는 저 스스로도 만족하고 타인으로부터 인정받는 수준에까지 이르렀다고 생각합니다. 나머지 40%는 남은 일생 동안 꾸준히 가꾸고 다듬어서 더더욱 매력적인 음성으로 채워나갈 생각입니다.

초등학교 6학년 때 전교생 앞에서 창피를 당하고 난 뒤 트라우마처럼 머리와 가슴에 새겨진 발표 불안증은 중·고등학교에 진학해서도 계속되었습니다. 질풍노도와도 같았던 사춘기로 접어든 뒤 외향성이 드러난 덕분에 자발적으로 나서서 발표를 하기도 했지만, 여러 사람이 지켜보는 가운데 말을 할 때면 의욕과는 달리 목소리가 염소 울음소리처럼 떨려서 이야기를 마무리 짓는 것조차 힘겨울 때가 많았어요. 이처럼 발표 울렁증을 갖고도 훗날 제가 방송계에서 일할 수 있었던 것은 섬광처럼 찾아온 한 순간 때문이었습니다.

고등학교에 다니던 어느 날 무심코 TV 뉴스에 시선을 둔 저는 단정한 옷차림의 여성 앵커가 똑 부러진 말투와 정확한 발음으로 지구촌의 각종 소식을 전하는 모습에 홀딱 반하고 말았습니다. 그 때부터 저도 모르게 아나운서가 되고 싶다는 꿈이 내면에 똬리를 틀었습니다.

대학에 진학한 뒤 3학년 무렵부터 방송사 취업을 목표로 준비한 끝에 TBN 한국교통방송 리포터를 시작으로 방송에 입문하게 되었고, YTN 라디오 취재 리포터, 뉴데일리 객원 기자, YBCnews 아나운서, 광림방송 뉴스 리포터, iMnews 시민 기자 등 다양한 역할을 맡으며 방송 활동을 이어갔습니다.

특히 TBN 한국교통방송에서 라디오 교통·기상·진행 리포터로 활동하면서 생방송의 긴장감과 묘미를 제대로 체득할 수 있었습니다. 실시간으로 방송이 송출되는 상황에서는 1~2초의 오차가 방송 사고를 유발할 수 있고, 제가 조금만 시간을 잡아먹어도 다른 출연자의 순서나 분량에 영향을 미칠 수 있기 때문에 방송을 할 때면 극도로 신경이 예민해지고는 했습니다. 고도의 집중력이 요구되는 상황에서 목소리를 내야 했기 때문에 작은 호흡, 목소리 톤과 느낌, 성량, 발음, 어조 등 라디오 방송에서 음성으로 표현되는 요소 하나하나를 순간적으로 포착하고 귀 기울였으며, 한 음이라도 허투루 내보내지 않기 위해 힘썼습니다. 이런 작업을 통해 어느 순간부터는 의식하지 않아도 복식 호흡을 하게 되었고, 복식 호흡을 적용한 발성으로 단어와 문장을 낭독하고 표현하기를 반복하면서 목소리에 힘이 생기고 성량이 더욱 풍부해졌습니다. 더불어 방송 대본을 직접 작성하는 일을 계속한 덕분에 바르고 정확한 우리말 표현과 방송 언어에 대해서도 익숙해졌고, 한국어 문법과 사용법에 대한 지식과 이해도도 향상시킬 수 있었습니다.

YTN 라디오 취재 리포터로 활동할 때에는 수도권에서 일어나는 다양한 사회 현상을 접할 수 있었습니다. 시민의 삶 속으로 한 발짝 가까이 들어가 살펴보고, 여러 전문가와 시민을 직접 만나 취재함으로써 세상 돌아가는 이치를 깨달았으며, 낯선 사람과 소통하는 법도 배웠습니다. 또한 제가 맡은 코너를 기획하고 관계자를 섭외하며 취재와 편집, 대본 작성, 방송까지 1인 다역을 소화하면서 프로그램을 전체적으로 바라보는 시각을 키울 수 있었고, 방송에서 내가 취해야 할 역할과 태도에 대해서도 깊이 생각할 수 있었습니다.

YBCnews 방송국에서는 아나운서로 취재와 방송을 병행하며 사건이 기사와 뉴스로 가공되는 현장을 체험함으로써 방송 제작 과정에 대한 통찰력을 지닐 수 있었고, 뉴스를 최종적으로 전달하는 사람으로서 정보의 진정성을 살피는 동시에 방송 진행 능력을 키울 수 있었습니다.

언론사와 방송사에서 여러 가지 옷을 입고 일하는 동안 공통적으로 담당한 역할은 커뮤니케이터(communicator)와 스피커(speaker)

였습니다. 잘 만들어진 콘텐츠를 제 음성에 실어 내보내는 일은 참 매력적이었고 자부심을 갖게 했어요. 그런 이유 때문에 근무 여건이 좋지 않았음에도 오랫동안 방송 일을 할 수 있었습니다.

무엇보다도 아나운서, 리포터, 기자로 일하면서 저는 현장에서 실제적인 보이스 트레이닝을 했고, 방송 입문 당시만 해도 불분명하고 자신감 없었던 목소리가 이제는 꽤 또렷하고 시원하며 신뢰감 있는 음성으로 거듭나서 호감 가는 스피커로 인정받게 되었습니다. 그러니까 지금 제가 가진 커뮤니케이션과 스피치 역량은 모두 방송 현장에서 부딪치고 깨지며 얻은 보상이자 선물 같은 것입니다.

그렇게 방송 활동을 통해 얻은 저만의 노하우와 능력으로 앞으로 어떤 일을 하는 게 좋을까 고민하던 중에 제가 가진 목소리와 스피치 역량을 많은 사람과 나누어서 그들의 삶을 긍정적으로 바꿀 수 있는 다리 역할을 하고 싶다는 바람을 갖게 되었습니다. 다행히 리포터 활동을 하면서 스피치 강사 양성 과정을 밟았고, 초등학생과 방송인 지망생을 대상으로 스피치 캠프와 리포터 실습 훈련 등의 강의를 진행해본 경험이 있어서 스피치 강사라는 단추를 꿸 수 있었습니다.

이후로 초·중·고교생을 대상으로 하는 진로 체험과 면접 스피

언변이 좋아서
요리조리 잘 둘러대는 사람을
부러워하진 마세요.
말 한마디에 진심을 담을 때
삶은 더욱 깊어지고 풍성해집니다.

치, 청년들을 위한 보이스 트레이닝과 논리 스피치, 공공 기관 직원의 역량 강화를 위한 연수, 승진과 이직을 위한 모의 면접, 입찰을 따내기 위한 경쟁 프레젠테이션 등 다양한 목적을 둔 강의를 진행하면서 제가 가진 강의 능력을 확인하고 점검했습니다. 뿐만 아니라 '가르치는 것이 가장 좋은 배움'이라는 말이 있듯이, 강의 경험이 더해질수록 제 목소리 또한 더욱 전문적으로 다듬을 수 있었습니다. 목소리에 대한 훈련법을 수강생들에게 지도하기 위해선 제가 먼저 본보기를 보여야 하기 때문에 시범 훈련을 하는 가운데 경험치가 쌓였고, 그로 인해 수강생들에게 더욱 실제적인 노하우를 전하는 일석이조의 효과를 얻은 것이죠. 교사나 강사를 직업으로 가진 사람이라면 누구나 공감하시겠지만, 더욱 잘 가르치고 지도하기 위해서 연구하고 자료를 찾다 보면 가르치는 입장에서 훨씬 더 많은 것을 배우고 성장할 수 있잖아요?

누군가에게 긍정적인 변화를 줄 수 있다는 사실에 자긍심과 보람을 느끼기에, 그리고 강단이라는 무대에 설 때 살아 있음을 경험하기에 저는 오늘도 내일 만날 수강생들을 위해 콘텐츠를 준비하고 있습니다. 발표 울렁증을 가진 소녀에서 누군가의 발표를 빛내주는 스피치 강사가 되기까지 저는 많은 것을 경험했고 숱한 시행착오를 겪었습니다. 돌이켜보면 인생의 어느 한 순간도 버릴 것이 없듯, 그 모든 시간이 나만의 단단한 무기를 제련하는 과정이었음을 이제는 알고 있습니다.

앞으로도 저는 많은 일을 겪게 될 것이고, 그 속에서 또 다른 깨달음을 얻겠지요. 그럴수록 저를 필요로 하는 분들께 나누어줄 선물 역시 늘어날 것을 알기에 도전과 노력을 멈추지 않겠습니다.

Chapter 2

목소리는
영혼의
울림

말과 내면은 서로 조응을 이룹니다. 평소에 일정한 톤을 유지하면서 좋은 음성으로 말하는 습관을 들이려고 노력한다면, 내면을 다스리는 힘도 함께 커질 겁니다. 화가 날 때, 짜증 날 때, 언짢을 때, 우울할 때 기분에 내 목소리와 말투를 맡기지 말고 조금 더 가다듬으려 애쓴다면, 그런 마음가짐을 갖는 것만으로도 나쁜 감정 상태를 많이 극복할 수 있습니다. 목소리는 내면을 드러내는 창문이고, 들뜨고 격앙된 마음 상태를 가라앉혀주는 매개체입니다.

잘못된 방법으로 연습하면
그릇된 말 습관이 생긴다

완벽한 사람은 없습니다. 누구나 한두 가지 정도는 약점이나 단점이 있기 마련이에요. 대부분의 사람이 자신의 약점이나 단점을 알고 있고(모르는 사람도 있기는 해요), 그것을 드러내지 않으려 애씁니다.

하지만 '말'은 감출 수가 없습니다. 평생 다른 사람과 대화를 하지 않고 살 수는 없기 때문입니다. 그래서 말투나 발음 등을 고치기 위해 혼자서 낭독 훈련을 하거나 나름대로 스피치 연습을 하는 분들이 많습니다. 하지만 쉽게 고쳐지지 않아요. 오랜 기간 노력을 해도 크게 나아지지 않는 이유는 잘못된 방법으로 연습을 하기 때문입니다.

혼자 스피치 연습을 하면서 표본으로 삼는 가장 흔한 대상이 아나운서나 방송인일 거예요. 무작정 그들을 따라 하다 보면 어느 순간 목소리와 어투가 자신이 타깃으로 삼은 이의 그것과 비슷하게 들려서 스스로 만족감을 느끼게 됩니다. 하지만 제대로 된 발성과 발음법을 익히지 않은 채 그런 방법을 지속하면 고치기 힘든 버릇이 생기게 돼요.

한때 오디션 프로그램이 선풍적인 인기를 누렸던 적이 있어요. 오디션에 참가한 이에게 선배 뮤지션이나 심사위원들이 종종 하는 말이 있죠.

"△△ 씨는 자신만의 노래하는 버릇이 배어 있어서 그게 귀에 거슬려요."

"□□ 씨의 특유한 창법 때문에 담백하게 들리지 않네요. 자꾸 들을수록 질리는데, □□ 씨의 고집스러움 때문에 잘 안 고쳐질 거예요."

반면에 이런 말도 해요.

"○○ 씨는 다행히 버릇 같은 게 없어서 새로운 시도를 해도 신선하게 잘 소화할 것 같아요."

위의 평가자들이 말하는 잘못 굳어진 버릇이나 안 좋은 습관 등을 스피치에서는 '조(調)'라고 합니다. 좋게 말하면 개성이라 할 수 있지만, 잘못된 방법을 고수한 것이 습관으로 자리 잡은 말투나 태도 등을 뜻합니다. 어미를 끈다든지, 특정한 조사마다 힘을 준다든지, 자신의 목소리 톤보다 높은 톤으로 발성해서 앵앵거리는 말투로 말하는 등의 현상으로 나타나요. 이런 조는 나의 목소리와 말하는 습관을 객관적으로 점검할 수 없거나 전문 스피치 컨설턴트의 조언을 거치지 않으면 굳어진 습관으로 계속 남게 됩니다.

비대면 수업을 통해 만난 고등학교 상담 교사가 있었어요. 그분은 목소리가 시원하고 발성이 좋은 편이었습니다. 아니나 다를까, 스피치에 관심이 많아서 혼자서 낭독 연습을 많이 한다고 했어요.

그런데 혼자서 연습할 때 목소리를 우렁차게 내려고 너무 노력한 나머지, 마치 웅변하는 듯한 말투가 굳어져 있었습니다. 연설문을 읽을 때도 웅변조, 소설과 광고 문구, 시를 읽을 때도 웅변조였어요. 각각의 말에는 거기에 어울리는 어조가 있습니다. '영변에 약산 진달래꽃'을 웅변하듯이 읽는 모습을 상상해보세요. 아무래도 귀에 거슬리겠죠?

그분에게는 먼저 목에서 힘을 빼게 했습니다. 그리고 무언가에 호소하듯 음을 올리는 조사를 모두 내려서 읽도록 지도했어요. 그랬더니 나중에는 보다 부드러운 말투로 변할 수 있었습니다.

또 다른 분은 초등학교 선생님이었는데, 학생들에게 설명하고 타이르는 말을 많이 한 탓에 집중을 유도하고자 어미마다 끄는 습관을 갖고 있었습니다. 그냥 끌기만 하는 것이 아니라 끈 다음에 꺾어서 마무리를 하는 탓에 자꾸 듣다 보면 마치 TV 개그 프로그램에 출연한 코미디언이 일부러 웃음을 주려고 인위적인 추임새를 넣는 것처럼 들렸습니다. 이 선생님의 경우는 일단 어미를 꺾는 대신 간결하게 끊고 아래로 떨어뜨리는 연습을 지속적으로 시킨 결과, 튀는 듯한 말투를 많이 개선할 수 있었습니다.

말투와 음색에 개성이 있는 것은 좋지만, 잘못 반복하여 상대방이 듣기에 거슬리거나 내용에 집중하는 것을 방해하는 언어 습관은 어느 정도의 시간을 투자해 교정하는 과정을 거쳐야 고칠 수 있습니다. 이 때문에 잘못된 연습으로 고치기 힘든 버릇이 생긴 것보다는 차라리 아무것도 하지 않은 백지 상태로 시작하는 게 나을 수 있습니다.

말투뿐 아니라 말하기 연습을 잘못해서 입모양을 망가뜨리는 경우도 있습니다.

한 여성 수강생은 자신의 발음이 부정확하다는 점을 인지하고서 발음을 정확하게 하기 위해 말할 때마다 입술에 힘을 주었습니다. 그런 일이 반복되면서 그 수강생은 입꼬리가 오른쪽으로 올라간 채로 말하는 습관을 갖게 되었어요. 그녀는 자신에게 그러한 습관이 있다는 사실을 알고 있었지만, 쉽게 고쳐지지 않는다며 고

충을 털어놓았습니다.

그녀에 대한 처방은 이렇습니다. 먼저 복식 호흡으로 배에 힘을 주는 한편 입술 전체에는 힘을 빼도록 했습니다. 그리고 지속적으로 거울을 보면서 말하는 연습을 할 것을 주문했어요. 차츰 입술이 제자리를 잡더니 오래지 않아 말을 할 때에도 입술 모양이 원래의 자리를 찾을 수 있었습니다.

또 다른 수강생은 발표를 할 때면 입술을 앞으로 모으는 습관이 있었습니다. 웃는 모습이 여성스러우면서도 밝은 느낌을 주어서 참 예뻐 보였는데, 말할 때마다 입모양이 어색하고 부자연스러워서 저는 그녀에게 시원하게 입을 벌린 상태에서 말하라고 조언했습니다. 그랬더니 생각지도 못한 답변이 돌아왔습니다.

"저는 치아가 고르지 못한 게 콤플렉스예요, 선생님. 그래서 입을 크게 벌리는 게 부담스러워요."

그래서 실례를 무릅쓰고 그녀에게 말했습니다.

"미안하지만, 치아를 보여줄 수 있어요?"

그녀는 수줍은 듯 머뭇거리다가 치아를 드러내 보여주었습니다. 그녀의 말과는 달리 치열이 대체로 고른 편이었어요. 예쁜 치열에 대한 그녀의 기준이 너무 높았던 것이죠.

나는 다른 사람들에게 충분히 이를 보여주어도 된다고, 혹여 치아가 삐뚤빼뚤하다고 해도 그것이 개성으로 보일지언정 흉한 모습으로 보이지는 않을 거라고, 오히려 무언가를 감추려고 하는 소극적인 모습이야말로 흥이 될 수 있다고 말해주었습니다. 그제야 그녀의 얼굴에 화색이 돌았습니다. 그녀는 내게 고맙다고 말하며, 앞으로는 입을 크게 벌려서 말하겠다고 약속했습니다.

입술을 모아서 말하는 수강생의 사례를 접하면서 많은 사람들이 지극히 주관적으로 자신을 평가하며, 때로는 자신의 매력을 오히려 단점으로 여긴다는 사실을 깨달았습니다. 이미 충분히 아름답고 자신만의 색깔을 지니고 있는데도 그것을 인정하지 않고 감추려 애쓰는 동안 본연의 색채가 희미해지면서 누구라도 닿을 수 있는 평범한 수준에 머무르는 우를 범하고 있는지도 모른다는 생각을 했어요.

지문이 다 다르듯 각자의 사람은 저마다의 고유한 음성과 말투를 가지고 있습니다. 만약 사람의 음성과 어투가 모두 똑같다면 반려견이 주인의 음성만 듣고도 꼬리를 흔드는 일은 없을 거예요. 엄마의 목소리를 듣고 아기가 울음을 그치는 일도 일어나지 않을 거고요. 음성 인식 시스템이라는 고급 기술 역시 상상하지 못했을 것입니다. 스피치는 각자가 지닌 개성을 가장 자기다우면서도 올바르게 표현하는 일이기에 무작정 누군가를 따라 할 때에는 개성을 잃는 것은 물론이고 그릇된 길로 갈 수도 있습니다.

목소리를 가다듬는 것만으로도
마음을 다스릴 수 있다

사람의 목소리는 많은 것을 말해줍니다. 아무리 감추려고 해도 감출 수 없는 그 사람의 성품이 어쩔 수 없이 목소리를 통해 드러나기 때문입니다. 정치인과 외교관처럼 대외 활동이 잦은 사람이나 극 중의 다양한 캐릭터를 연기해온 배우라면, 목소리에서 자신의 진심이나 본성을 감출 수 있을지도 모릅니다. 하지만 오래 가지 않아요. 대부분의 사람은 바보가 아니고 감각적으로 상대를 판단하는 능력을 갖고 있기 때문에 결국에는 목소리에 담긴 정보를 간파하게 됩니다.

이번 글에서 저는 목소리와 감정, 사람의 성품이 어떤 관계를 맺고 있는지 말하려고 합니다. 이 글을 읽고 나면 목소리를 가다듬는 일이 단순히 듣기 좋은 음성을 만드는 것만은 아니라는 사실을 알게 될 겁니다.

　혹시 평소에 감정적으로 행동하거나 화를 잘 내는 사람이 주변에 있나요? 그 사람의 목소리가 어떤지 한번 떠올려보세요. 목소리에 공격성이 내재되어 있어서 타인으로 하여금 불안함을 유발하지는 않나요? 또 어떤 사람은 목소리와 말투에 항상 날이 서 있어서 말을 붙이기 힘들기도 해요.

　그런 분들은 목소리를 통해서 자신을 방어하고 있는 거예요. '건드리기만 해봐. 가만히 안 있을 거야!' 공격성이 심한 사람이나 방어 기제가 강한 사람은 자신의 목소리를 통해 상대에게 언제든 싸울 준비가 되어 있다고 경고하고 있는 거지요.

　반면에 상대방마저 평온하게 만드는 편한 목소리는 그 사람의 내면이 정돈되어 있음을 말해줍니다. 평소에 부드럽고 나긋나긋한 목소리와 말투로 이야기하는 사람은 어떤 위급한 상황이나 감정적으로 격앙되는 일 앞에서도 쉽게 음성이 흔들리지 않습니다. 평정심이 강한 사람들이죠.

　이처럼 목소리는 사람의 깊은 내면을 드러내는 창(窓)입니다. 어떤 일이 닥쳤을 때 표정이 굳거나 눈빛이 달라지고 낯빛이 어둡게 변할 수는 있어요. 우리는 로봇이 아니기 때문에 주변에서 닥쳐오는 갖가지 상황 앞에서 생리적으로 그런 반응을 보일 수밖에 없습니다. 하지만 그런 가운데에도 목소리만큼은 지킬 수 있습니다. 슬픔에 잠겼거나 화가 난 상태에서도 목소리와 말투를 조절할 수 있는 거예요. 표정과 눈빛, 얼굴색은 동물적 본능에 속하는 영역이지만 목소리와 말투는 사람으로서 쌓아온 각자의 수련과 내공에 따라 얼마든지 다르게 표현될 수 있습니다.

감정이 격앙될 때 나의 목소리와 말투를 그 격앙된 감정에 맡기는 것이 아니라, 나의 이성과 내면의 힘으로 음성과 톤을 가다듬으려고 노력하는 거예요. 그렇게 하는 것만으로도 어느 정도 마음을 가라앉힐 수 있지 않을까요? 그렇습니다. 목소리를 다듬고 조절하는 일은 바로 나의 내면을 컨트롤하는 일이기도 합니다.

IT 분야의 정보 채널을 운영하는 1인 크리에이터이자 대학생인 황민 씨(23세)는 처음 만났을 때 무척 발랄한 인상을 주었습니다. 처음 겪는 스피치 수업이 익숙하지 않아서 여러 사람이 지켜보는 가운데 말을 하고 발표를 하는 것이 어색했던지 쑥스러워하는 표정과 몸짓을 보이기는 했지만, 그래도 대체로 씩씩하게 역할을 수행하고 우스갯소리도 잘했습니다.

그런데 몇 차례 수업이 진행된 뒤부터 결석이 잦아지더니, 어느 날 그룹 수업을 하는 동안에는 내내 낯빛이 어둡고 심기가 불편해

보여서 저 역시 마음이 편치 않았습니다. 발표를 할 때도 표정과 제스처가 굳어 있어서 제가 아는 그 사람이 맞나 싶었어요.

처음 만났을 때 가졌던 첫인상과 판이한 것이 걱정되어서 저는 수업이 끝난 뒤 황민 씨를 따로 불러 혹시 무슨 일이 있느냐고 물어보았습니다. 황민 씨는 침울한 표정으로 침묵을 지키다가 힘겹게 입을 열었습니다. 사실 자신이 오랫동안 조울증을 앓고 있으며 그 때문에 계속 정신과 치료를 받고 있다고 했어요. 조울증은 심적으로 흥분된 상태(조증)와 침체된 상태(울증)가 교차하여 나타나는 정신 장애입니다. 처음 만났을 때 황민 씨가 보여준 활달함과 발랄함은 조증 상태에서 기인한 행동이었던 거죠.

저의 스피치 강의를 찾는 수강생 중에는 지나치게 자신감이 결여되어 있거나 자기 비하가 과도하거나 조급증이 심하거나 성격이 급한 등 많이 혹은 적게 부정적인 심리 상태에 처해 있는 사람들이 더러 있습니다. 그분들은 자신이 말하기에 어려움을 겪고 부담을 느끼는 바탕에 자신의 불안정한 심리 상태가 깔려 있다는 사실을 어렴풋이 알고 있습니다. 그렇다고 해서 그분들이 심리적으로 불안정한 상태를 개선하기 위해 스피치 교실에 찾아오는 것은 아니에요. 말더듬이나 우물쭈물하는 말투, 사람들 앞에서 말할 때 바짝 긴장해서 얼어버리는 상황을 나아지게 할 수 있는 어떤 '기술'을 기대하고 찾아옵니다.

하지만 목소리를 가다듬고 발성과 발음 훈련을 하고 논리 스피치와 발표 경험을 갖는 동안 그분들이 조금씩 달라지고 있음을 감지하고는 합니다. 처음에는 떨리는 목소리만큼이나 흔들리던 눈빛이 수업을 진행함에 따라 차분히 가라앉고, 편안해진 말투만큼이나 표정에서 여유로움이 느껴질 때면 그 사람의 내면에 어떤 변화가 찾아왔음을 알게 됩니다. 제가 스피치 강사라는 직업을 가진 것에 감사하고 자부심을 갖게 되는 순간이죠.

다시 황민 씨 이야기로 돌아갈게요. 저는 그의 입장에서 생각하고 이해하기 위해 노력했어요. 그룹 수업을 하는 동안 부담을 갖지 않도록 제 나름 배려했고, 용기를 내 사람들 앞에 나설 때면 공감하고 격려해주었습니다. 단점을 찾아내서 개선하려고 하기보다는 장점을 발견하고 그것을 발전시키는 방향으로 이끌었습니다.

저의 강의 방식이 통했던 걸까요? 수업 후반부에 이르러 황민 씨는 조증과 울증 사이를 오가던 이전의 모습과 달리 차분하고 강단 있는 태도로 발표를 했어요. 그 모습을 보면서 저는 황민 씨가 자신의 문제를 어느 정도 극복하고 한층 성숙했음을 느낄 수 있었습니다.

황민 씨는 지금도 1인 크리에이터로 활발하게 활동하고 있습니다. 가끔씩 그의 채널을 방문해보면, 이전보다 훨씬 전문가다운 면모를 갖추었을 뿐 아니라 밝은 에너지를 뿜어내고 있음을 그의 표

73

사람의 음성은
내면을 드러냅니다.
평정심을 가진 사람은
어떤 상황 앞에서도
음성이 흔들리지 않습니다.
반대로, 같은 상황에서
음성을 다스리면
마음을 다스릴 수 있습니다.

정과 말투를 통해서 알 수 있습니다. 수업을 마무리할 즈음 황민 씨가 제게 해준 이야기는 새로운 힘이 되었습니다.

"지금보다 더 많은 사람들이 선생님 강의를 들었으면 좋겠어요."

말과 내면은 서로 조응을 이룹니다. 평소에 일정한 톤을 유지하면서 좋은 음성으로 말하는 습관을 들이려고 노력한다면, 내면을 다스리는 힘도 함께 커질 겁니다. 화가 날 때, 짜증 날 때, 언짢을 때, 우울할 때 기분에 내 목소리와 말투를 맡기지 말고 조금 더 가다듬으려 애쓴다면, 그런 마음가짐을 갖는 것만으로도 나쁜 감정 상태를 많이 극복할 수 있을 거예요.

기억하세요. 목소리는 내면을 드러내는 창문이라는 사실. 그리고 들뜨고 격앙된 마음 상태를 가라앉혀주는 매개체라는 사실을.

나의 목소리를 내면서
새로운 출발점에 서다

이윤정 씨(60세)의 첫인상은 무척이나 강렬했습니다. 스타일리시한 웨스턴 부츠와 형형색색의 원피스, 독특한 모양의 액세서리로 잔뜩 멋을 냈을 뿐 아니라 화장이 진하고 화려했는데, 특히 짙은 립스틱으로 포인트를 주는 등 남다른 패션 센스를 보여주었어요. 겉으로는 다소 세 보이고 사회 경험과 연륜이 적잖이 쌓인 듯했지만, 몇 마디 이야기를 나누면서 저는 그녀가 무척 여리고 수줍음이 많은 사람이라는 사실을 알 수 있었습니다. 소녀 같은 말투와 몸가짐, 어려 보이는 외모 때문에 나이를 알았을 때는 깜짝 놀라지 않을 수 없었어요.

이윤정 씨는 대학교 다닐 때 임용 시험에 합격하고, 졸업하면서 교사로 사회생활을 시작했습니다. 하지만 결혼과 동시에 전업 주부가 되어 살림과 육아에만 몰두하느라 사회와는 거의 단절된 상태로 살아왔다고 해요. 그러던 중 사십대 끄트머리에 늦둥이 막내딸을 얻었고, 막내딸이 진학하고 학년이 올라가면서 예순에 이르러 학부모 활동을 하지 않을 수 없는 상황에 처하게 되었습니다. 그동안 세상과 거의 담을 쌓고 지낸 탓에 사람 대하는 게 낯선 데다가 젊은 엄마들 사이에서 지낼 걸 생각하니 지레 주눅이 들어서 어떻게 할까 고민하다가 스피치 교육원의 문을 두드린 것이었습니다.

사실 이윤정 씨는 자기실현 욕구가 강한 사람이었습니다. 오랜 시간 가사와 육아에 전념하느라 욕구를 억눌러왔지만, 사람의 눈길을 사로잡는 패션 감각만으로도 그녀가 표현 욕구가 강한 사람임을 알 수 있었어요. 저와의 대화가 깊어지자, 그녀는 자기 내면에 꿈틀거리며 사그라지지 않는 어떤 불씨를 애써 모른 척해왔다고 털어놓기도 했습니다. 그녀가 스피치 교육원에 찾아온 것은 더 늦기 전에 답보 상태에 머물러 있는 자신의 삶에 어떤 활력을 불어넣기 위한 마지막 도전이었던 셈이죠.

역시나 처음에는 순조롭지 않았습니다. 1분 스피치 발표를 하는 것조차 부담스러워서 발표 차례가 되면 어떻게든 피하려고 했고, 어쩌다 발표를 하게 되면 내내 모깃소리로 웅얼거리면서 몸을 배배 꼬았어요. 가정이라는 울타리에 스스로를 가두고 살아온 세월이 길었던 만큼 새로운 걸음을 내딛는 그 시간이 이윤정 씨에게는 쉽지 않았을 거예요.

하지만 매시간 발성 훈련에 열중하고, 개인 수업과 그룹 수업을 병행하면서 그녀는 조금씩 달라지기 시작했습니다. 그룹 수업 시간에 처음 보는 사람과 짝을 이루어 MC 멘트를 주고받는 롤플레잉을 몇 번 하고 난 뒤로 어느 때부터는 주도적으로 발표를 이끌었어요. 비로소 이윤정 씨 안에 봉인되어 있던 원래의 활달함과 외향성이 개방되면서 그녀는 전혀 다른 사람이 되었습니다. 사람들 앞에서 이야기하는 것이 재미있다고 했고, 수업에 참여하는 게 아주 즐겁다고도 했습니다.

이윤정 씨는 자녀가 다니는 학교에서 진행하는 학부모위원회 행사에서 축사를 하는 등 리더십을 마음껏 발휘했습니다. 자신보다 한참 어린 엄마들 사이에서 기죽지 않았을 뿐 아니라, 맏언니 역할을 제대로 해냈습니다. 어느 날 그녀는 제게 앞으로 강의 실력을 쌓은 다음 노년층을 대상으로 유익한 정보를 전하는 시니어 전문 강사가 되고 싶다는 꿈을 내비치기도 했습니다.

어떤 주장을 하거나 자신의 생각을 밖으로 끄집어내는 것을 두고 '목소리를 낸다'라고 표현합니다. 생각하는 바가 있어도 그것을 겉으로 드러내지 않으면, 타인은 그의 뜻을 알 수 없고 나 자신

역시 마음을 접어버리고 맙니다. 이윤정 씨를 보면서 자신의 목소리를 낼 수 있을 때라야 세상과 올바르게 소통할 수 있고 내가 가진 꿈을 향해 다가갈 수 있다는 생각을 하게 되었습니다. 내 목소리를 갖는 일이 모든 사회 활동의 가장 기본적인 요건임을 그녀의 사례를 통해 다시 한 번 확인하게 된 것이죠. 내 안의 목소리를 찾음으로써 새로운 출발점에 선 이윤정 씨에게 응원과 박수를 보냅니다.

많은 사람이 자신에게 부족한 부분을 메우기 위해 노력합니다. 영어 실력이 달리는 사람은 영어 학원에 다니고, 건강과 몸매를 생각하는 사람은 헬스장이나 필라테스 학원에 다니죠. 그런데 말하는 것에 어려움을 겪는 사람이 스피치 교육원의 문을 두드리기란 쉽지 않습니다. 왜냐하면 많은 사람이 말하기는 인간이라면 누구나 수월하게 해낼 수 있는 기본적인 소양이라고 여기기 때문에 그 부분이 부족하다는 사실을 내보이는 일은 일종의 결함을 가진 것으로 인식될 수 있어서 가급적 숨기고 싶어 하는 것이 사람의 마음이니까요.

하지만 그런 식으로 약점을 감추려 하다 보면, 점점 안으로 움츠러들고 소통의 범위가 좁아져서 나중에는 아예 타인과의 관계를 단절하기도 합니다. 그래서 자신의 약점을 인정하고 스피치 교육원에 찾아온 분들을 대할 때면, 강사로서 최선을 다해야겠다는 다짐을 되새기게 됩니다. 그리고 그분들이 조금씩 긍정적으로 변화하는 모습을 확인하면서 가슴이 뭉클해지기도 합니다. 초등학생 1학년 명동이 역시 제게 그런 감동을 준 소중한 제자였습니다.

명동이는 틱 장애를 앓고 있었습니다. 대략 30초에 한 번 꼴로 팔을 흔들거나 자신의 머리를 때리는 등 학교생활과 일상생활에 큰 어려움을 겪었어요. 또래의 다른 아이들에 비해 키가 크고 체격이 건장해서 장애로 인한 행동이 튀어나올 때면 주변 사람들을 불안하게 만들 수밖에 없었어요. 스피치 수업 시간에도 가만히 있지 못하고 계속해서 소리를 내거나 자신의 몸을 치는 행위를 해서 다른 아이들의 집중을 방해했습니다.

다행히 명동이의 부모님은 참 훌륭한 분들이었어요. 아들을 각별히 아끼고 보살필 뿐 아니라 같이 스피치 수업을 듣는 아이들에게 명동이가 겪고 있는 어려움에 대해서 충분히 설명을 해서 위화감을 없애려고 노력했어요. 명동이도 부모님이 자신을 위해 애쓰고 있다는 걸 잘 아는지, 스피치 수업에 빠지지 않고 참석했고 발표 시간에도 빼먹지 않고 열심히 스피치 훈련을 했습니다.

그러던 어느 날이었습니다. 이전까지만 해도 알아차리지 못했던 명동이의 작은 변화를 발견하게 된 거예요. 확실히 틱 장애로 인한 돌발적인 행동의 횟수가 줄어들어 있었어요. 하지만 아는 체하지 않았습니다. 그저 조심스러운 마음으로 명동이의 변화를 주목했어요. 좋은 일이 생겼을 때 그걸 동네방네 떠들고 다니면 마치 신기루가 사라지듯 없던 일이 되어버릴까 봐 조바심이 났던 거죠. 자식의 변화를 가장 먼저 알아차리는 사람은 아무래도 부모님이겠죠? 어쩌면 당시 명동이의 부모님도 저와 같은 마음이 아니었을까 생각해요.

교육원에서는 그동안 아이들이 스피치 수업을 통해 얻은 성과를 확인하기 위해 스피치 발표회를 갖기로 했습니다. 부모님을 초청하여 아이들이 자신의 생각을 발표하는 그런 자리였어요.

아이들은 부모님께 자신의 발표력을 자랑하기 위해 아주 열심히 준비했습니다. 물론 명동이도 마찬가지였어요. 다른 아이에 비해 약점을 지닌 명동이에게 그 발표회는 생의 어떤 전환점이 될수도 있는 아주 중요한 자리였습니다. 아이들 모두 그동안 배운 대로 잘해주기를 바라는 마음 간절했지만, 특히 명동이에게 더 마음이 쓰이는 것은 어쩔 수 없었습니다.

그리고 드디어 스피치 발표회 날이었어요. 발표회에 초청된 부모님들이 지켜보는 가운데 아이들은 또렷한 발음과 멋진 제스처로 자신의 무대를 멋들어지게 장식했습니다. 그리고 드디어 명동이의 차례가 되었죠. 명동이가 단상에 오를 때 저도 모르게 양손을 꼭 잡고 기도를 했어요. 혹시라도 실수를 해서 명동이가 주눅이 들면 어쩌나 걱정을 많이 했거든요.

하지만 저의 걱정은 기우에 불과했어요. 명동이는 발표 도중에 아주 잠깐 머뭇거리는 작은 실수를 하기는 했지만, 자신이 외운 발표문을 끝까지 힘차게 낭독했습니다. 명동이가 발표를 마쳤을 때 명동이의 처지를 아는 학부모님들과 아이들은 모두 함성을 지르며 크게 박수를 쳤어요. 저처럼 노심초사하며 아들의 발표를 지켜보았던 명동이의 부모님은 끝내 울음을 터뜨리고 말았어요. 저 역시 눈물이 터지려는 걸 가까스로 참아야 했습니다.

자신의 몸을 자기 마음대로 제어하기 힘들어 타인에게 폐를 끼치고 아이들의 눈총을 받으면서도 꿋꿋이 수업을 따라와준 명동이가 참으로 자랑스러웠습니다. 스피치 강사로서 명동이를 가르친 사람은 저였지만, 그 아이는 제게 노력과 열정이 어떤 일을 해낼 수 있는지 몸소 증명함으로써 제게 큰 깨달음을 주었습니다. 지금은 초등학교 고학년이 되어 있을 명동이가 친구들과 잘 어울리고 훌륭한 사람으로 성장하고 있을 걸 생각하면 저도 모르게 미소를 짓고는 합니다.

어느 한 부분을
바꾸는 것만으로도
삶에 커다란 변화가
찾아오기도 합니다.

당신 안에 숨겨진
힘을 일깨우는 음성

살아가는 동안 우리는 생의 전환점이 될 어떤 순간과 맞닥
뜨리게 됩니다. 한 번도 그런 일을 경험하지 않았다고 말하는 사람
은 그 소중한 순간을 대수롭지 않게 여기고 지나쳤거나 좋은 결과
로 연결시키지 못했기 때문일 겁니다.

　사실 그러한 순간은 남이 보기에는 그다지 특별하지 않은, 지극
히 사소한 일일지도 모릅니다. 갑자기 머리에 번개가 치거나 신의
계시를 받는 그런 일은 일어나지 않잖아요? 책에서 읽은 한 줄의
문장이 큰 깨달음을 줄 수 있고, TV나 영화를 통해 보게 된 장면
에 크게 감명할 수 있으며, 누군가 애정 어린 마음과 부드러운 음
성으로 전해주는 조언이 우리의 삶을 바꾸어놓을 수도 있습니다.

그리고 어쩌면 그것은 당신 자신의 목소리일 수도 있습니다.

　김정국 씨(34세)는 우리나라에서 최고 레벨에 속하는 호텔의 외식사업부에서 베이커리 담당 매니저로 일하고 있습니다. 푸드 아트를 기획하고 관리하는 직업의 특성상 성격이 섬세하고 여성스러운 편이었어요. 직장에서는 함께 일하는 몇몇 직원들과 소통할 뿐 대외적인 활동이 활발한 편도 아니었습니다. 대학교 다닐 때부터 꾸준하게 만남을 이어온 친구들과 만나서 이야기를 나누는 것이 큰 즐거움 중의 하나였죠.

　그런 김정국 씨가 저를 찾아온 이유는 아주 중요한 미션을 앞두고 있었기 때문입니다. 위에서 이야기한 대학 동창 모임에서 처음으로 결혼하게 된 친구가 김정국 씨에게 결혼식 사회를 부탁한 거예요. 남 앞에 나서기를 꺼려하고, 더군다나 많은 사람 앞에서 말을 해본 적이 거의 없는 김정국 씨에게는 부담스러운 부탁이었습니다. 하지만 일생일대의 행사를 빛내주기를 바라는 친구의 청을 거절할 수는 없었죠. 김정국 씨는 사회를 보다가 큰 실수나 하지 않을까 하는 걱정으로 내내 고민하던 중에 스피치 교실을 찾았고, 저에게 원데이(one day) 클래스를 요청했습니다.

　수업을 시작하기에 앞서 목소리 톤과 발표 역량을 진단하기 위해 카메라 테스트를 했습니다. 음…… 보름 앞으로 다가온 결혼식 사회를 제대로 해낼 수 있을까 하는 의구심이 강하게 들었어요. 청중을 바라보지 못해서 고개를 숙인 채 말을 하고, 목소리는 모깃소리만큼 작았으며, 긴장할 때마다 헛기침이 터져 나오고, 자신감이 결여된 탓에 시선이 크게 흔들렸습니다. 녹화한 영상을 확인한 김정국 씨는 자신의 모습에 심각함을 깨닫고는 원데이 클래스를 5회 차 수업으로 늘려서 신청했습니다.

친구의 결혼식을 망치면 안 된다는 굳은 각오를 한 덕분인지 김정국 씨는 이틀에 한 번 진행하는 수업에 열심히 참여했고, 수업이 거듭될수록 몰라볼 정도로 변화되었습니다. 처음 만났을 때만 해도 소심해 보일 정도로 소극적이던 성격이 적극적으로 바뀌어서 하나를 가르치면 두세 개의 질문을 하고는 했습니다. 수강생 개개인마다 수업에 임하는 정도와 각자의 성향, 능력에 따라 성취도가 다르게 나타나는데, 김정국 씨는 단기간에 큰 발전을 이룬 보기 드문 사례로 꼽을 만큼 성취가 빨랐습니다. 마지막 5회 차 수업을 끝낸 뒤 제가 두 주먹을 불끈 쥐어 보이며 응원했더니, 밝은 표정을 지으면서 잘하고 오겠다는 인사를 남겼습니다.

일주일 정도 지난 뒤 김정국 씨는 친구의 결혼식에서 자신이 사회를 보는 영상을 보내왔습니다. 마치 전문 사회자가 진행하는 것처럼 안정적이었고, 목소리에 힘이 실려 있을 뿐 아니라 여유까지 느껴졌습니다. 그는 자신이 원래 낯선 사람과 말을 섞는 것조차 꺼려할 만큼 살짝 대인 기피증이 있었는데, 스피치 수업을 통해 남앞에 서고 사람 대하는 일에 자신감이 생겼다며 고맙다는 인사를 전해왔습니다.

가보지 않으면 그 길의 끝에 무엇이 기다리고 있는지 알 수 없습니다. 해보지 않으면 그 일이 나를 어디로 데려다줄지 모릅니다. 김정국 씨는 섬세한 일을 하기 때문에 남 앞에 서기를 꺼려했고, 자기 안에 감추어진 목소리를 내본 적 없기 때문에 자신이 어떤 사람인지 제대로 알지 못했습니다. 다행히 스피치 수업을 하는 동안 지금껏 발견하지 못했던 자신의 다른 모습을 목격하게 되었습니다. 원래 김정국 씨에게 내재해 있던 열정과 호방한 성격이 드러나게 된 것이죠. 스피치 수업을 통해 발굴된 김정국 씨의 열정이 그를 어디로 이끌지 궁금합니다.

디자인 회사에 다니는 성은지 씨(34세)는 아주 중요한 프로젝트를 앞두고 신경이 곤두서 있었습니다. 회사에서 성당 재건축 사업을 수주하기 위해 준비 중이었는데, 여러 업체가 참가하는 프레젠테이션을 맡았기 때문입니다.

성당은 천주교 신자들이 미사를 드리고 공동체 활동을 하는 공간이면서 주민 센터 역할을 하는 곳이기도 합니다. 개신교의 교회와 달리 성당은 일정한 구역에 하나만 있어요. 개신교 신자들이 목사의 역량에 따라 자신이 다닐 교회를 자유롭게 선택하는 것에 비해 천주교는 어떤 동네에 살면 그 동네의 성당에 가야 합니다. 개신교는 속인주의를, 천주교는 속지주의를 따르고 있죠. 어떤 지역의 신자를 성당 한 곳이 모두 수용해야 하기 때문에 성당은 건물 크기가 여느 교회에 비해 클 수밖에 없습니다. 그만큼 성당 재건축 사업을 수주하는 것은 성은지 씨의 회사에 아주 중요한 프로젝트였던 거죠.

성은지 씨는 같은 여자가 보기에도 호감이 가는 외모에 여성스러운 매력이 물씬 풍기는 사람이었습니다. 어쩌면 회사에서는 성은지 씨의 뛰어난 외모가 도움이 된다고 생각해서 그녀를 프레젠테이션 발표자로 낙점했는지도 모릅니다. 하지만 그녀가 회사에서 하는 역할은 주로 책상 앞에 앉아서 사무를 보는 것이었기에 여러 사람 앞에 나설 기회가 전혀 없었다고 해요. 그 때문에 회사가 사활을 건 성당 재건축 프로젝트의 프레젠테이션을 맡게 되어 부담감이 이만저만 아니라고 했습니다. 그래서 어떻게 해야 하나 고민을 거듭하던 중에 용기를 내어 스피치 교실을 찾은 거였어요.

첫 수업 시간 때 지금까지 준비한 프레젠테이션을 해보라고 하고 지켜보았습니다. 그리고 처음 든 생각은 '도대체 회사에서는 성은지 씨의 무엇을 보고 프레젠테이션 발표를 맡겼을까?'였어요. 목소리가 가늘고 작아서 잘 들리지 않았고, 발표 내용 역시 흔하

디흔한 문구로만 채워져 있어서 졸음을 유발할 정도였어요. 특단의 조치가 필요했습니다.

먼저 복식 호흡 훈련을 하면서 성량을 키우고, 제대로 된 발성과 정확한 발음을 구사하도록 지도했습니다. 프레젠테이션까지 남은 시간이 별로 없었기에 정말 스파르타식으로 하지 않을 수 없었어요. 성은지 씨는 저의 지독한(?) 수업이 힘겨웠을 텐데도 잘 따라주었습니다. 그렇게 어느 정도 목소리를 찾았다는 판단이 선 뒤에는 어투를 고치는 작업을 했습니다. 고저와 리듬이 없어서 지루하게 들리는 말투를 개선하기 위해 다양한 강조법을 적용해서 중요한 단어가 잘 들리도록 하는 트레이닝을 반복했습니다.

10회 차 수업의 절반 정도가 지났을 때 성은지 씨의 목소리는 몰라볼 정도로 성량이 커졌고, 발음 역시 이전에 비해 훨씬 좋아졌습니다. 선생으로서 완전히 만족스러운 상황은 아니었지만, 프레젠테이션이 얼마 남지 않아서 목소리와 발성, 발음에만 매달려 있을 수만은 없었습니다. 어느 정도 기본기는 닦았으니, 이제는 발표 내용을 다듬는 작업을 해야 했습니다.

여러 회사가 참가해서 경합을 벌이기 때문에 참신하고 튀는 프레젠테이션을 해야 차별화가 생길 거라는 생각이 들었습니다. 그래서 조금 과하다 싶을 만큼 요란한 제스처를 훈련시켰습니다. 하지만 어떤 제스처를 하든 자연스러워야 합니다. 발표 내용과 몸짓이 딱딱 맞아떨어져야 하죠. 내용과 몸짓이 어긋나면 보는 사람이 민망해집니다.

저는 성은지 씨에게 이렇게 말했습니다.

"그 성당은 100년 동안 그 자리를 지켜온 마을의 오래된 정자 같은 곳입니다. 성당에 다니든 다니지 않든, 마을 주민들에게는 아주 친숙한 존재예요. 그런 곳이 지금 새롭게 거듭나는 순간에 이르렀어요. 재건축되는 성당이 마을 주민들에게 어떤 곳이 되어야 할까요?"

저는 그 성당이 천주교 신자들만을 위한 건물이 아니라, 지역을 대표하는 랜드마크이자 주민들에게 마음의 휴식과 안식을 제공하는 공간이 되어야 한다고 생각했습니다. 그렇게 해서 성은지 씨와 함께 도출한 핵심 키워드가 '천국의 안뜰'이었습니다.

"○○동의 랜드마크이자 지역민들에게 위로와 안식처가 되어주는 성당. 100년의 유서 깊은 전통을 기억하며 주민들과 함께 호흡할 수 있도록 □□ 디자인에서 ◇◇ 성당을 천국의 안뜰처럼 만들겠습니다."

10회 차 수업의 마지막에 이르렀을 때 성은지 씨는 단단하고 자신감 넘치는 음성으로 시원한 동작을 펼치며 모의 프레젠테이션을 했습니다. 가르친 사람으로서 수강생의 변화를 지켜보는 것은 아주 행복한 일입니다. 성은지 씨는 저를 아주 행복하게 만들어주었습니다.

오래지 않아 성은지 씨로부터 연락이 왔습니다.

'저희 회사가 다른 회사들을 다 제치고 수주 업체가 되었습니다. 회사의 선임들뿐 아니라 프레젠테이션에서 경쟁했던 다른 업체의 사람들까지 제가 마치 아나운서 같다며 칭찬을 아끼지 않았습니다. 선생님, 감사합니다.'

성은지 씨는 그동안 억눌려 있던 목소리를 되찾으면서 자신의 다른 모습을 발견했습니다. 제가 그녀의 목소리를 바꾼 것이 아니었어요. 제가 한 일은 그녀 안에 있던 원래의 목소리를 찾아준 것뿐입니다. 그 목소리를 통해 성은지 씨는 자신 안에 숨겨져 있던 잠재력을 깨닫게 된 것이었죠.

성은지 씨의 회사가 성당 재건축 사업을 따냈을 당시 그녀의 표정이 어땠을지 상상하는 것만으로도 즐거웠습니다. 그리고 그 성공의 경험이 이끌어갈 그녀의 새로운 인생을 기대했습니다. 분명 매일 책상 앞에 앉아서 비슷한 업무를 반복하며 조금씩 지쳐가던 때와는 다른 삶이 기다리고 있을 거라는 생각이 들었습니다. 저 역시 많은 사람과 함께할 미래를 그리며 다시 힘을 얻었습니다.

Chapter 3

나의
목소리를
깨우는 공부

이번 챕터에서는 스피치의 기본기를 닦는 공부를
하겠습니다. 여러 가지 방법으로 복식 호흡을 연습
하고, 발성을 훈련하며, 음성을 풍성하게 만들어주
는 공명에 대해서 알아볼 거예요. 이어서 발음을 보
다 명확하게 만드는 훈련도 해볼 거예요. 스피치는
무술이나 운동과 같이 가르치는 사람과 배우는 사
람이 직접 몸으로 부딪치면서 훈련하는 것이 가장
바람직하지만, 비대면 방식도 발달한 만큼 꾸준히
이 책에서 안내하는 대로 연습하다 보면 목소리와
성량이 향상되는 결과를 맛볼 수 있을 겁니다.

목소리의 기초 체력,
복식 호흡

아기가 잠을 자면서 숨 쉬는 걸 지켜보면 배가 오르락내리락하는 걸 확인할 수 있습니다. 복식 호흡입니다. 아직 자연의 영역에 머물러 있는 어린 생명은 그게 자신에게 이롭다는 걸 알고 본능적으로 그렇게 하는 거예요. 하지만 대부분의 사람이 자라면서 배로 숨 쉬는 법을 잊어버리고 가슴으로 숨을 쉬게 됩니다.

가슴으로 숨을 쉬는 걸 흉식 호흡이라고 해요. 호흡 기관과 가슴 사이의 거리가 짧은 만큼 적은 양의 공기를 흡입하는 것만으로도 호흡이 가능하지만, 숨이 차거나 긴장했을 때 호흡이 빨라져서 심신이 불안정해지거나 음성이 떨리는 등의 현상을 유발합니다.

복식 호흡을 하는 게 몸에 좋다는 말은 많이 들어보았을 거예요. 배로 숨을 쉬면 가슴으로 숨을 쉴 때보다 산소가 몸 안에 들어오는 범위가 넓어져서 산소가 몸 전체에 퍼지고 혈액에 공급되는 산소의 양이 많아져서 건강에 이로운 겁니다.

성악을 하거나 스피치를 할 때도 반드시 복식 호흡에 익숙해지는 과정을 거쳐야 합니다. 노래를 부르고 말을 하는 것은 모두 몸 안의 공기를 성대를 통해 내보내면서 소리를 만드는 일입니다. 복식 호흡을 하면 그만큼 흡입되는 공기의 양이 많아지기 때문에 호흡을 조절할 수 있고 소리 또한 안정적으로 낼 수 있습니다.

명상을 할 때도 복식 호흡은 기본 요건입니다. 가슴으로 숨을 쉬면 가슴과 어깨가 들썩이는 등 몸의 움직임이 감지되어서 집중을 방해하는 반면 복식 호흡은 심신의 안정을 유도합니다. 그래서 복식 호흡을 하면 비교적 편안한 상태에서 발표를 할 수 있고 음성이 떨리는 것도 막을 수 있습니다.

그럼 이제 복식 호흡의 원리와 간단한 훈련 방법을 알아볼게요.

코로 천천히 숨을 들이마시면 폐에 공기가 가득 차면서 가슴 부위 아랫부분에 가로로 위치한 횡격막이 수축함과 동시에 복부의 장기를 눌러주어 배가 앞으로 불룩하게 나오게 됩니다. 이 과정을 흡기(吸氣) 상태라고 합니다. 반대로 숨을 내쉬는 호기(呼氣) 상태에서는 횡격막이 이완됨에 따라 위로 올라가면서 폐에 가득 찼던 공기가 입 밖으로 나오고, 눌려져 있던 복부의 장기가 다시 제자리를 찾으면서 배가 원래의 위치로 돌아갑니다. 이게 복식 호흡의 원리예요.

자, 이번에는 훈련법입니다.

먼저 의자에 허리를 꼿꼿이 세우고 앉은 뒤 가슴을 활짝 폅니다. 얼굴은 정면을 주시하고 아래턱은 몸 쪽으로 살짝 당깁니다. 눈앞에 향기로운 아카시아 한 다발이 있다고 상상하고, 코로 꽃향기를 3초 동안 들이마시면서 배 안을 공기로 가득 채웁니다. 1초 동안 멈춘 다음 배에 가득 찬 공기를 입 밖으로 10초간 "스~" 하면서 내쉽니다.

이번에는 왼손을 배 위에 올려놓은 상태에서 코로 3초간 숨을 들이쉬고 1초 멈춘 뒤 입으로 10초 동안 숨을 내쉴 때 배가 앞으로 불룩하게 나왔다가 들어가는 것을 확인해봅니다. 십중팔구 배가 앞으로 나왔다가 들어가는 변화를 확인할 수 있을 거예요. 대면 강의를 할 때 수강생의 배를 직접 확인해본 결과 한 사람도 빠짐없이 배가 앞뒤로 움직이는 것을 알 수 있었습니다. 그러니 만약 배가 움직이지 않는다면 제대로 복식 호흡을 한 것이 아니니, 다시 한 번 시도해보세요.

이와 같은 방법으로 코로 숨을 들이마셨다가 입으로 내쉬는 훈련을 3초―1초―10초의 간격으로 무리 없이 수행할 수 있다면, 숨을 내쉬는 시간을 조금 늘려서 3초―1초―15초의 간격으로 훈련해보세요. 이렇게 조금씩 숨을 내쉬는 시간을 20초, 25초, 30초, 35초까지 늘리는 훈련을 거듭한다면 호흡이 길어지면서 좋은 목소리를 갖는 데 필요한 기초 체력을 잘 다질 수 있습니다.

또 하나 해볼 수 있는 복식 호흡 훈련법은 티슈를 이용하는 것입니다.

가정에서 흔히 사용하는 정사각형 티슈 한 장을 준비해주세요. 앞에서 한 것과 마찬가지로 허리를 세우고 의자에 앉은 상태에서 티슈의 양끝을 손으로 잡고 입 위치까지 들어 올립니다. 3초간 코로 숨을 들이마시고 1초간 멈추었다가 10초 동안 "후~" 하고 불면서 티슈가 수평이 되도록 만듭니다. 중요한 점은 숨을 내쉴 때 복근을 등 쪽으로 밀어 넣으면서 숨을 세게 내쉬어서 티슈가 아래로 늘어지지 않도록 하는 겁니다.

10초 동안 수월하게 할 수 있게 되면, 숨을 내쉬는 시간을 15초, 20초, 25초까지 늘려보세요. 내쉬는 숨결로 티슈를 수평으로 만드는 연습을 반복함으로써 복근의 힘을 기를 뿐 아니라 호흡을 조절하는 능력을 향상시킬 수 있습니다.

목소리가 분명해지는
발성 훈련법

복식 호흡의 원리와 훈련법은 어느 정도 아셨나요? 그러면 이제 좋은 목소리를 만드는 두 번째 요소인 발성에 대해서 알아보도록 해요.

발성은 말 그대로 '소리를 발한다'는 뜻이에요. 목소리를 낼 때 그냥 내는 것이 아니라 앞에서 훈련한 복식 호흡을 기반으로 내면 듣기 편하고 말하기 편한 음성을 낼 수 있습니다.

세계적으로 유명한 성악가들은 무대에서 몇 시간씩 노래를 부릅니다. 그리고 다음 날 또 공연을 해요. 그런데도 목이 쉬지 않습니다. 어떻게 그럴 수 있을까요? 바로 복식 호흡을 하면서 노래를 하기 때문입니다. 복식 호흡을 하면 성대에 무리를 주지 않기 때문에 목이 쉬는 일이 일어나지 않습니다. 반면에 흉식 호흡을 하면 말소리에서 깊이가 느껴지지 않을 뿐 아니라 말을 많이 할 경우 목에 무리를 주어서 금세 목이 쉬고 허스키한 음성으로 변하게 됩니다.

자, 이제 발성 훈련을 할 텐데요, 복식 호흡을 해야 한다는 점을 절대 잊지 않도록 해요. 안 그랬다가는 목이 쉬고 말 거예요.

발성법 1 · 점 멀리 보내기

앉거나 선 자세에서 정면을 응시하면서 코로 3초 동안 공기를 들이마시고 1초간 멈추었다가 10초 동안 숨을 내쉬는데, 이때 성대를 울려서 "아~" 하고 소리를 냅니다.

이번에는 눈앞에 가상의 점 하나를 찍어보세요. 그런 다음 다시 3초간 코로 숨을 들이쉬고 1초간 멈추었다가 10초 동안 "아~" 하고 소리를 내는데, 눈앞에 찍어놓은 가상의 점을 내 소리로 점점 멀리 보낸다고 상상하는 거예요. 그러면 처음 발성할 때보다 배에 더욱 힘을 주게 되고 소리가 더욱 우렁차면서 시원하게 나는 것을 느낄 수 있을 거예요.

이 방법 역시 3초—1초—10초로 들숨, 날숨을 적용하는 가운데 날숨에서 "아~" 하고 소리를 냅니다. 어느 정도 익숙해지면 날숨에서 발성하는 시간을 15초, 20초, 25초, 30초까지 단계적으로 늘려보세요. 이때 날숨을 길게 할수록 숨이 끊어지거나 발성이 약해질 수 있습니다. 그럴 때는 최대한 배와 등을 가깝게 만든다는 생각으로 복근에 힘을 주면서 발성을 하면 소리가 약해지지 않고 내가 낼 수 있는 최대치의 성량을 낼 수 있습니다.

발성법 2 · 허리 숙여서 발성하기

복식 호흡을 적용하여 발성 훈련을 할 때 수강생들 대부분이 처음에는 어색하고 낯설어합니다. 스피치를 가르치는 선생 앞이기는 해도 잘 모르는 사람 앞에서 진지한 눈빛과 태도로 "아~", "어~", "음~" 하고 소리를 내는 일이 흔하지는 않으니까요. 전문 배우나 가수 등 무대에서 목소리를 내는 직업을 가진 사람이 아니라면 특별히 발성 훈련을 할 기회가 없고, 아직까지 우리나라에서는 말하기 훈련이나 수업이 정규 교과 과정에 포함되어 있지 않으며, 스피치와 말하기의 중요성을 강조하는 교육 문화가 확산되어 있지 않기 때문에 내 목소리를 내고 듣는 수업이 다소 생경하고 쑥스러울 수 있을 겁니다. 하지만 내 목소리를 내고 들음으로써 내 음성이 지닌 특성을 객관적으로 마주하는 첫 걸음을 통해 미처 깨닫지 못했던 내 안의 적극성과 재능을 발견할 수 있으며, 긍정적인 삶의 변화가 일어나게 됩니다. 그러니 낯설고 어색하더라도 '시작이 반이다'라는 생각으로 꾸준히 훈련하도록 해요.

내 음성에 귀 기울여본 적 있나요?
가끔은 내 안에서 울려나오는 소리에
집중해보세요.
그리고 때로는
나에게 말을 걸어보세요.
나를 다시 만나게 될 거예요.

3초간 코로 숨을 들이쉬고 1초간 멈추었다가 10초간 "아~" 하고 발성하는 것조차 많은 수강생이 처음에는 쉽게 따라오지 못합니다. 아마도 이 책을 읽는 독자님들 중에도 같은 어려움을 겪는 분이 더러 있을 거예요. 하지만 연습을 하다 보면 점차 익숙해지면서 성량이 몇 배 커지고 발성을 오랫동안 끌 수 있게 됩니다. 이런 변화를 겪고 나면 그때부터는 신이 나서 더 열심히 할 수 있을 테니, 저와 함께 조금 더 해보도록 해요.

날숨에 성대를 울리는 시간을 처음에 10초간 시도하다가 이후에 시간을 조금씩 늘릴 때, 허리를 숙이면 발성이 한결 수월해지는 것을 느낄 수 있을 거예요. 몸을 굽힌 상태에서는 목이나 어깨에 불필요한 힘이 들어가지 않기 때문에 자연스럽게 몸이 이완된 상태가 되어서 소리가 더욱 잘 나오며, 또한 목소리가 땅에 닿았다가 반사되기 때문에 내 목소리를 더 잘 들을 수 있습니다.

먼저 선 상태에서 허리를 90도로 숙입니다. 3초간 숨을 들이마신 다음 1초간 멈추었다가 10초 동안 "아~" 하고 소리를 냅니다. 이게 익숙해지면 앞서 했던 것과 마찬가지로 날숨에 발성하는 시간을 15초, 20초로 차츰 늘려보세요. 이때에는 꼿꼿하게 선 상태에서 발성할 때와 허리를 숙인 상태에서 발성할 때 내 음성이 어떻게 달라지는지 비교해보는 것이 좋습니다.

발성법 3 · 몸의 균형 이루면서 발성하기

이 발성법은 복근의 힘을 통해 몸의 균형을 유지하면서 발성하는 훈련법입니다.

먼저 일어서서 정면을 응시합니다. 3초간 숨을 들이마시고 1초간 멈추었다가 10초 동안 "아~" 하고 발성할 때 오른쪽 다리를 든 상태로 몸의 균형을 이룹니다. 이때 배에 힘을 주어서 몸이 어느 한쪽으로 기울어지지 않도록 하는 것이 중요합니다. 물론 처음에는 쉽지 않을 거예요. 그래도 연습, 또 연습!

오른쪽 다리를 들어서 발성하는 것을 연습하고 나면 이번에는 반대로 왼쪽 다리를 든 상태로 몸의 균형을 유지하면서 발성하는 연습을 합니다. 이 방법은 발성 훈련과 함께 복근을 강화할 수 있는 아주 좋은 방법입니다. 몸의 균형을 유지하는 것이 익숙해지면, 날숨을 15초, 20초, 25초까지 늘립니다.

발성법 4 · 레가토 발성

피아노나 바이올린 등의 악기를 배워본 분이라면 음악 용어인 '레가토(legato)'를 알 거예요. 레가토는 '둘 이상의 음을 부드럽게 이어서 연주하라'는 뜻을 가진 기호입니다. 악기를 연주할 때뿐 아니라 성악을 할 때도 적용되는 주법이죠.

레가토 발성은 이 음악 주법을 발성에 접목함으로써 호흡을 늘리는 데 도움이 되는 훈련 방법입니다. 그리고 한 문장이나 문구를 활용하여 훈련할 때 긍정적인 내용의 문장이나 문구를 선택하면, 그것을 읽고 내 귀에 들려줌으로써 긍정적인 마인드를 갖게 하는 효과까지 누릴 수 있습니다.

레가토 발성을 하는 방법은 한 음절 한 음절을 끊지 않고 한 호흡으로 길게 이어서 하나의 톤으로 노래하듯 발성하는 것입니다. 먼저 2초간 코로 숨을 들이마신 다음 숨을 내쉴 때 아래의 음절을 이어서 한 호흡으로 발성합니다.

[들숨] 가~갸~거~겨~고~교~구~규~그~기~

[들숨] 나~냐~너~녀~노~뇨~누~뉴~느~니~

[들숨] 다~댜~더~뎌~도~됴~두~듀~드~디~

[들숨] 라~랴~러~려~로~료~루~류~르~리~

[들숨] 마~먀~머~며~모~묘~무~뮤~므~미~

[들숨] 나~는~행~복~한~사~람~이~다~

[들숨] 나~는~꼭~꿈~을~이~룰~것~이~다~

[들숨] 나~는~심~신~이~건~강~한~사~람~이~다~

[들숨] 나~는~사~랑~받~기~위~해~서~태~어~났~다~

발성법 5 · 스타카토 발성

'스타카토(staccato)'는 레가토의 반대 주법이라고 생각하면 됩니다. 레가토가 어떤 연주 기법이었죠? 2개 이상의 음을 이어서 부드럽게 연주하는 것이었죠? 스타카토는 '한 음 한 음을 또렷하게 끊는 듯이 연주'하는 걸 말합니다. 악기를 연주할 때는 통통 뛰듯이 연주하기 때문에 경쾌하면서도 한편으로는 긴장감을 갖게 합니다. 마치 바이올린 줄을 손가락으로 세게 뜯으면서 연주하듯 복근에 순간적으로 힘을 가하면서 그 반동으로 내뱉는 숨에 소리를 싣기 때문에 스타카토 발성이라고 이름을 붙였어요.

스타카토 발성은 순간적으로 복근에 힘을 가하기 때문에 배 힘을 키우는 동시에 시원하게 소리를 낼 수 있는 발성을 길러줍니다. 또한 한 음 한 음 짧고 크게 입 밖으로 내뱉음으로써 속이 뚫리는 명쾌함을 느낄 수 있고, 동시에 내 목소리에 묻어나는 비장함과 에너지를 함께 경험할 수 있습니다.

먼저 코로 2초간 숨을 들이마신 뒤 배에 힘을 주는 것과 동시에 숨을 입 밖으로 짧게 툭툭 던지면서 성대를 울려 아래에 있는 글자를 소리 냅니다. 배에 힘을 줄 때 손으로 배를 누르는 것도 도움이 됩니다.

[들숨] 가. 갸. 거. 겨. 고. 교. 구. 규. 그. 기.
[들숨] 나. 냐. 너. 녀. 노. 뇨. 누. 뉴. 느. 니.

[들숨] 다. 댜. 더. 뎌. 도. 됴. 두. 듀. 드. 디.

[들숨] 라. 랴. 러. 려. 로. 료. 루. 류. 르. 리.

[들숨] 마. 먀. 머. 며. 모. 묘. 무. 뮤. 므. 미.

[들숨] 나. 는. 훌. 륭. 한. 사. 람. 이. 다.

[들숨] 나. 는. 매. 사. 에. 자. 신. 감. 이. 넘. 친. 다.

[들숨] 나. 는. 소. 중. 한. 가. 치. 를. 지. 닌. 사. 람. 이. 다.

[들숨] 나. 의. 목. 소. 리. 는. 더. 욱. 매. 력. 적. 으. 로. 변. 할. 것. 이.
다.

발성법 6 · 가갸거겨 발성

가갸거겨 발성은 발성과 발음을 동시에 훈련할 수 있는 발성법
입니다. 'ㄱ'부터 'ㅎ'까지 14개의 자음에 'ㅏ'부터 'ㅣ'까지 10개의 모
음을 각각 순서대로 결합하여 만들어진 소리를 한 음절씩 복식
호흡을 적용하여 또박또박 낭독함으로써 복근의 힘과 성량을 키
울 수 있으며, 조음 기관의 움직임을 통해 발음을 명확하게 구사
할 수 있도록 돕는 좋은 방법입니다.

먼저 2초간 숨을 들이마신 다음 날숨에 다음 페이지의 음절들
을 가로로 한 음절씩 또박또박 낭독해서 맨 아랫줄까지 수행한
뒤, 이번에는 세로로 한 음절씩 내려가면서 한 줄씩 낭독합니다.

[들숨] 가 갸 거 겨 고 교 구 규 그 기

[들숨] 나 냐 너 녀 노 뇨 누 뉴 느 니

[들숨] 다 댜 더 뎌 도 됴 두 듀 드 디

[들숨] 라 랴 러 려 로 료 루 류 르 리

[들숨] 마 먀 머 며 모 묘 무 뮤 므 미

[들숨] 바 뱌 버 벼 보 뵤 부 뷰 브 비

[들숨] 사 샤 서 셔 소 쇼 수 슈 스 시

[들숨] 아 야 어 여 오 요 우 유 으 이

[들숨] 자 쟈 저 져 조 죠 주 쥬 즈 지

[들숨] 차 챠 처 쳐 초 쵸 추 츄 츠 치

[들숨] 카 캬 커 켜 코 쿄 쿠 큐 크 키

[들숨] 타 탸 터 텨 토 툐 투 튜 트 티

[들숨] 파 퍄 퍼 펴 포 표 푸 퓨 프 피

[들숨] 하 햐 허 혀 호 효 후 휴 흐 히

발성법 7 · 단계별 발성

단계별 발성은 성량의 크기에 따른 호흡의 양과 목소리 톤의 변
화를 측정함으로써 호흡 조절 능력과 성량을 키우는 방법을 훈련
할 수 있는 발성법입니다.

누구나 가까이 있는 사람과 대화할 때는 굳이 크게 말하지 않

아도 잘 들리기 때문에 소곤소곤 속삭이듯 말합니다. 상대방과의 거리가 멀어지면 소리를 보다 키우고 목소리 톤도 한층 높여야 하죠. 아주 멀리 있는 사람에게 말할 때는 더 많은 양의 공기를 들이마시고 배에 힘을 주며 목소리 톤을 높인 상태로 말해야 내 목소리를 전달할 수 있습니다. 이런 원리를 활용해서 아래의 문장들을 볼륨 크기에 따라 단계별로 낭독해봅니다. 괄호 안의 숫자가 가상의 볼륨이에요.

3단계 발성법

[들숨] 나의 어제는 땀과 열정으로 가득했고, (30)

[들숨] 나의 오늘은 사랑과 헌신으로 넘쳐나며, (60)

[들숨] 나의 내일은 축복과 열매로 채워질 것입니다. (90)

4단계 발성법

[들숨] 대한민국의 주권은 국민에게 있고, (25)

[들숨] 모든 권력은 국민으로부터 나온다. (50)

[들숨] 모든 국민은 인간으로서의 존엄과 가치를 가지며, (75)

[들숨] 행복을 추구할 권리를 가진다. (100)

5단계 발성법

[들숨] 생각이 바뀌면 말투가 변화되고, (20)

[들숨] 말투가 바뀌면 행동이 변화되고, (40)

[들숨] 행동이 바뀌면 습관이 변화되고, (60)

[들숨] 습관이 바뀌면 인격이 변화되고, (80)

[들숨] 인격이 바뀌면 운명이 달라집니다. (100)

발성법 8 · 모자이크 발성

모자이크 발성은 여러 가지 재료를 조각조각 붙여서 하나의 무늬와 회화를 만드는 미술 기법인 모자이크처럼 서로 관련이 없는 각 음절을 붙여놓은 언어를 소리 내어 읽는 훈련법입니다. 규칙이나 원리가 없기에 낯설고 어렵게 느껴지는 말 덩어리들을 복식 호흡으로 낭독함으로써 발성 훈련은 물론 발음 연습까지 할 수 있는 일석이조의 효과를 누릴 수 있습니다.

야롤 팍식 투쿠 당갈 도뚜 까리바리뤼

쥬피키킥 탁삭레렌 큐을와 뎌뷔

셀레제젠 푸두수그 포로기슥 얘으오휴

파라클레세오스 쏘테라이스긔히

플레롸이사샤 아프스톨론 헤스로비타

라샤파스 도쿠리우소스 효퓨우

타학파차 카티오시수여 샤리르즈븍딕

열얄쓱식 푸오도로킥푸쑥 랴샤이

우라이부오소이 아카다미오히루 댜르

휘렌투휴셔석 닥표투애루카엔티

풍성한 음성의 비밀,
공명

요즘엔 집집마다 샤워 시설이 잘 갖추어져 있어서 대중목욕탕을 찾는 인구가 많이 줄었습니다. 동네마다 하나씩은 있던 목욕탕도 많이 자취를 감추었습니다. 저만 해도 대중목욕탕에 간 게 언제였는지 기억이 가물가물해요. 드라마 〈응답하라 1988〉에서 덕선이(혜리)가 엄마(이일화)와 함께 플라스틱 바구니에 목욕 용품을 가득 채우고 목욕탕에 가는 장면을 보면서 오래전 기억이 새록새록 떠올랐습니다. 일주일에 한 번 엄마 손을 잡고 목욕탕에 가서 때를 밀고 나면 보상으로 주어지던 바나나우유의 맛은 참 기막혔어요.

　사람들이 빠져나간 목욕탕은 조용하고 습기가 가득 차서 몽환적인 느낌을 자아냈습니다. 그때 말을 하면 내 목소리가 넓게 퍼지고 울려서 신비로운 느낌을 더해주었어요. 평소에는 그렇게 크게 울리며 공간을 꽉 채우는 내 목소리를 들을 수 없기 때문에 일부러 "야!" 하고 소리를 내보고는 했지요.

흔히 '동굴 목소리' 내지는 '목욕탕 보이스'라고 부르는, 울림 있고 웅장하며 풍부한 목소리를 가진 사람들이 있습니다. 흔치 않아서 한 번만 들어도 쉽게 각인되고 자꾸만 듣고 싶어지는 그런 목소리를 가진 사람들의 공통점은 무엇일까요? 목욕탕이나 동굴에서 말할 때처럼 '공명'이 일어난다는 점입니다. 그러면 공명은 어떻게 일어날까요?

대부분의 사람은 폐에 들어온 공기가 성대를 지나면서 진동을 일으켜 소리를 내는데, 공명을 일으키는 사람은 소리가 입 밖으로 나갈 때 성대에서 진동을 일으킬 뿐 아니라 얼굴 뼈 안에 있는 공간을 울림으로써 음성의 출력에 차이를 만들어냅니다. 신체 구조에 따라 몸속의 공간을 울리는 정도가 크다면 공명 있는 멋진 소리를 낼 수 있는 것이죠.

그럼 신체 구조를 타고나지 않은 사람은 공명 있는 목소리를 가질 수 없을까요? 아닙니다. 소리가 지나가는 곳을 울리는 연습을 하면 누구나 공명 있는 목소리를 가질 수 있고, 매력적이고 스펙트럼이 넓은 음성을 가질 수 있습니다.

그럼 이번에는 성대를 울리는 것부터 두성까지 다양한 음역을 활용하는 공명 훈련을 같이 해볼게요.

성대(저음 영역) 울리기

악기를 연주할 때 낮은 옥타브의 음계는 무거우면서도 파장이 아래로 넓게 퍼지는 느낌을 줍니다. 성대 울리기는 목소리를 내는 직접적인 신체 기관에 해당하는 성대와 그 아래쪽인 가슴을 악기의 낮은 옥타브를 내는 건반이나 현으로 간주해 그 부위를 울리는 연습을 하는 것입니다.

코로 2초간 숨을 들이마신 뒤 성대와 가슴 부위를 "음~" 하고 울리는 가운데 오른손을 가슴 부위에 올려놓고 진동을 느껴봅니다. 이어서 아래의 문장들을 같은 방식으로 2초간 숨을 들이마신 다음 레가토 발성법으로 음절을 연결하여 낭독하면서 울림을 느낍니다.

[2초 들숨] 음~~~~~~~~~~~~~~~~~~ (10초)

[2초 들숨] 나~는~소~중~한~사~람~이~다~

[2초 들숨] 나~의~미~래~는~밝~을~것~이~다~

[2초 들숨] 나~는~반~드~시~꿈~을~이~룰~것~이~다~

[2초 들숨] 내~인~생~의~최~고~의~순~간~은~바~로~지~금~이~다~

구강(중간음 영역) 울리기

저음 영역에 이어 중간 음역으로 볼 수 있는 입안과 입 주변을 울려서 소리를 내는 훈련입니다.

2초간 숨을 들이마신 뒤 입술을 다문 상태에서 "음~" 하고 입안과 입 주변을 울리며 소리를 내면서 진동을 느껴봅니다. 이어서 2초간 숨을 들이쉰 뒤 아래의 문장을 레가토 발성으로 낭독하면서 진동을 느껴보세요.

[2초 들숨] 음~~~~~~~~~~~~~~~~~ (10초)

[2초 들숨] 나~는~긍~정~적~인~사~람~이~다~

[2초 들숨] 나~에~게~는~열~정~과~에~너~지~가~넘~친~다~

[2초 들숨] 나~의~미~소~는~세~상~에~서~가~장~아~름~답~다~

[2초 들숨] 당~신~은~행~복~하~기~위~해~태~어~났~습~니~다~

비강(애교음) 울리기

얼굴뼈에서 코 주변의 빈 공간을 울림으로써 흔히 콧소리라고 부르는 밝은 느낌의 소리를 끌어내는 훈련입니다.

먼저 한쪽 검지로 코 한쪽을 막은 뒤 "음~" 하고 코 주변을 울려봅니다. 쉽게 진동이 느껴질 거예요. 이번에는 검지를 뗀 상태에서 의식을 비강(코 주변)에 집중한 채 2초간 들숨을 마시고 "음~" 하면서 비강을 울립니다. 이어서 아래의 문장들을 레가토 발성으로 한 음절 한 음절 이어가며 낭독해봅니다.

[2초 들숨] 음~~~~~~~~~~~~~~~~~ (10초)
[2초 들숨] 나~는~무~엇~이~든~지~할~수~있~다~
[2초 들숨] 여~행~은~서~서~하~는~독~서~이~다~
[2초 들숨] 나~는~건~강~한~몸~과~마~음~을~갖~고~있~다~
[2초 들숨] 천~재~는~노~력~하~는~자~를~이~길~수~없~다~

두성(높은 음) 울리기

가수들이 고음을 낼 때 사용하는 방법으로, 이마와 머리 주변을 울림으로써 높고 경쾌한 소리를 내는 훈련입니다.

먼저 한 손을 이마에 댄 뒤 "음~" 하고 소리를 내면서 이마 주변의 진동과 떨림을 느껴봅니다. 울림이 느껴지면 손을 떼고 2초간 숨을 들이마신 뒤 의식을 이마와 머리 주변에 집중하면서 "음~" 하고 10초간 소리를 냅니다. 이어서 아래 문장들을 레가토 발성으로 연결하면서 낭독합니다.

[2초 들숨] 음~~~~~~~~~~~~~~~~ (10초)
[2초 들숨] 나~는~창~의~성~이~뛰~어~나~다~

[2초 들숨] 사~랑~은~언~제~나~두~려~움~을~이~긴~다~

[2초 들숨] 꿈~이~있~는~사~람~은~절~대~늙~지~않~는~다~

[2초 들숨] 긍~정~적~인~생~각~에~서~긍~정~적~인~결~과~가~나
~온~다~

이것만 알면
사투리 100% 교정 성공!

대한민국은 땅 덩어리가 그리 크지 않습니다. 면적으로 순위를 매기면 세계 국가 가운데 100위 안에도 들기 힘들어요. 이처럼 상대적으로 국토 면적이 작은데도 각 지역마다 지방색이 뚜렷합니다. 강과 산이 많아서 자연적으로 형성된 경계에 따라 각 지역마다 고유의 색깔을 지니게 된 거죠.

　우리나라는 모두 9개의 권역으로 나누어져 있습니다. 각 행정 권역마다 지니는 지방색 가운데 가장 뚜렷한 것이 언어입니다. 제주도 본토 방언은 억양뿐 아니라 단어 자체가 아예 달라서 외국어처럼 들리기도 해요. 이러한 언어의 특색은 각 지역의 개성으로 소중하게 지켜야 할 유산이지만, 공적 스피치 현장에서는 소통의

걸림돌이 되기도 합니다. 그래서 공적인 발표를 하거나 중요한 프레젠테이션을 할 때는 선택적으로 표준어를 구사하는 것이 훨씬 유리하겠죠. 이런 때를 대비해서 사투리를 개선할 수 있는 방법을 알아두면 유익할 거예요.

평조 연습 · 다리미로 억양을 펴다

경상도 방언은 남도와 북도가 다르게 나타나고 각 시군에 따라서도 차이를 보입니다. 이러한 차이는 아주 미세해서 다른 지방 사람은 알아차리지 못하는데 경상도 사람들은 기가 막히게 구분을 해요. 대체로 북도는 첫 음에 강세를 주는 반면 남도는 둘째 음에 강세가 있는 편이죠.

이를 교정하기 위해서 목소리의 톤을 낮춘 상태에서 첫 음을 한 톤 더 다운시킨 뒤 그 다음 음절부터 계속 같은 톤을 유지하면서 문장을 읽거나 말을 하는 방법이 있습니다. 평조(平調)는 우리 국악에서 쓰는 음계의 하나인데 낮은 음에 속합니다. 사투리가 심한 사람이 평조로 읽거나 말하는 습관을 들이는 것이 처음에는 어색하지만, 계속 연습하다 보면 어느 시점에 이르러 억양이 고르게 나오는 경험을 할 수 있습니다.

예를 들어 "너, 뭐하는데?"라고 말한다면, 경상북도에서는 '뭐'에 강세를 두어서 "너, **뭐**하는데?"처럼 굵게 표현한 부분의 톤을 올려서 말하고, 경상남도는 같은 문장을 "너, 뭐**하**는데?"와 같이 뒷부분의 음절을 강하게 혹은 톤을 올려서 말합니다. 이러한 억양과 어조를 개선하기 위해서는 첫 음부터 끝 음까지 동일한 톤으로 낭독하는 연습을 해서 톤이 일정해지면 그때 중요 단어를 강조하는 방식으로 어느 정도 사투리를 극복할 수 있습니다.

전라도와 강원도 지역 역시 억양을 평평하게 편다는 느낌을 의식하고서 평조 연습을 하는 것과 동시에 그 지역 특유의 단어를 표준어로 대체하고 순화하는 노력을 기울여야 합니다.

모음을 발음할 때는 입모양을 정확하게

씨름 선수 출신으로 연예계에 입문하여 코미디언과 MC로 성공한 강호동 씨는 경상도 사투리의 진수를 보여줍니다. 이미 30년 가까이 방송 활동을 하고 있지만, 그는 사투리를 교정하기는커녕 오히려 사투리를 자신의 트레이드마크로 승화시켰습니다.

강호동 씨의 말투에서 드러나는 대표적인 특징 가운데 하나가 모음 'ㅓ'를 'ㅡ'로 발음하거나 그 반대로 소리를 낸다는 점입니다. 예를 들어 '선생님'을 '슨생님'으로, '언제'를 '은제'로, '저녁'을 '즈녁'으로, '버스'는 '브스'로 발음합니다. 그런데 '드디어'는 '더디어', '스타성'은 '서타성'으로, '음식'은 '엄식', '으스대다'는 '어스대다'로 발음해요. 강호동 씨와 동료 연예인들은 경상도 말투를 개그 요소로 활용해서 시청자들에게 웃음을 주지만, 일부러 웃기려는 목적이 아니라면 그렇게 발음하는 것은 실수가 될 수 있습니다.

모음의 음가(소릿값)를 정확하게 내기 위해서는 입모양에 조금만 신경을 쓰면 됩니다. '어'를 발음할 때는 손가락 두 개를 붙여 세로로 세운 채 넣을 수 있을 만큼 입을 벌려서 발음하면 정확한 음가를 얻을 수 있습니다. 여기서 조금 작게 벌려서 발음하면 '으'와 가까운 소리가 나옵니다. '아'는 아래턱을 내리고 손가락 세 개를 붙여서 세운 만큼의 넓이로 입을 벌리면 정확한 음가를 얻을 수 있습니다.

발음할 때 입을 거의 벌리지 않는 사람이 더러 있어요. 그러다 보니 말할 때 웅얼거리게 되고 새가 모이를 먹을 때처럼 입술이 앞으로 나와서 보기에 좋지 않습니다. 입을 작게 벌리는 분들은 오늘부터 아래턱을 내리는 연습을 해서 말할 때 입을 크게 벌리는 습관을 들여야 합니다. 아래턱의 움직임이 유연해지면 입을 크게 벌리는 것이 자연스러워져서 다양한 모음을 정확하게 발음할 수 있습니다.

전라도 방언에서는 '위' 또는 '외'를 발음하는 데 취약한 경우가 많습니다. 예를 들어, 참외를 '참에'라고 발음하거나 외모를 '에모'로 발음하는 경우가 빈번해요. 위에를 '우에'로, 위상을 '이상'으로, 의사를 '이사' 또는 '으사'로 발음하기도 해요.

'위'와 '외'는 입술을 동그랗게 만든 상태에서 입술 모양에 변화를 주지 않고 앞으로 내밀어 소리를 내면 정확하게 발음할 수 있습니다. 'ㅟ'와 'ㅚ'는 두 개의 모음이 결합된 형태를 취해서 이중 모음일 것 같지만 발음할 때 입모양이 변하지 않기 때문에 단모음에 속합니다. 반면에 'ㅢ'는 이중 모음이기 때문에 이중 모음의 성격대로 'ㅡ'와 'ㅣ'를 이어서 발음하면 정확한 소리가 나옵니다.

소리 나는 대로 읽기 · 음운 법칙 지키기

사투리를 쓰는 분들이 발음할 때 보이는 다른 특징으로 '어휘의 분절화 현상'을 들 수 있습니다. 말이 어렵죠? '어휘의 분절화 현상'은 말을 할 때 각 음절의 소릿값을 철저하게 지켜서 발음한다는 뜻인데, 이렇게 하면 오히려 소리가 딱딱 끊어져서 듣기에 불편하게 느껴질 수 있습니다.

우리나라 말은 음절 간에 영향을 주고받아 다양한 음운 현상이 나타납니다. 그중 하나가 음운 축약이에요. 말 그대로 두 음운을 한 개의 음운으로 줄여 발음하는 거예요. 그런데 사투리를 쓰는 분들은 이러한 규칙을 잘 지키지 않는 경향을 보입니다.

예를 들어, '적합하다'라는 동사를 발음할 때는 음운 현상에 따라 [저카파다]라고 해야 하는데, 특히 경상도 지역에서는 단어의 각 음절을 분절해서 [적합하다]라고 발음합니다. '적합하다'는 '적'의 받침인 'ㄱ'이 '합'의 초성인 'ㅎ'과 만나서 'ㅋ'으로 발음하게 되고, '합'의 받침인 'ㅂ'이 '하'의 초성인 'ㅎ'과 만나서 'ㅍ'으로 발음하게 됩니다. 이런 법칙은 일부러 누가 그렇게 원칙으로 정한 것이 아니라, 오랫동안 말을 써오는 가운데 자연스럽게 굳어진 현상을 따르는 것뿐이에요. 그런데 이러한 음운 현상을 무시한 채 발음하면, 발음하기에도 불편할 뿐 아니라 듣기에도 어색할 수 있습니다.

다음 예문을 보세요.

도토리묵을 먹으면 장과 위의 기능이 좋아지며 성인병 예방과 피로 회복에도 도움을 줄 뿐만 아니라, 다이어트에도 효과가 있다.

위의 문장을 소리 나는 대로 읽으면 아래와 같습니다.

[도토리무글 머그면 장과 위에 기능이 조:아지며 성:인병 예:방과 피로 회보게도 도우믈 줄 분만 아니라, 다이어트에도 효:꽈가 읻따.]

그럼 이번에는 일부러 어휘의 분절화 현상을 적용해서 읽어보세요.

[도.토.리.묵.을. 먹.으.면. 장.과. 위.의. 기.능.이. 좋.아.지.며. 성.인.병. 예.방.과. 피.로. 회.복.에.도. 도.움.을. 줄. 뿐.만. 아.니.라. 다.이.어.트.에.도. 효.과.가. 있.다.]

어때요? 어색하지 않나요? 특히 경상도 분들은 음절의 분절화를 유지하면서 발음하다 보니, 아래의 어휘들을 어색하게 발음하는 경우가 많습니다.

월요일 [월료일](x) → [워료일](○)

금요일 [금뇨일] (x) → [그묘일](○)

일요일 [일료일](x) → [이료일](○)

참여 [참녀] (x) → [차며](○)

유월 [육월, 유궐](x) → [유월](○)

시월 [십월, 시붤] (x) → [시월](○)

올해 [올래](x) → [올해](○)

목요일 [몽뇨일] (x) → [모교일](○)

어떤 어휘를 발음할 때는 각각의 소릿값을 정확하게 지키기보다는 자연스럽게 발음하는 것이 말하기에도 듣기에도 편하다는 사실, 명심하세요.

어버버 하는 사람을
어떻게 믿어?

제가 언론사에서 취재 기자 겸 아나운서로 일할 때였습니다. 당시 저는 수도권 여러 지역의 사건과 사고, 시정 소식 등을 취재한 뒤 직접 뉴스 대본을 작성하고 뉴스를 내보내는 등 여러 가지 역할을 맡았습니다. 그 무렵 유례를 찾기 힘들 만큼 가뭄이 심했어요. 특히 가뭄 피해가 심각한 지역에서 정책을 담당하는 공무원이 재해 대책 마련을 위한 브리핑을 하는 자리에 취재차 참석했다가 꽤 애를 먹은 일이 있습니다.

애를 먹은 사람은 저뿐만이 아니었어요. 여러 언론사의 기자들이 그 자리에 참석했는데, 미디어 프레젠테이션을 맡은 담당 공무원의 말소리가 너무 작고 발음이 부정확해서 무슨 이야기를 하는

지 도통 알아들을 수가 없었거든요. 물론 그 공무원께서는 시민들의 삶이 안정되도록 애쓰고 재해 복구에도 노력하는 훌륭한 분이었을 거예요. 하지만 피해 상황과 복구 현황, 대책 등을 발표하는 내내 고개를 숙인 채 알아듣기 힘든 소리로 혼자 웅얼거린 탓에 기자들은 브리핑 내용을 놓칠세라 바짝 긴장하지 않을 수 없었습니다. 그러다가 결국에는 포기해버렸어요. 어느 순간부터는 다들 어서 발표가 끝나기만을 기다리는 표정이 되어서 지루함을 견뎠습니다. 어쨌든 기사를 쓰고 뉴스 대본을 작성하기는 해야 해서 녹취록을 수십 번이나 반복해서 들으며 어렵게 작업했던 기억이 떠오릅니다.

공적 스피치 현장에서는 그 어느 때보다 '전달'이 중요합니다. 공공 기관이 브리핑을 하는 이유가 무엇인가요? 지금 상황이 이렇고 앞으로 이럴 것으로 예상하기 때문에 이런 대책을 마련하고 있으니 협조해달라는 등의 사항을 시민에게 정확하게 전달하는 것이 목적이잖아요. 물론 공무원들께서는 수립한 계획에 따라 열심히 일할 것으로 믿어요. 하지만 상황을 정확하게 전달해서 시민을 안정시키는 일 역시 매우 중요합니다. 저는 그날 그 브리핑 현장에서 공적 스피치에서 전달력이 얼마나 중요한지 다시 한 번 깨달았습니다.

한 유튜브 채널에 언론사 대표가 출연했습니다. 그 유튜브 채널은 우리나라의 여러 가지 시사 문제를 다루었는데, 그 대표는 고정적으로 출연해서 이런저런 이야기를 들려주었습니다. 아, 그런데 그분이 나와서 말할 때마다 저는 저도 모르게 갑갑증이 들고는 했어요. 언론사를 이끌어가는 만큼 다양한 분야에 대한 지식이 해박할 테고 각종 현안을 바라보는 관점도 날카로울 테지요. 하지만 가지고 있는 콘텐츠를 전달하는 능력이 너무 아쉬웠어요. 인터뷰를 할 때마다 라면 면발을 입 속으로 후루룩 빨아들이는 것 같은 말투와 습관 때문에 내용이 하나도 귀에 들어오지 않았거든요. 그러다 보니 전문가다운 명석함과 권위를 전혀 느낄 수 없었어요. 한 조직의 대표라면 공적인 자리에서 말할 기회가 많을 텐데, 평소에 전달력을 높이는 스피치 연습을 하는 것이 좋겠다는 생각이 들었습니다.

고구마 백 개를 물도 없이 한 입에 삼킨 것 같은 답답함을 느끼게 하는 말투와 발음을 한번 살펴볼까요? 많은 분들이 '안녕하세요'를 '안냐세여'로 발음해요. 또 '한국 사회'를 '항사해'로, '필요한'을 '피요한'으로, '굉장히'를 '갠잔히'로, '사람들'을 '사암들'로, '우리나라'를 '우이나야'로 발음합니다. 이런 식으로 발음하는 분의 이야기를 듣고 있다 보면 나도 모르게 가슴이 갑갑해져요. 혀가 짧아서 원래 발음이 좋지 않다고 말하는 분도 있을 거예요. 하지만 그럴수록 더 정확하게 발음하도록 연습을 해야지요. 난 원래 그러

바르게 말한다는 것은
나를 제대로 드러내는 길인 동시에
상대를 배려하는
친절한 행위입니다.

니까, 라는 식으로 팽개쳐두면 나중에는 고치기가 더 힘들어진다는 사실을 알아야 합니다.

일상생활에서도 그렇지만, 공적 스피치에서 발음의 중요성은 아무리 강조해도 지나치지 않습니다. 발음이 좋아야 하는 이유는 한두 가지가 아니지만, 가장 중요한 3가지를 알아보겠습니다.

첫째, 내용의 정확성과 원활한 소통을 위해서입니다.

제가 아는 사람의 이야기를 하나 해드릴게요. 친구들을 만나 술을 마시고 밤에 은평구의 서울 끄트머리인 구파발동에서 택시를 탔어요. 기사님께 "신촌역으로 가주세요."라고 말하고는 좌석에 등을 기댄 채 살짝 잠이 들었죠. 그런데 택시 기사님이 깨워서 일어나 보니 강남의 신천역이었어요. 지금은 잠실새내역으로 이름이 바뀌었지만, 과거에는 신천역이라고 불렀거든요. 신촌역과 신천역(잠실새내역)의 거리가 얼마나 멀어요? 택시 기사님과 시비가 붙지 않을 수 없어요. 하지만 제 지인은 자신이 평소에 발음이 좋지 않은 걸 알기 때문에 실수를 인정하고 택시를 강북 방향으로 다시 돌렸다고 해요.

가깝게 지내는 동생은 입사 면접 도중에 면접관의 발음이 부정확해서 엉뚱한 대답을 한 적이 있다고 해요. 면접관이 "저금은 잘하는 편이세요?"라고 묻기에 자신이 들고 있는 정기 적금 하나와 부모님이 대신 들어준 연금형 저축 등에 대해서 주저리주저리 늘어놓았대요. 그런데 면접관이 갑자기 말을 끊더니, "아니, 적응을 잘하는 편이냐고요?"라고 되묻더래요. "적응은 잘하는 편이세요?"라고 물은 걸 "저금은 잘하는 편이세요?"로 듣고는 엉뚱한 말을 했던 거죠. 제가 가르친 한 수강생의 경우에는 ㅊ과 ㅅ 발음이 취약한 탓에 회사에서 자꾸 '사장'을 '차장'이라고 발음해서 난감한 상황에 처한 일이 종종 있었다고 해요.

이렇듯 발음을 정확하게 구사하지 않으면 의미가 제대로 전달되지 않아서 의사소통에 어려움을 겪거나 실수를 유발할 수 있을뿐더러 의도치 않게 오해를 불러일으키게 되어 관계를 뒤틀리게 만들 수도 있습니다.

둘째, 화자에 대한 신뢰감을 안겨주기 위해서입니다.

몸이 아파서 병원에 갔는데, 진료를 맡은 의사가 발음이 부정확하거나 웅얼거리는 투로 말한다면 환자는 의사의 말을 제대로 알아들을 수 없을 뿐만 아니라 의사의 전문성에 대해서도 의심하지 않을 수 없게 됩니다. 집수리를 맡기기 위해 사람을 불렀는데, 역시 알아듣기 힘든 말로 우물거리거나 상황을 제대로 전달해주지 않으면 역시 수리비를 더 많이 받기 위해 어떤 꿍꿍이를 품은 게 아닐까 의심하게 될 거예요.

저 역시 비슷한 경험을 한 적이 있습니다. 동네의 한 내과 의원에 방문해서 진료를 받았는데, 의사가 짧게 툭툭 던지는 식으로 말하고 내용도 알아듣기 힘들어서 몇 번이고 되물어야 했어요. 같은 일이 반복되자 의사의 말투에 약간의 짜증이 묻어나더군요. 이후로 다시는 그 병원을 찾지 않았어요. 의사든, 시공 업체든 내가 도움을 요청하는 입장에서 제대로 된 설명을 듣지 못한다면, 상대에 대한 전문성을 신뢰할 수 없게 되어서 다른 병원을 찾거나 업체를 바꾸게 될 겁니다.

셋째, 화자의 이미지 제고를 위해서입니다.

평소 발음이 좋지 않은 사람이 누군가와 대화를 나눌 때, 상대가 잘 알아듣지 못하겠다고 하면 한 번 더 이야기를 해서 뜻이 잘못 전달되는 일을 피할 수 있습니다. 하지만 일반인이 아니라 영향력을 가진 사람이 말할 때는 상황이 조금 달라집니다. 되묻고 다시 말하는 과정이 생략될 수 있으니까요. 상상해보세요. "저기, 사장님, 무슨 말인지 잘 못 알아듣겠는데, 다시 한 번 말씀해주십시오." 이러기 쉽지 않을 거예요. 따라서 공적 위치가 높은 사람일수록 부정확한 발음으로 인해 전달력이 약할 때는 더욱 큰 불편함을 초래할 수 있습니다.

대중의 시선을 받는 입장에 있는 사람이 발음이 안 좋거나 부정확하다면, 대중으로부터 웃음거리가 되거나 희화화될 가능성이 큽니다. 십여 년 전 한 드라마에서 주연을 맡으면서 대중에게 큰 인기를 얻은 배우가 있었어요. 날씬한 몸매와 아름다운 얼굴로 극 중에서 사랑받는 주인공역으로 잘 어울렸지만, 치명적인 단점이 하나 있었습니다. 'ㅅ'과 'ㅈ'을 'ㄸ'처럼 발음해서 그 발음이 속한 대사를 할 때면 내용 전달이 잘 안 되는 탓에 드라마에 몰입하기 어렵게 만들었거든요. 뿐만 아니라 혀 짧은 소리가 배우의 이미지와 연결되어 어딘가 어눌하고 빈틈이 있는 듯한 캐릭터로 굳어져서 극 중 역할에 제한을 받기도 했습니다.

타고난 구강 구조로 인해 정확한 발음을 하기 어려운 분이 더러 있습니다. 하지만 그럴수록 더욱 발음을 개선하기 위한 노력을 기울여야 합니다. 발음 때문에 역할이 제한되는 일은 극에 출연하는 배우에게만 해당하는 것이 아니에요. 말하기는 우리의 사회적 역할을 좌우하는 중요한 요소입니다.

나는 선천적으로 혀가 짧은데
발음을 교정할 수 있을까?

제 주위에는 좋은 분들이 많습니다. 그래서 스스로 복이 많은 사람이라고 생각해요. 그중 한 분은 아주 유명한 성우이신데, 외국 영화의 더빙과 다큐멘터리, 광고, 예능 등 다양한 분야에서 활동할 정도로 목소리 연기가 일품입니다. 그분이 어느 날 말씀하시기를, 어렸을 적에는 입 안의 설소대가 있었는데 낭독을 많이 하고 목소리 훈련과 연기를 하느라 끊임없이 혀를 사용하다 보니 어느 순간 설소대가 사라졌다고 했어요. 설소대는 혀의 아랫부분과 입의 점막을 잇는 힘살인데, 거울을 보면서 혀를 위로 들어보면 가늘게 세로로 붙어 있는 옅은 살을 확인할 수 있을 거예요.

사람은 누구나 설소대가 있어요. 그런데 이게 너무 짧거나 굵으면 혀를 자유롭게 놀리는 데 방해가 되어서 발음을 하는 데 어려움을 겪기도 합니다. 성우 선생님은 어렸을 때만 해도 뚜렷했던 설소대가 성우로 활동하는 동안 거의 사라진 거예요. 마치 뾰족한 바위가 숱한 파도의 침식 작용으로 인해 둥글게 변하듯이 혀를 부지런히 움직인 까닭이죠.

스피치 강의를 하다 보면, 혀가 짧아서 발음이 부정확한 수강생을 종종 만나고는 합니다. 혀가 짧거나 두꺼우면 소위 '혀 짧은 소리'를 내거나 혀의 움직임이 둔해서 발음이 어눌해집니다. 이런 경우에는 혀를 스트레칭하거나 자주 활발하게 움직여주면 발음을 교정하는 데 도움이 됩니다.

스트레칭을 하는 방법은 간단합니다. 혀를 앞으로 쭉 내밀거나 동그랗게 마는 등 혀 운동을 하면 혀가 보다 유연해지고 원활하게 움직일 수 있어요. 그러다 보면 어느 순간 설소대가 열어지는 신기한 경험을 할 수도 있습니다.

발음할 때 대충 하지 않고 한 음절, 한 음절 천천히 또박또박 정성을 기울이는 습관을 갖는 것도 중요합니다. 앞부분의 사투리 교정법에서 저는 소리 나는 대로 연음 법칙을 지켜서 발음하라고 조언했지만, 발음이 부정확한 분들은 의식적으로 한 음절씩 끊어서 발음하는 훈련을 할 필요가 있습니다. 털실로 목도리를 짤 때 한 땀 한 땀 정성 들여 뜨개질을 하는 것처럼 또렷한 발음을 구사하기 위해서는 음가 하나에도 마음과 에너지를 싣는 자세를 가져야 합니다. 한 음절도 허투루 발음하지 않고 'ㄱ, ㅈ, ㅎ, ㅣ, ㅘ, ㄲ' 같은 음소 하나의 음가까지 제대로 살린다는 생각으로 소리를 내는 거예요.

예를 들어볼까요. '박'이라는 단어를 말할 때 입술을 다문 상태에서 입안의 공기를 세게 내뿜으면서 초성인 'ㅂ'을 발음하고, 재빠르게 입을 크게 벌려 중성인 'ㅏ'를 소리 낸 뒤 혀뿌리를 입천장 안쪽에 붙임으로써 종성인 'ㄱ'의 소리를 만들어내는 겁니다. 이때 마지막 음소까지 정확하게 소리가 나는지, 또 소리가 날 때의 혀의 위치를 확인하는 거예요.

사람들과 대화를 주고받을 때 일일이 한 단어씩 어떻게 신경을 쓰면서 발음하느냐고 생각하는 분이 계실 거예요. 듣는 사람이 답답해서 오히려 소통이 더 어려워지는 게 아니냐고 걱정하는 분도 계실 거고요. 하지만 그동안 겪어왔던 어려움을 떠올려보세요. 당장의 불편함을 겪지 않으려고 계속 그렇게 부정확한 발음을 내버려두실 건가요? 옳은 방향을 찾기 위해서는 조금은 돌아갈 필요가 있어요. 한 음절씩 정확하게 발음하는 동안 스스로 어색하게 들릴지라도 일정 기간 동안은 발음 훈련을 하는 시간으로 삼고 노력하면, 어느 순간 의식하지 않아도 정확하게 발음하고 있는 내 모습을 발견하게 될 것입니다.

발음을 정확하게 하기 위한 훈련 방법을 하나 더 알려드릴게요. 매일 30분씩 집중하여 신문이나 책 속의 기사와 문장을 큰 소리로 또박또박 읽으면서 녹음을 한 뒤 자신의 목소리를 직접 들어보고 취약한 발음은 따로 떼어 다시 연습을 하는 겁니다. 또박또박 읽으면서 녹음을 하는 동안 혀의 움직임을 예민하게 느낄 수 있고 녹음한 음성을 확인하면서 혀의 움직임이 자유롭지 못한 부분을 발견할 수 있을 거예요. 이러한 훈련을 꾸준히 하다 보면 발음이 교정될 뿐 아니라 발성 역시 좋아지고 읽기 능력이 향상되는 일석삼조의 효과를 누릴 수 있습니다.

이 방법과 병행하여 매일 라디오 뉴스를 들으면서 앵커의 정확한 발음이 귀에 익숙해지도록 만들고, 더불어 앵커의 소리를 녹음해서 나의 소리와 비교함으로써 객관적인 입장에서 나의 발음을 살펴보는 것이 좋습니다. TV 뉴스 앵커의 발음도 훌륭하지만, 라디오 앵커는 방송국 내에서도 아주 까다로운 기준을 거쳐서 선발된다고 해요. 그만큼 발음의 교과서라고 할 수 있죠.

스트레이트 뉴스 하나를 선정한 뒤 라디오 앵커가 해당 뉴스를 전하는 음성을 녹음하고, 자신의 음성으로 동일한 기사를 녹음하여 두 발음을 비교해보면, 앵커의 또렷한 발음에 비해 자신의 둔탁하고 모호한 발음이 귀에 걸리게 되는데, 불분명한 발음은 동그라미 표시를 해서 소리 내어 연습을 하면 발음을 교정하는 데 큰 도움이 됩니다. 이와 같은 연습을 반복적으로 하다 보면 청각이

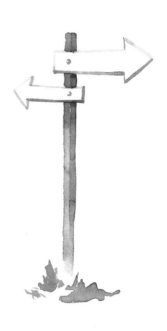

어떤 목적을 향해 걸어갈 때
언제 끝날지 모르는 그 여정이
지루하고 힘든 건
누구나 마찬가지예요.
하지만 지금 걷지 않으면
우리는 결코 그 목적지에
도달할 수 없을 거예요.

더욱 민감해져서 스스로 훈련하는 것이 가능해지고 발음이 보다 명료해지는 경지에 이르게 될 것입니다.

운동선수들이 훈련을 할 때 자신의 기량과 실력이 향상되는 것을 매일 확인하는 것은 아니라고 해요. 어떤 때에는 이전보다 기량이 더 떨어진 것 같아서 좌절하기도 하죠. 하지만 그걸 견뎌내고 꾸준히 훈련을 하다 보면 어느 날 갑자기 훌쩍 성장해 있는 자신을 발견하게 된다고 합니다.

발음을 정확하게 하기 위해 노력하는 시간도 마찬가지입니다. 한 음절씩 음소의 음가에 신경 써서 발음하고 뉴스 앵커의 발음을 따라 하는 그 시간이 지난하게 느껴질 수도 있지만, 그 시간은 결코 버려지는 시간이 아닙니다. 그 시간이 쌓여 좋은 목소리와 명료한 발음이라는 열매로 보상된다는 점을 꼭 기억하시기 바랍니다.

품위와 신뢰를 더해주는
발음 훈련 방법

우리말은 모음 21개와 자음 19개로 이루어져 있습니다. 이를 표로 정리하면 다음과 같습니다.

모음과 자음의 분류

모음	단모음	ㅏ ㅐ ㅣ ㅗ ㅜ ㅔ ㅓ ㅡ ㅚ ㅟ
	이중 모음	ㅑ ㅒ ㅕ ㅖ ㅛ ㅠ ㅙ ㅞ ㅘ ㅝ ㅢ
자음	양순음 (입술소리)	ㅁ ㅂ ㅃ ㅍ
	치조음 (잇몸소리)	ㅅ ㅆ ㄴ ㄷ ㄸ ㅌ ㄹ
	경구개음 (센입천장소리)	ㅈ ㅉ ㅊ
	연구개음 (여린입천장소리)	ㄱ ㄲ ㅋ ㅇ
	성문음 (목청소리)	ㅎ

단모음은 발음할 때 입모양이 변하지 않아요. 다만 'ㅟ'와 'ㅚ'는 단모음으로 분류하고 있어도 두 개의 모음이 합쳐진 모양이므로 각각 'ㅜ'와 'ㅣ', 'ㅗ'와 'ㅣ'를 이어서 발음하는 것을 허용하고 있습니다. 이중 모음은 두 개 이상의 모임이 합쳐져서 형성된 모음이에요. 소릿값이 겹쳐진 만큼 정확하게 발음하기 위해서는 주의해야 합니다. 대충 하거나 모호하게 발음하면 비슷한 다른 발음으로 나가기 쉬워요. '예'는 'ㅣ'와 'ㅔ'가 합쳐진 것이고, '얘'는 'ㅣ'와 'ㅐ'가 조합되어 있습니다. 각각 두 모음을 자연스럽게 이어서 발음하면 됩니다. '와'는 'ㅗ'와 'ㅏ'를, '워'는 'ㅜ'와 'ㅓ'를, '왜'는 'ㅗ'와 'ㅐ'를, '웨'는 'ㅜ'와 'ㅔ'를, '의'는 'ㅡ'와 'ㅣ'를 각각 이어서 발음합니다.

자음은 혀의 위치와 조음점에 따라 소릿값이 정해집니다. 조음점이란 소리를 만들기 위해 혀와 아랫입술이 접근하는 기관으로 스스로 움직이지 못하는 윗입술, 윗니, 윗잇몸, 입천장 등을 가리켜요. 그리고 자음은 크게 양순음(입술소리), 치조음(잇몸소리), 경구개음(센입천장소리), 연구개음(여린입천장소리), 성문음(목청소리)으로 나눌 수 있습니다. 여기에 유음(흐름소리)을 덧붙일 수 있는데 'ㄹ'은 유음이면서 치조음이에요. 우리말로 표기한 괄호 속의 단어를 보면, 입 속의 어떤 기관이 작동해서 소리를 만들어내는지 어렴풋이나마 알 수 있을 거예요.

간단하게 살펴보면, 양순음은 입술이 닫혀 있다가 열리면서 나는 소리이고, 치조음은 혀끝을 윗잇몸에 대거나 접근시켜서 내는 소리이며, 경구개음은 혀를 입천장 앞쪽의 단단한 부분에 대었다가 떨어뜨리면서 마찰을 일으켜서 내는 소리이고, 연구개음은 혀의 뿌리 부분이 입천장 뒤쪽의 연한 부분에 붙었다가 떨어지면서 나는 소리이며, 성문음은 목에서 공기를 내뿜으면서 내는 소리입니다. 그리고 유음은 혀끝을 잇몸에 가볍게 대었다가 떼거나 혀를 잇몸에 댄 채 공기를 양옆으로 흘려보내면서 내는 소리입니다. 위의 표를 보며 각각의 자음을 발음하면서 혀가 어떻게 움직이는지 알아보는 것도 재미있을 거예요.

물론 우리는 국어학자가 아니기 때문에 자음과 모음의 종류를 일일이 기억할 필요는 없습니다. 그저 이런 게 있구나, 라는 정도로만 알고 지나치면 됩니다. 하지만 정확하게 발음하기 위해서 아래의 원칙만큼은 반드시 기억해주세요.

첫째, 입을 크게 벌린다.
둘째, 또박또박 천천히 말한다.
셋째, 조음점을 잘 지킨다.
넷째, 연음 법칙을 적용한다.

조음 기관 스트레칭

조음 기관은 언어로 소통하는 데 필요한 소리를 만들어내는 발음 기관을 통틀어 이르는 말입니다. 발음을 정확하게 하기 위해서는 이 조음 기관을 유연하게 움직일 수 있어야 해요. 특히 어떤 발표를 앞두었을 때는 조음 기관을 스트레칭해서 풀어주는 것이 좋습니다. 그럼 하나하나 해볼까요?

처음엔 **입술**이에요. ①입술에 힘을 빼고 다문 상태에서 공기를 조금 세게 내뱉으면서 "푸르르르" 하고 떨어줍니다. 아랫입술과 윗입술이 빠르게 떨리지 않는다면 입술에 힘이 들어간 거니까, 입술을 완전히 이완한 상태에서 다시 해보세요. ②그리고 입술을 모아서 쭉 내민 상태에서 오른쪽으로 원을 그립니다. 반대로 왼쪽으로 원을 그립니다.

이번에는 **혀**입니다. ①먼저 "똑딱똑딱" 하고 소리를 내주세요. 이게 잘 안 되는 분들도 있는데, 낙담할 필요 없습니다. 혀를 스트레칭하는 다른 방법이 있으니까요. ②이번에는 혀뿌리부터 혀끝까지 이로 마사지를 한다는 생각으로 잘근잘근 혀를 씹어주세요. ③그리고 혀를 동그랗게 말아서 앞으로 내밀어주세요. 그런 상태에서 좌우로 움직여줍니다. ④혀끝으로 앞니의 윗잇몸을 앞뒤로 훑어줍니다. 다시 아랫니의 앞뒤 잇몸을 혀로 훑어줍니다.

얼굴 근육을 풀어볼까요? ①손으로 양 뺨을 원을 그리면서 마사지합니다. ②한쪽 뺨에 공기를 가득 넣은 다음 꺼뜨리는 것을 반복합니다. 다시 반대편 뺨에 공기를 가득 넣은 다음 꺼뜨립니다.

아래턱까지 해주면 조음 기관 스트레칭은 완결됩니다. ①턱을 상하좌우로 움직입니다. ②한쪽 손으로 턱을 잡아서 좌우로 움직여줍니다. ③입을 크게 벌린 뒤 아래턱을 위아래로 올렸다 내렸다를 반복합니다.

발음 연습

발음 연습을 하기 전에 조음 기관 스트레칭을 해서 입술과 혀, 얼굴 근육, 턱을 전체적으로 유연하게 만들어줍니다. 그런 다음 각각의 자음을 발음하는 데 있어 필요한 부분을 다시 한 번 가볍게 스트레칭해줍니다.

① 양순음

입술을 다문 상태에서 "푸르르르" 하고 공기를 이용해 입술을 들썩여줍니다. 그런 다음 표의 음절과 단어, 문장을 발음에 신경 쓰면서 읽습니다.

☞ 149페이지의 [양순음 발음 훈련 텍스트]로 훈련하세요.

② 치조음

혀끝으로 윗잇몸의 앞뒤를 차례로 훑어주고, 아랫잇몸도 같은 방식으로 훑어줍니다. 그리고 혀를 납작하게 만든 뒤 입 안쪽으로 혀뿌리를 당겼다가 반대로 입 밖으로 혀를 내밉니다.

☞ 150페이지의 [치조음 발음 훈련 텍스트]로 훈련하세요.

③ 경구개음

경구개음은 딱딱한 입천장에 혀가 닿았다가 마찰을 일으키면서 떨어질 때 나는 소리이므로 혀를 유연하게 해주는 스트레칭이 필요합니다. 혀뿌리부터 혀끝까지 아래위 치아로 씹어줍니다. 그리고 혀를 세로로 동그랗게 말아서 앞으로 내민 뒤 좌우로 움직여줍니다. 이어서 표의 음절과 어휘, 문장을 낭독합니다.

☞ 151페이지의 [경구개음 발음 훈련 텍스트]로 훈련하세요.

④ 연구개음

연구개음은 혀뿌리가 입천장 안쪽에 닿았다가 떨어지면서 나는 소리입니다. 혀뿌리부터 혀끝까지 이로 마사지를 하듯 씹어주고, 혀를 안쪽으로 말았다가 밖으로 내밀면서 풀어줍니다.

☞ 152페이지의 [연구개음 발음 훈련 텍스트]로 훈련하세요.

⑤ 성문음

성문음은 성대를 막거나 마찰시켜서 내는 소리입니다. 이렇게 하면 'ㅎ' 소리가 납니다. 따라서 'ㅎ'이 들어간 음절을 발음한 뒤에 어휘와 문장을 읽어봅니다.

☞ 153페이지의 [성문음 발음 훈련 텍스트]로 훈련하세요.

소리 나는 대로 읽기

사투리를 교정하는 방법을 다룰 때 이미 언급했던 연음 법칙에 관한 내용입니다. 억지로 음절마다 소릿값을 살려서 발음하는 것이 아니라 자연스럽게 소리 나는 대로 발음하면, 말하기에도 듣기에도 편안하답니다.

가수 임창정 님의 〈날 닮은 너〉라는 노래가 있어요. '날 닮은 너를 부족한 너를 그저 바라보기엔~'이라는 가사로 시작하는데, 선율이 아름답고 가수의 짙은 감성이 묻어나서 저도 가끔 들으며 흥얼거리고는 해요. 그런데 이 노래를 들을 때마다 귀에 거슬리는 부분이 있어요. '나의 과거와 너의 지금과 너무도 같기에 두려워 겁이 나'라는 부분이에요. 해당 구절에서 '두려워 겁이 나'를 소리 나는 대로 읽으면 [두려워 거비 나]가 됩니다. 그런데 가수 임창정 님은 [두려워 겁씨 나]로 발음해요. 그러니까 가사를 '겂이 나'로 간주하고 발음하는 거예요. 이미 오래전에 녹음한 노래이고, 오랫동안 불러와서 고치기 쉽지는 않을 거예요. 그래도 임창정 님, 지금이라도 교정해서 부를 수는 없을까요?

그럼 다음의 문장을 연음 법칙을 인식하면서 소리 내어 읽어보세요.

부산에서 만나요.
[부사네서 만나요]

145

오늘은 저녁에 무엇을 먹을까요?
[오느른 저녀게 무어슬 머글까요?]

최근 우리나라의 반도체 산업은 세계적으로 경이로운 성과를 이룩했다.
[최근 우리나라에 반도체 사너븐 세계저그로 경이로운 성꽈를 이루캔때]

어려운 발음 훈련하기

평소에 발음하기 어려운 단어와 문장을 낭독하는 연습을 하면, 발음이 좋아질 뿐 아니라 발표나 프레젠테이션을 할 때 실수를 줄일 수 있습니다. 특히 발표와 프레젠테이션 직전에 하면 긴장을 누그러뜨리는 데 일시적인 효과를 누릴 수 있습니다. 아래의 단어와 문장이 익숙해질 만큼 틈틈이 연습하도록 해요.

간장 공장 공장장은 강 공장장이고, 된장 공장 공장장은 공 공장장이다.

앞집 팥죽은 붉은 팥 풋팥죽이고, 뒷집 콩죽은 햇콩 단콩 콩죽, 우리 집 깨죽은 검은깨 깨죽인데 사람들은 햇콩 단콩 콩죽 깨죽 죽 먹기를 싫어하더라.

저기 가는 저 상장사가 새 상 상장사이냐 헌 상 상장사이냐.

들의 콩깍지는 깐 콩깍지인가 안 깐 콩깍지인가. 깐 콩깍지이면 어떻고 안 깐 콩깍지이면 어떠냐? 깐 콩깍지나 안 깐 콩깍지나 콩깍지는 다 콩깍지인데.

경찰청 철창살이 쇠철창살이냐 철철창살이냐.

내가 그린 구름 그림은 새털구름 그린 구름 그림이고, 네가 그린 구름 그림은 깃털구름 그린 구름 그림이다.

고려고 교복은 고급 교복이고, 고려고 교복은 고급 원단을 사용했다.

도토리가 문을 도로록, 드르륵, 두루룩 열었는가? 드로록, 도루륵, 두루룩 열었는가?

작은 토끼 토끼통 옆에 큰 토끼 토끼통이 있고, 큰 토끼 토끼통 옆에 작은 토끼통이 있다.

나폴나폴 나비가 나팔꽃에 날아가 놀고 있는데, 날리리 닐리리 나팔 소리에 놀라 나팔꽃에서 놀지 못하고 나리꽃으로 날아갔다.

서울특별시 성동구 사근동에 사는 심성식 씨를 찾습니다.

멍멍이네 꿀꿀이는 멍멍해도 꿀꿀하고, 꿀꿀이네 멍멍이는 꿀꿀해도 멍멍하네.

생각이란 생각하면 생각할수록 생각나는 것이 생각이므로 생각하지 않는 생각이 좋은 생각이라 생각한다.

칠월 칠일은 평창 친구 친정 칠순 잔칫날

한국관광공사 곽진광 관광과장

앞뜰에 있는 말뚝이 말 맬 말뚝이냐 말 안 맬 말뚝이냐.

대우 로얄 뉴로얄

마 먀 머 며 모 묘 무 뮤 므 미
바 뱌 버 벼 보 뵤 부 뷰 브 비
빠 뺘 뻐 뼈 뽀 뾰 뿌 쀼 쁘 삐
파 퍄 퍼 펴 포 표 푸 퓨 프 피
마 먀 며 머 묘 모 뮤 무 미 므
바 뱌 벼 버 뵤 보 뷰 부 비 브
빠 뺘 뼈 뻐 뾰 뽀 쀼 뿌 삐 쁘
파 퍄 펴 퍼 표 포 퓨 푸 피 프

마음 마사지 바이오 반지 무르익다
부산행 뾰로통하다 빠삐용
파도 푸줏간 푸르다 포도송이
보풀 부르주아 받아들이다
모성애 미묘 미스터 무스타파 바닷바람
폴란드 파페포포 메모리즈

- 민영이는 무용을 배우러 분당에 있는 푸른 무용학원에 갔다.

- 파란 하늘이 보고 싶어서 문정이는 빨리 일을 마치고 마이산으로 향했다.

- 민수는 만화 '포식동물'을 보면서 무서운 마음이 들었지만, 비폭력과 평화의 중요성을 배웠다.

나 냐 너 녀 노 뇨 누 뉴 느 니
다 댜 더 뎌 도 됴 두 듀 드 디
나 냐 냐 너 뇨 노 뉴 누 니 느
다 댜 뎌 더 됴 도 듀 두 디 드
사 샤 서 셔 소 쇼 수 슈 스 시
싸 쌰 써 쎠 쏘 쑈 쑤 쓔 쓰 씨
삭 샥 석 셕 속 쇽 숙 슉 슥 식
싹 쌱 썩 쎡 쏙 쑉 쑥 쓕 쓱 씩

나노미터 내수시장 낭랑하다 느릿하다
다람쥐 대나무 디오니소스
노란색 누비이불 늑막염
도토리묵 덥수룩하다 농경사회 도시락
스스로 수영 소용돌이 시냇물 사이다 수건
쓰레기통 송곳니 소망

- 나는 누나가 싸준 도시락을 동네의 동생들과 나눠 먹었다.

- 노래는 때로는 사람들에게 낭만을 선사하고 눈물과 슬픔을 준다.

- 쓰레기통에서 나온 쌀벌레가 스스로 기어서 쌀통으로 들어갔다.

자 쟈 저 져 조 죠 주 쥬 즈 지
차 챠 처 쳐 초 쵸 추 츄 츠 치
자 쟈 져 저 죠 조 쥬 주 지 즈
차 챠 쳐 처 쵸 초 츄 추 치 츠
작 쟉 젹 적 쪽 족 죽 죽 직 즉
착 챡 쳑 척 쵹 촉 츅 축 칙 측
짜 쨔 쩌 쪄 쪼 쬬 쭈 쮸 쯔 찌
짜 쨔 쪄 쩌 쬬 쪼 쮸 쭈 찌 쯔

조수석 지금 정리정돈 재롱잔치
적금 진두지휘 장래희망 죽도시장
짜장면 쭈그리다 쨍그랑 찡그리다
쭈글쭈글하다 찌꺼기 째려보다
축하편지 초코바 치렁치렁 치어리더
책가방 축구선수 창피 청치마

• 자전거를 잘 타기 위해서는 지속적인 훈련과 침착한
  자세가 요구된다.

• 짱구는 초콜릿이 먹고 싶어서 측은한 표정으로
  친구에게 칭얼거렸다.

• 최근 참살이 정보에 대해 전국적으로 관심이
  증가하면서 저염식이 주목을 받고 있다.

가 갸 거 겨 고 교 구 규 그 기
카 캬 커 켜 코 쿄 쿠 큐 크 키
가 갸 겨 거 교 고 규 구 기 그
카 캬 켜 커 쿄 코 큐 쿠 키 크
까 꺄 꺼 껴 꼬 꾜 꾸 뀨 끄 끼
깍 꺅 끽 꺽 꼭 꾝 꾹 꾺 끅 끽
까 꺄 껴 꺼 꾜 꼬 뀨 꾸 끼 끄
깍 꺅 껵 끽 꼭 꼭 꾹 꾹 끽 끅

그림 고구마 구경 극한직업
고소하다 구둣가게 개울물 가을바람
까맣다 끄나풀 까까머리 깨소금 끼니
끌개 끄트머리 꺼벙이 까투리
크레용 크리스마스 크림 코스모스
카풀 캐러멜 카트만두 캐스터네츠

- 고대 사람들은 고구마를 캘 때 기계를 사용하지 않고 그릇으로 캤다고 한다.
- 꼬마들이 거리에서 그림을 구경하더니, "크크" 하고 소리를 내면서 웃고 있다.
- 근래에 경희는 그리스에 있는 크레타섬에 가서 크노소스 궁전을 관광했다.

152

성문음 발음 훈련 텍스트

하 햐 허 혀 호 효 후 휴 흐 히
하 햐 혀 허 효 호 휴 후 히 흐
학 햑 헉 혁 혹 횩 훅 휵 흑 힉
학 햑 혁 헉 횩 혹 휵 훅 힉 흑
하 해 히 호 후 헤 회 휘 휘 혜
하 해 호 히 헤 후 휘 회 혜 휘
학 핵 힉 혹 훅 헥 획 휙 휙 혝
항 행 홍 힝 헹 훙 휭 횡 헹 휭

하늘 한사람 하품 하하호호 호루라기
해바라기 후두음 허리띠 할아버지
호숫가 헌옷 휴지통 학수고대 형형색색
흰색 흐트러지다 흔들다 핵실험
헝겊 후일담 휘황찬란하다 휘파람
하와이 호놀룰루 히말라야 환갑 현수막

• 하은이는 하늘을 바라보다가 하품을 하더니 눈에서
  눈물이 흐르는 것을 느꼈다.

• 훌륭한 사람들은 한 가지 일을 하더라도 하찮게
  여기지 않고 혼신의 힘을 다한다.

• 해바라기의 효능에는 여러 가지가 있는데, 한방에서는
  지혈, 백일해 등의 치료제로 쓴다.

Chapter 4

말이
사람을
완성한다

말 한마디로 천 냥 빚을 갚는다, 말이 씨가 된다, 가는 말이 고와야 오는 말이 곱다, 발 없는 말이 천 리 간다, 입은 삐뚤어져도 말은 바로 해라, 낮말은 새가 듣고 밤말은 쥐가 듣는다 등등 말과 관련된 속담이 아주 많습니다. 오래전부터 우리 조상들은 말이 인간관계와 삶에 미치는 영향력이 아주 크다는 사실을 인지하고 있었던 거예요. 맞습니다. 말은 힘이 아주 셉니다. 말은 이 세상에 뿌리는 씨앗과 같아서 어떤 것을 뿌리느냐에 따라 거두는 결실이 달라집니다.

내가 하는 말을
나의 뇌가 듣고 있다

MBC TV의 한 프로그램에서 진행한 아주 놀라운 실험을 본 적이 있습니다. 그 실험은 말의 영향력과 중요성을 알아보기 위한 다큐멘터리의 일부분이었어요. 어떤 실험이었을까요?

A와 B, 두 개의 병에 각각 쌀밥을 담아두어요. A병에는 "사랑해.", "고마워.", "행복한 하루 보내" 등의 긍정적인 말을 해요. B병에는 "꺼져!", "죽어버려!", "재수 없어."와 같은 부정적인 말을 하죠. 며칠 후 각각의 병에 담긴 밥이 어떤 상태에 있는지 살펴보았어요. 그런데 긍정적인 말을 해준 A병의 밥은 자연스럽게 곰팡이가 피어 있었고, 저주의 말을 쏟아부은 B병의 밥은 보기 흉하게 새까맣게 썩어 있었어요. 어떤 말을 해주느냐에 따라 큰 차이를

157

보인 거죠.

　물론 이러한 실험과 결론이 명확한 과학적 근거를 지니는 것은 아닙니다. 이 실험이 과학적 근거를 획득하기 위해서는 같은 조건에서 진행된 실험의 결과가 조금도 어긋나지 않고 동일한 값을 얻어야 하는데, 반드시 그런 것은 아니거든요. 이외에도 폭력적인 말과 온화한 말을 들은 물의 결정 모양이 각각 다르게 나타난다는 실험도 있는데, 이것 역시 일종의 유사 과학으로 받아들여야 하지 않을까 생각합니다.

　하지만 말이 지니는 힘을 무시해서는 안 됩니다. 아니, 오히려 인간의 성장과 인격 형성에 있어 말이 지니는 영향력과 중요성은 그어떤 요소보다 비중이 큽니다. 부모로부터 부드럽고 따스한 위로와 격려의 말을 듣고 자란 사람과, 온갖 비난과 저주의 말을 듣고 자란 사람의 심성과 성품이 어떠할지는 어렵지 않게 유추할 수 있을 거예요. 또 직장이나 가정에서 들은 말 한마디로 인해 하루 종일 기분이 엉망일 수도 있고 상쾌할 수도 있잖아요?

　말과 관련하여 생각해보아야 할 아주 중요한 문제가 있습니다. 말은 그 말을 듣는 사람뿐 아니라 하는 사람에게도 영향을 미친다는 점입니다. 왜냐하면 사람의 뇌는 어떤 말을 들을 때 그 말이 향하는 대상에 상관없이 오로지 그 내용만을 기억하고 저장하기 때문이에요. 그러니까 나에게 나쁜 행동을 했거나 피해를 준 사람에게 "야, 이 나쁜 놈아, 썩 꺼져버려!"라고 소리친다면, 나의 뇌는 타인에게 그런 말을 들은 것과 마찬가지로 위축되거나 분노하고 스트레스를 받는 거예요.

인간의 뇌가 멍청해서 타인에게 하는 말과 타인에게서 듣는 말을 구분하지 못하는 걸까요? 제가 뇌 과학자가 아니어서 정확하게 말할 수는 없지만, 말에 담긴 감정의 성격과 파장이 듣는 사람에게도, 하는 사람에게도 고스란히 영향을 미친다는 점은 전문가가 아니라도 충분히 경험해왔을 거예요. 누군가를 비난하는 말을 할 때는 이미 마음속에 비난과 관련된 부정적인 감정이 생겨나고 우리는 그 감정에 지배되니까요.

그래서 화가 날수록 말을 삼가야 합니다. 나에게 피해를 주었거나 잘못한 사람에게 화가 나는 것은 지극히 당연한 일이에요. 하지만 화가 난다고 해서 나오는 대로 뱉으면 우리의 감정은 말의 힘을 얻어서 더욱 강화되기 마련입니다. 험한 말은 나의 빈약한 인격을 드러내어 이미지와 평가를 망칠 뿐 아니라, 나 자신의 정신 건강에도 해롭습니다.

그렇다면 반대 상황은 어떨까요? 나를 칭찬하는 말, 나를 응원하는 말을 나에게 해준다면 나의 뇌는 그 말을 어떻게 받아들일까요? 이와 관련하여 저는 지난 코로나 팬데믹 기간 동안 놀라운 경험을 한 적이 있습니다. 이에 대해서 들려드릴게요.

습관적으로 혼잣말을 하는 친구가 한 명 있어요. 그 친구는 같이 길을 가다가도 꽃집의 꽃을 보면 "이야, 꽃 참 예쁘다."라고 해요. 그냥 지나치는 법이 없죠. 차를 타고 갈 때도 도로가 막히면 "어차피 늦어진 거, 서두르지 말고 천천히 가자."라고 말해요. 처음에 그 친구를 잘 몰랐을 때는 그 말에 일일이 답을 해주고는 했지만, 시간이 지나면서 그게 자기 자신에게 하는 말이라는 걸 알고는 굳이 대꾸를 하지 않게 되었습니다. 저는 혼잣말을 하는 편이 아니어서 그 친구가 혼잣말하는 모습을 볼 때마다 어색한 기분이 들고는 했어요.

그런데 코로나 팬데믹으로 외부 활동에 제한을 겪는 동안 전에 없던 습관이 생겼습니다. 대화할 상대가 없어서 하루 종일 입을 다물고 있는 게 답답해서 처음에는 혼자 "아아." 하고 소리를 내보곤 하다가 나중에는 "지애야, 점심으로 뭐 먹을까?" 하고 나 자신에게 또렷하게 말을 걸게 된 거예요. 예, 맞아요. 혼잣말하는 버릇이 생겼어요. 하지만 저는 이 행위를 '혼잣말하기'가 아니라 '나에게 말 걸기'라고 부르기로 했어요.

그러다가 평소 같으면 머릿속에만 담아두던 생각을 입 밖으로 꺼내기 시작했습니다. 온라인 수업을 마친 뒤에는 "지애야, 고생했어. 오늘도 여러 사람에게 도움을 주었고, 나도 도움을 받았어."라고 말하고, 이 책의 원고를 쓰면서 글이 막힐 때에는 "천천히 생각해. 나에게는 그동안 쌓아온 노하우와 콘텐츠가 많잖아."라고 응

타인에게서 욕설이나 비난을 들을 때와
내가 타인에게 같은 말을 할 때,
우리의 뇌와 마음은
똑같은 충격을 받습니다.
타인을 욕할 때는 거기에 덧붙여
나의 이미지까지 손상됩니다.

원하기도 했어요. 이런 식으로 나에게 말을 걸고 용기를 북돋아주면 고요하고 정적에 잠긴 분위기가 입체적으로 살아나면서 뇌가 깨어나는 것 같은 느낌을 받고는 했습니다.

　내가 하는 말을 나의 뇌가 듣고 내가 듣습니다. 이 때문에 타인에게 건네는 말 한마디에도 애정을 담아야 합니다. 다른 사람에게 힘이 되어주는 한마디를 함으로써 오히려 내가 힘을 받고 용기를 얻으니까요. 하는 사람과 듣는 사람 양쪽을 죽이는 말보다는 살리는 말을 하는 것이 낫지 않겠어요? 말 역시 습관이기 때문에 꾸준히 좋은 말을 하는 버릇을 들이세요. 그러면 내 마음에 남아 있는 부정적인 감정의 찌꺼기가 말끔하게 사라지는 날이 올 거예요.

어떻게 밝은 표정으로
어두운 말을 할 수 있을까?

이런 장면을 상상해보세요. 누군가가 해맑은 표정으로 생글생글 웃으면서 이렇게 말하는 거예요. "오늘이 네 제삿날인 줄 알아."

반대 상황도 한번 상상해볼까요? 금방이라도 눈물을 쏟을 것처럼 울상을 지은 채 말해요. "아, 정말 행복하다."

이런 장면은 사이코패스 역할을 맡은 배우가 영화에서나 연출할 상황이지 일상생활에서는 접하기 어려울 거예요. 사람의 태도와 표정, 말의 내용은 서로 조응하면서 한 방향으로 드러나기 때문이에요. 기분이 좋으면 표정과 태도에서 감정이 드러나고, 말 역시 부드럽고 온화해집니다.

기분이 안 좋을 때는 어떻게 해야 할까요? 그냥 기분에 따라 표정을 짓고 태도를 취하며 말해야 할까요? 이런 말이 있습니다. '행복해서 웃는 게 아니라, 웃어서 행복한 것이다.' 이 말에 백 퍼센트 동의하지는 않지만, 어떤 상황에 처했을 때 어떤 태도를 취하느냐에 따라 기분과 감정이 달라질 수 있다는 사실에는 동의해요. 그러니까 기분이 안 좋을 때 억지로라도 웃으려 노력하면 어느 정도 안 좋은 감정을 극복할 수 있는 거예요. 저는 한 수강생을 통해서 표정을 살짝 바꾸는 것만으로도 태도와 말투가 달라질 수 있다는 점을 확인한 적이 있습니다.

김민정 씨(34세)를 처음 만났을 때 참으로 분위기가 묘하다는 인상을 받았습니다. 빈티지한 에코백을 메고 독특한 문양이 새겨진 시계와 헤어핀을 하고 있었는데 외모에서부터 강한 개성이 드러났습니다. 웃음기가 전혀 없는 무표정한 얼굴과 창백한 낯빛, 가슴 아래까지 치렁치렁 내려온 까만 머리칼은 공포 영화의 등장인물을 연상시키기도 했어요. 오묘한 차가움을 자아내는 평범하지 않은 매력의 소유자였죠. 말수도 거의 없어서 제가 묻는 질문에 짧게 대답하는 것이 전부였습니다.

"원래 그렇게 무표정하세요?"

제 물음에 김민정 씨가 고개를 끄덕였습니다. 원래 거의 웃지 않는 성격이어서 미소를 짓는 게 어색하고 익숙지 않다고 했어요. 그래서 본의 아니게 오해를 사기도 한대요. 차가운 이미지가 굳어지다 보니, 다른 사람들이 말을 붙이기 어려워했고, 자신 역시 타인과 말을 섞는 데 어려움을 겪게 되었다고 해요.

김민정 씨는 디자인을 전공하고 오랫동안 디자인 회사에 다녔습니다. 보다 큰 뜻을 품고 이직을 하기로 마음먹었지만, 반드시 거쳐야 하는 면접 과정은 대인 관계가 원만하지 않은 그녀에게는 큰 부담이 아닐 수 없었어요. 그래서 스피치 강의를 신청한 거였어요.

제가 판단하기에 그녀는 '말'이 아니라, 표정이 문제였어요. 표정이 굳어 있으니 덩달아 행동이 소심해지고 타인과 관계를 맺는 일에도 소극적이게 된 거죠. 그래서 저는 먼저 김민정 씨에게 미소 짓는 법을 가르쳐주었어요. 그리고 숙제를 주었죠.

"앞으로 틈틈이 미소 짓는 얼굴을 셀카로 찍어서 보내주세요. 처음엔 어색할 테지만 자꾸 연습하다 보면 편해질 거예요."

김민정 씨는 제가 주문한 대로 미소를 지으며 찍은 사진을 보내왔고, 저는 사진을 확인하는 대로 피드백을 해주었습니다. 처음에는 눈 따로 입 따로 놀던 표정이 시간이 지남에 따라 조금씩 조화를 이루기 시작했어요.

그러던 어느 날이었습니다. 스피치 수업을 들으러 온 김민정 씨는 전에 없이 자기가 산 옷이 예쁜지 어떤지 봐달라며 먼저 말을 걸어왔습니다. 자신은 눈썰미가 좋아서 동대문 쇼핑몰이나 강남역 지하상가 같은 곳에서 세련되고 참신한 아이템을 싸게 잘 고른다며 자화자찬을 늘어놓았어요. 같은 사람이 맞나 싶을 정도로 수다스러워진 그녀에게 원래 이렇게 말이 많았느냐고 물었어요. 그랬더니 그녀는 화들짝 놀라며 자신에게 이런 면이 있는지 몰랐다고 말했습니다.

이후로 김민정 씨는 처음의 그 차갑고 폐쇄적인 분위기가 떠오르지 않을 만큼 밝은 미소와 장난기 가득한 표정으로 수업에 참여했고, 그녀가 바라던 디자인 회사에 입사했습니다.

김민정 씨를 보면서 다시 한 번 깨닫게 되었어요. 제가 하는 일은 A를 B로 만드는 것이 아니라, A에게 잠재되어 있던 무궁한 가능성을 발견하고 끄집어내는 일이라는 사실을요. 당장은 겉으로 보이지 않지만 그 사람의 내면에 숨겨져 있는 다양한 가치를 확인하고 발굴해내는 것이 나의 역할이라는 점을.

비즈니스 관계로 인연을 맺은 한 여성이 있습니다. 30대 초반인 그녀는 패션 센스와 외모가 뛰어나서 어딜 가나 사람들의 눈길을 사로잡았어요. 그뿐만이 아닙니다. 4개 국어를 구사할 만큼 외국어 능력이 뛰어났어요. 성격까지 활달해서 처음 만나는 사람과도 곧잘 친해졌습니다. 같은 여자가 보기에도 매력적일 뿐 아니라, 스펙이 좋고 친화력이 뛰어나서 그녀를 볼 때마다 부럽다는 생각을 하고는 했습니다.

그런데 만남이 거듭될수록 저는 그녀와 거리를 두게 되었습니다. 양파 껍질이 벗겨지듯, 그녀의 외피를 둘러싸고 있는 겉모습에 가려진 본모습이 하나둘 드러나면서 실망감이 쌓인 탓이었어요.

그녀의 가장 큰 단점은 남 이야기를 하기 좋아하는 언어 습관이었습니다. 무슨 이야기를 할 때면 항상 그 자리에 없는 사람의 일을 꺼내거나 내가 알지도 못하는 사람들까지 들먹이면서 그 사람의 단점을 이야기하고는 했어요. 처음에는 그러려니 했지만, 타인의 단점을 드러내고 비하하는 이야기를 듣는 것이 점점 불편해졌고, 나중에는 함께 있는 것조차 싫어졌습니다. 그리고 남 이야기를 할 때면 평소에는 고상해 보이던 말투까지 투박하고 거칠어져서 전혀 다른 사람으로 느껴졌어요. 하지만 당시 저는 그녀와 중요한 비즈니스로 엮여 있었기 때문에 섣부르게 충고하거나 조언할 만한 입장이 못 되었습니다. 불편한 동행을 할 수밖에 없었죠.

그러다가 결국 관계가 틀어지고 말았습니다. 그녀가 저에게 한 기업의 중요한 행사를 연결시켜주면서 사전에 제가 꼭 알아야 할 정보를 전달해주지 않은 까닭에 큰 어려움을 겪어야 했습니다. 힘든 가운데에도 임기응변을 발휘하고 여러 사람의 도움을 얻은 덕분에 남 보기에는 별일 없이 행사를 마무리할 수 있었습니다. 나중에 그녀에게 전화를 걸어 일이 그렇게 꼬이게 된 이유를 확인했어요. 그녀의 잘못이 명백했지만 그녀는 단 한마디의 사과도 하지 않고 감정적으로 대응하더니 일방적으로 전화를 끊어버렸어요. 그런 일에 익숙하지 않았던 저는 제대로 따지지도 못했어요. 행인지 불행인지 그렇게 그녀와의 관계는 자연스럽게 정리되었습니다. 하지만 가끔 그때의 일을 떠올리면 잘잘못을 명확하게 가려야 했다는 아쉬움이 들고, 그녀와의 관계가 마음에 차지 않으면서도 설마 하는 일말의 기대로 안일하게 대처했던 저의 태도를 반성해요.

뛰어난 외모와 훌륭한 스펙 등은 타인으로부터, 그리고 사회로부터 인정받게 만드는 아주 중요한 요소입니다. 어떤 사람에 대해서 잘 알기 전에는 그런 요소로 판단할 수밖에 없으니까요. 하지만 외모와 스펙 등은 일종의 그릇에 불과합니다. 아무리 화려한 문양이 새겨진 보기 좋은 그릇이라 해도 거기에 상한 음식이나 구정물이 담겨 있다면 외면당할 거예요. 무엇을 담는가에 따라 그릇은 쓸모 있는 물건이 되기도 하고 쓸모없는 물건이 되기도 해요.

사람의 속을 들여다볼 수는 없지만, 그 사람이 어떤 사람인가는 그 사람이 쓰는 말에 의해 드러나게 되어 있습니다. 꽹과리를 치는데 징 소리가 날 수는 없는 법이에요. 겉모습이 아무리 화려해도 그 사람에게서 나오는 말이 빈약하거나 투박하다면 그 사람의 내면을 의심하지 않을 수 없습니다. 말은 참으로 많은 것을 이야기해줍니다.

멋진 외모와 화려한 옷,
뛰어난 스펙과 학력으로
나를 꾸밀 수는 있지만,
말은 나의 본질을
솔직하게 드러냅니다.

말은
힘이 세다

일반적으로 인격에서 말이 나온다고 생각합니다. 이게 사실일까요? 인격이 훌륭한 사람은 자신의 입에서 나오는 말을 경계하기 때문에, 그런 사람의 말에서는 자신의 내면을 다스리고 타인을 배려하는 품성이 함께 묻어나옵니다. 반면에 인격 수양이 부족한 사람은 자신의 입에서 나올 말이 일으킬 파장을 깊이 생각하지 못해서 타인에게 상처를 주는 언행을 하기도 합니다.

굳이 이렇게 꼼꼼하게 따져보지 않아도 대부분의 성인은 대인관계의 경험을 통해 어떤 사람이 하는 말로 그의 성품을 판단하게 됩니다. 역시 인격에서 말이 나온다는 생각은 타당해 보여요. 그런데 혹시 그 반대 상황을 생각해본 적 없으신가요? 훌륭한 말이 훌륭한 인격을 만든다는 사실 말이에요.

    지금 제가 들려드릴 이야기는 제 지인에게서 들은 것입니다. 저는 이 이야기를 들으며 비슷한 상황에 처했을 때 어떤 태도를 취하느냐에 따라 삶의 방향이 크게 달라질 수 있다는 교훈을 얻었어요.

    제게 이 이야기를 들려준 지인은 한때 출판사에서 편집자로 일했습니다. 직원이 10여 명 정도인 출판사에서 직업인으로서 사회생활을 시작했는데, 출판 업계에서 그 정도 직원을 거느리면 규모가 작은 편은 아니라고 하더군요. 출판사 대표 아래에 '주간'이라는 직책을 가진 분이 출간 도서의 작업과 방향성을 총괄했고, 그 아래에 '편집장' 직책을 가진 분이 다른 편집자들과 함께 실무를 책임졌다고 해요. 직제로는 주간이 편집장 위였지만, 두 분이 연배가 비슷하고 마음이 잘 맞아서 굳이 위아래를 따지지 않고 조화롭게 일했다고 합니다.

    지인은 피치 못할 사정이 있어 그 출판사에서 다른 출판사로 옮겼다가 지금은 완전히 다른 업계에서 일하고 있지만, 그때 만났던 주간과 편집장만큼 좋은 상사를 만난 적이 없다고 했어요. 제가 회사에 다녀본 경험이 많지 않아서 어떤지 잘 모르지만, 뉴스나 드라마를 보면 부하 직원을 함부로 대하고 인격적인 모욕을 일삼는 상사가 적지 않다는 사실쯤은 알고 있어요. 최근 들어 어렵게 공부해서 공무원이 된 젊은이들이 조기 퇴직을 하는 경우가 많은데, 가장 큰 이유가 강압적인 조직 문화와 직장 상사의 갑질이라고 합니다. 어느 조직에나 그런 사람은 있기 마련인가 봐요. 성과를 만들어내기 위한 어쩔 수 없는 행동이라고는 하지만, 그런 식으로 부하 직원을 쥐어짜는 것이 과연 회사와 조직의 미래에 얼마나 도움이 될지 의구심이 듭니다.

아무튼 제 지인이 사회생활을 시작한 그 출판사는 성격이 온화하고 부하 직원을 존중하는 두 사람의 상사 덕분에 회사 분위기가 아주 좋아서 지인 역시 편안한 마음으로 회사에 다닐 수 있었습니다. 하지만 출판사 대표가 보다 합리적으로 회사를 운영하겠다며 조직을 개편하면서 평화에 균열이 생기기 시작했습니다. 지인이 입사 2년 차가 되었을 무렵 그 출판사에서 출간한 책이 대박을 터뜨린 덕분에 매출과 수익이 비약적으로 성장했다고 해요. 새로운 직원을 충원하는 등 회사 규모가 커지자 대표는 편집 부서를 2개로 나누고 주간과 편집장으로 하여금 각각의 팀을 맡도록 한 거예요.

이렇게 팀이 2개로 나뉘자 두 팀 사이에는 은근히 경쟁 구도가 형성되었어요. 게다가 회사의 규모가 커진 반면 오래지 않아 매출과 수익이 악화되면서 분위기도 좋지 않았어요. 예전에는 직원을 믿고 전적으로 일을 맡겨온 대표가 주간과 편집장을 닦달하기 시작했고, 자연스레 두 사람의 표정에 그늘이 드리워졌습니다. 특히 주간의 스트레스가 심했던 듯 그는 전에 없이 팀원들에게 큰소리를 치고는 했고, 험한 말을 입에 담는 일이 잦아졌습니다.

제 지인은 편집장의 팀에 속해 있었습니다. 편집장 역시 나날이 얼굴에 수심이 깊어갔지만, 팀원들을 대할 때만큼은 평소와 다름없이 부드럽고 온화한 말투를 썼습니다. 편집장이라고 해서 왜 스트레스가 없었겠어요? 하지만 그는 평정심을 잃지 않으려 노력했고, 팀원이 실수를 할 때면 따끔하게 지적하면서도 결코 타인의 인격을 모독하는 말을 입에 올리지 않았습니다.

오래지 않아 주간이 맡았던 팀은 해체되었습니다. 그 팀의 팀원들이 모두 회사를 떠나버렸기 때문이에요. 그 무렵 주간은 과장 조금 보태서 하루 종일 불평과 불만을 쏟아내고 팀원들을 함부로 대했다고 합니다. 견디다 못한 팀원들은 하나둘 회사를 떠났고, 결국에는 주간마저 그만두어야 했습니다. 지인이 처음 입사했을 때만 해도 그렇게 사람 좋아 보이던 주간은 회사를 떠날 무렵에는 완전히 다른 사람이 되어 있었다고 해요. 퇴사 이후에는 소식이 딱 끊겨서 어떻게 지내는지도 알 수 없다고 합니다.

편집장은 어떻게 되었을까요? 그는 힘든 시기를 지나는 동안에도 팀원들을 다독이며 잘 이끌었고, 지인이 다른 출판사로 자리를 옮길 때까지도 회사에 남아 있었다고 합니다. 팀원들의 신망이 두터워서 모두가 뿔뿔이 흩어진 지금도 정기적으로 모임을 갖는다고 해요. 특히 제 지인과의 관계가 각별해서 지인은 이제 편집장을 '형님'으로 따를 뿐 아니라, 삶의 여러 고비마다 조언과 격려를 아끼지 않는 고마운 존재로 여기고 있다고 합니다.

사회생활의 연륜이 쌓이는 동안 제 지인은 여러 부류의 사람을 만났습니다. 마음이 맞는 사람도 있었지만 그렇지 않은 사람도 많았습니다. 지인은 타인과 갈등을 겪을 때마다 첫 직장이었던 출판사의 주간과 편집장을 떠올리고는 했어요. 같은 위기를 겪는 동안 두 사람은 상반된 처신과 태도를 보였고, 그런 점이 두 사람의 미래에 적지 않은 영향을 미쳤다는 생각이 들어서 지인은 스스로 마음가짐과 언행을 가다듬기 위해 노력했습니다. 특히 감정이 격앙된 상태일 때 자신의 입에서 나오는 말을 경계하고 조심했습니다. 한 번 내뱉은 말은 주워 담을 수 없기에 감정에 휘둘린 채 나오는 대로 뱉었다가는 돌이킬 수 없는 상황에 빠진다는 걸 첫 직장에서의 경험을 통해 뼈저리게 느꼈기 때문이었습니다.

정제되지 않은 말은 대인관계를 망치는 것에 그치지 않습니다.

첫 직장에서 만났던 주간은 지인이 '좋은 상사'로 기억할 만큼 온화한 사람이었어요. 하지만 위기 앞에서 그는 불평과 불만을 수시로 입에 올리고 팀원들에게 폭언을 일삼으면서 서서히 변해갔습니다. 그 주간이 원래부터 강압적이고 폭력적인 사람인데, 가면을 쓰고 있었던 걸까요? 저는 꼭 그렇게 생각하지는 않습니다. 가식적인 친절과 배려는 티가 나기 마련이에요. 지인이 주간을 좋은 상사로 기억하고 있다면 실제로 그는 좋은 사람이었을 가능성이 커요. 다만 위기와 압박 속에서 험한 말을 입에 올리고 내뱉으면서 조금씩 성품이 무너진 것이에요. 주간이 팀원들에게 험한 말을 하기 시작하자, 팀원들도 자기들끼리 가진 술자리에서 주간을 향한 험담을 쏟아내기 시작했어요. 나의 험한 말이 타인의 험한 말을 이끌어낸 셈이죠.

같은 상황에 처해 있으면서도 편집장은 자신의 입에서 나올 말을 두려워하고 평정심을 잃지 않으려 노력했어요. 비록 마음 상하는 일이 많아서 표정은 좋지 않았지만, 팀원들을 대할 때면 한결같은 모습을 보여주었죠. 팀원들 역시 편집장을 위해서라도 더욱 열심히 하자며 결의를 다졌다고 해요.

이렇게 말이 무섭습니다. 말은 대인관계를 만드는 중요한 요소인 동시에 나의 인격과 성품을 어떤 방향으로 형성하는 강력한 매개체입니다. 인격이 훌륭한 사람이라도 자주 험하고 상스러운 말을 입에 올리면 결국에는 인격에 타격을 입게 됩니다. 인격에서 말이 나오는 건 사실이지만, 말이 인격을 만든다는 점 또한 사실입니다. 앞에서 이야기했듯 내가 하는 말은 타인뿐 아니라 나 자신도 듣고 있고, 나 역시 내가 하는 말에 영향을 받으니까요.

아무리 고매한 성품을 지닌 사람일지라도 어떤 힘든 환경에 처해서 지속적으로 험한 말을 하면 인격을 다치게 됩니다. 반대로 인격이 다소 낮은 사람이라도 스스로의 말을 가다듬으려 노력하면 어느새 달라져 있는 자신을 발견하게 될 거예요. 내가 하는 말을 나의 뇌가 듣고 있고, 뇌는 듣고 배운 대로 작동하니까요. 자, 여러분은 어떤 선택을 하시겠어요?

어려움이 닥쳤을 땐
그 상황에 지배되지 않고
나를 지켜야 합니다.
나를 지키는 가장 좋은 출발이
내가 하는 말입니다.
말이 행위를 만드니까요.

말은
당신의 세계에 심는 씨앗

선한 마음이 담긴 말은 나뿐만 아니라 주변을 변화시킵니다. 칭찬하는 말 한 마디가 사람을 변화시키고, 배려하는 말 한 마디가 사람의 마음을 녹입니다.

앞서 소개했던 지인의 출판사 이야기에서 주간의 팀원들이 어떻게 행동했는지 기억을 떠올려보세요. 팀장인 주간의 언어가 험악해지자 팀원들은 사적인 자리에서 주간의 험담을 늘어놓기 시작했습니다. 반면에 편집장은 힘든 가운데에도 팀원들을 다독이고 격려하는 말을 잊지 않았어요. 이야기를 들려준 지인은 15년이 지난 지금도 편집장이 자신에게 해준 말을 또렷이 기억하고 있다고 합니다. 회사 분위기가 다소 험악해지고 출판 편집자라는 직업의 전망이 불투명해서 지인이 회사를 그만두고 싶다고 했을 때 편집장은 이렇게 말했습니다.

"편집자의 급여가 적고 출판 시장이 침체되어서 생각이 많을 거예요. 나는 출판 쪽 일밖에 모르기 때문에 이제 와서 다른 길을 찾을 엄두를 못 내지만, ○○ 씨는 다릅니다. 출판 편집자는 단순히 텍스트를 올바르게 수정하는 사람이 아니라 콘텐츠를 다루는 사람이에요. 그 콘텐츠를 책이라는 형식으로 선보이는 것뿐이지요. 이쪽에서 경험과 실력을 쌓으면, 콘텐츠를 다른 형태로 가공하고 판매하는 방법에 대해서도 눈을 뜨는 날이 올 거라고 믿어요. 입담이 좋은 걸 보면 ○○ 씨는 이야기꾼의 자질을 타고난 것 같아요. 나중에 그 재능과 자질을 더욱 크게 써먹을 수 있을 거예요. 출판 편집자를 더 높은 곳으로 향하는 디딤돌이라고 생각하고 조금 더 견뎌보세요."

실제로 지인은 7년 가까이 세 곳의 출판사에서 일하다가 이후에 게임을 개발하는 회사에서 게임 스토리를 구성하는 일을 했고, 지금은 영화사에서 프로듀서로 일하고 있습니다. 원작 시나리오를 구성하고 집필하는 과정에 참여해서 보다 완성도 높은 이야기를 만드는 일을 하고 있는데, 일의 만족도가 높고 급여도 좋다고 해요. 지인은 7년 동안 출판 편집자로 일하면서 콘텐츠를 다루고 책을 만든 경험이 이후의 진로에 큰 도움이 되었다고 말했습니다. 편집장의 예언이 그대로 실현된 것이지요.

그런 팀장과 함께 일했기에 팀원들은 회사가 힘든 상황에서도 똘똘 뭉쳤고, 회사를 정상화시키는 데에 큰 역할을 했습니다. 어느 정도 경력이 쌓인 팀원들이 보다 좋은 조건을 좇아 하나둘 회사를 떠날 때 편집장은 마치 자식을 시집보내고 장가보내는 아버지처럼 앞날을 축복해주었다고 해요. 당시의 편집장과 팀원들이 지금은 서로 다른 자리와 위치에 있으면서도 여전히 돈독한 관계를 유지하는 이유를 알겠지요? 만약 편집장이 자신의 감정에 휘둘린 채 함부로 말을 했다면 팀원들에게 좋은 영향을 미치지 못했을 것이고, 지금의 관계도 형성되지 않았을 거예요.

깨진 유리창 법칙이라고, 들어보셨나요? 예를 들어서 설명해볼게요.

사람들의 발길이 뜸한 길목에 집 한 채가 있어요. 담이 높지 않아서 마당과 집을 들여다볼 수 있지요. 어느 날 그 집 창문의 유리창 하나가 깨졌어요. 그다지 대수로운 일은 아니에요. 그런데 그 집의 주인과 가족은 깨진 유리창을 갈아 끼울 생각을 않고 오랫동안 방치해두었어요. 여러 날 그 모습을 지켜봐온 장난꾸러기 아이 하나가 돌을 던져서 다른 창문의 유리창을 깨버렸어요. 그런데도 주인 가족은 그걸 또 내버려두었어요. 자, 이제부터 문제가 심각해집니다. 창문의 유리창이 깨진 채로 방치된 그 집을 지나치는 사람들은 그 집을 함부로 해도 된다는 생각에 사로잡히는 거예요. 그래서 사람들은 그 집 마당에 아무렇게나 쓰레기를 던지고, 어떤 사람들은 멀쩡한 창문의 유리창에 돌을 던져서 나머지 유리창마저 박살내요. 집이 엉망이 되는 거죠. 실제로 이런 일이 일어날까요?

미국의 범죄학자인 제임스 윌슨과 조지 켈링은 한 가지 실험을 진행했습니다. 으슥한 골목에 2대의 차를 세워두었는데, 1대의 차량은 일부러 앞 차창을 깨뜨려두었어요. 일주일이 지났어요. 차창이 멀쩡한 차는 처음 차를 세워둘 때와 마찬가지였지만, 앞 차창을 깨뜨렸던 차는 폐차를 해야 할 정도로 크게 훼손되어 있었어요. 지나가는 행인들이 차창이 깨진 채 방치된 차량은 함부로 해도 된다는 마음을 품고서 그 차를 엉망으로 만든 겁니다.

미국에는 범죄율이 높은 슬럼가가 여러 곳 있는데, 슬럼가는 벽에 아무렇게나 낙서가 되어 있거나 쓰레기가 거리에 나뒹굴고 관리를 제대로 하지 않은 허름한 건물이 많다는 공통점이 있습니다. 그런데 거리의 쓰레기를 치우고 낙서로 어지럽혀진 벽을 깔끔하게 정리하는 것만으로도 범죄율이 현저히 낮아지는 현상이 나타납니다. 깨진 유리창 법칙은 정돈되지 않은 아주 사소한 환경 하나로 인해 사회 범죄가 확산할 수 있음을 경고하는 심리 이론입니다.

어떤 부정적인 요인이 주변으로 점점 확산되는 현상을 일컫는 깨진 유리창 법칙은 '말'에서도 찾아볼 수 있습니다. 여러 사람이 모인 자리에서 누군가 그 자리에 없는 이의 험담을 하기 시작하면, 너도나도 험담에 가세하는 현상을 목격할 수 있잖아요?

반대로 선한 말 한 마디가 타인의 선한 행동을 유도하는 현상 역시 목격할 수 있어요. 실제로 저는 그런 일을 체험하고 나서 말이 갖는 힘이 참으로 대단하다는 사실을 실감했습니다.

현대인은 다양한 형태로 '말'을 하고 있어요. 문자 메시지나 다양한 이모티콘을 주고받는 것도 일종의 말이고, SNS에 자신의 생각을 피력하는 것 역시 누군가에게 말을 하는 것과 마찬가지예요. 그래서 요즘에는 말실수만큼이나 '글실수'도 조심해야 합니다.

'선플'이라는 말을 들어보셨죠? 반대말은 '악플'이에요. 인터넷에 올라온 어떤 의견이나 정보에 댓글을 달 때는 직접 얼굴을 대하지 않고 익명성 뒤에 숨은 탓에 정제되지 않은 생각을 올리거나 상처를 입힐 목적으로 저주의 말을 퍼붓는 경우가 더러 있습니다.

어느 날 인터넷에 올라온 기사를 읽은 뒤에 다른 사람들은 그 기사에 대해 어떻게 생각하는지 궁금해서 댓글란을 확인했어요. 아니나 다를까, 기사를 작성한 사람을 비난하는 댓글이 대부분이었고 입에 담기 힘든 험한 표현도 어렵지 않게 접할 수 있었어요. 저 역시 그 기사의 내용에 동조하지 않았기에 찬성의 댓글을 쓸 수는 없었어요. 하지만 다른 분들이 내가 작성한 댓글을 읽을지도 모른다는 생각에 저는 정제된 표현을 쓰고 기사의 내용 중에 공감하는 부분에 대해서는 긍정적인 평가를 해주었어요.

그런데 신기한 일이 일어났습니다. 제가 댓글을 단 이후에 올라온 댓글 중에는 나쁜 말이 걸러진 내용이 많았고 원색적인 표현도 줄어든 거예요. 그런 댓글이 점점 쌓이자 이후에 올라온 댓글에서는 무작정 저주를 퍼붓는 글은 전혀 찾아볼 수 없었습니다.

이처럼 짧은 댓글 하나도 어떤 기준점이나 방향이 되어서 타인의 언행에 영향을 미친다는 사실을 다시 한 번 깨닫게 되었습니다. 하물며 일상 속에서 우리가 하는 수많은 말들이 사람들에게 어떤 영향을 미칠까 생각하면 두려운 마음마저 생깁니다.

말은 힘이 셉니다. '말하는 대로 이루어진다'는 말이 있죠? 무의식에 작용하는 최면이나 미신 같은 경구처럼 보이지만, 말이 지닌 영향력을 생각하면 그냥 흘려버릴 수만은 없는 문장이라는 생각이 들어요.

2년 전 가을이었습니다. 제가 다니는 교회의 목사님께서 지난 1년 동안 감사했던 일들을 적어보라는 숙제를 주셨어요. 처음에는 막막했지만, 한 번 감사했던 기억을 떠올리자 꽤 많은 경험과 감정이 따라왔습니다. A4 종이 한 장이 모자랄 정도였어요. 그 기억들을 되새기며 하나하나 문장으로 적어나가는 동안 뿌듯함과 감사 감사합니다.
덕분입니다.
좋은 날 보내세요.
사랑합니다.

함이 계속 샘솟았고, 교회 문을 나설 때는 마치 커다란 축복을 받은 듯 가뿐하고 기뻤습니다.

그리고 집에 도착할 즈음 한 방송사로부터 연락이 왔습니다. 취업 관련 프로그램을 방영하는데, 스피치 강사로 출연해줄 수 있느냐는 제안이었어요. 촬영까지 며칠 남지 않은 상황이었던 걸 보면, 미리 섭외해둔 사람에게 피치 못할 사정이 생겼거나 급하게 스피치 강사 항목을 넣은 것일 수도 있었어요. 그래도 저는 감사한 마음으로 그 제안을 받아들였고 촬영을 잘 마칠 수 있었습니다.

저는 어떤 강의가 들어와도 제안을 해준 이들에게 늘 감사하다고 말합니다. 사정이 닿지 않아 할 수 없을 때에도 감사하다는 인사를 놓치지 않아요. 그렇게 감사의 인사를 하고 나면 기쁘고 감사한 마음에 강의 준비를 더욱 열심히 하게 되고 좋은 결과를 낳아서 같은 곳에서 다시 의뢰가 들어오고는 해요.

감사하는 마음과 감사하다는 말은 계속해서 감사할 일을 만들어냅니다. 상대의 요청이 다소 무례하게 느껴져서 살짝 기분이 언짢더라도 감사하다는 말을 잊지 않으면 나중에 그 사람의 태도와 행동이 달라지는 것을 여러 번 경험했습니다.

말 한마디로 인해 기회가 사라지기도 하고, 말 한마디로 인해 생각지도 않은 기회가 기적처럼 찾아오기도 합니다. 말은 세상에 심는 씨앗과 같아서 무엇을 심느냐에 따라 전혀 다른 결과물을 만들어내니까요.

당신의 스토리를
발견하라

몇 해 전 국립중앙도서관에서 기획하고 진행한 클래식 공연을 보러 간 적이 있습니다. 그날의 공연은 바이올리니스트이자 연주자 그룹 콰르텟엑스의 리더인 조윤범 씨가 이끌었는데, 체코와 관련한 다양한 콘텐츠와 음악을 소개하고 연주하는 방식으로 진행되었습니다.

　해설을 곁들인 대부분의 클래식 공연은 작품과 작곡가에 대해 정보를 제공하고 설명하는 것에 그치지만, 조윤범 씨가 진행한 콘서트는 체코 사람들의 맥주 사랑, 문화유산, 음악가들의 잘 알려지지 않은 인간적인 면모 그리고 연애 에피소드 등 체코와 연관된 여러 가지 이야기를 들려주어서 훨씬 더 흥미롭고 기억에 선명하게 남았습니다. 지식과 정보를 전달할 때 스토리 형태를 취하는 것이 보다 효과적이라는 사실을 다시 한 번 깨달은 좋은 경험이었어요. 팩트만을 전달하는 것이 모래 위에 쓴 글씨라면, 스토리텔링을 가미하는 행위는 바위에 글씨를 새기는 것으로 비유할 수도 있을 듯합니다.

말하기에는 필연적으로 내용이 뒤따릅니다. 목소리가 좋고 발성과 발음이 훌륭해도 말의 내용이 빈약하면 울림이 약할 수밖에 없습니다. 말하는 내용을 풍성하게 하기 위해서는 '스토리'가 있어야 합니다. 강연을 하거나 일상의 경험을 전할 때 이야기 형식을 취하면 듣는 사람의 집중을 유도할 수 있을 뿐 아니라 말하고자 하는 내용이 생생하게 살아나서 현장감을 높일 수도 있습니다.

그런데 스토리는 어디에서 가져와야 할까요? 바로 나 자신입니다. 타인의 지식이나 경험을 인용하는 방법으로 강연이나 연설을 할 수도 있지만, 듣는 사람의 공감을 가장 효과적으로 끌어내는 것은 역시 나의 경험과 이야기를 솔직하게 전할 때입니다.

저의 스피치 수업에는 면접을 앞둔 취업 준비생이나 이직 희망자가 자주 찾아옵니다. 그들을 코칭할 때 제가 가장 중요하게 여기는 점이 바로 '나의 스토리'예요. 누구나 할 수 있는 천편일률적인 답변이나 어디서 주워들은 남의 이야기를 가져오는 것만으로는 면접관의 마음을 움직일 수 없기 때문이에요.

하지만 수강생 대부분이 자신에게 어떤 이야기가 있는지 잘 알지 못합니다. 그것은 저에게 도움을 청하는 수강생들뿐 아니라 많은 분들이 마찬가지일 거예요. 지나온 시간 속에서 삶의 방향을 결정하도록 이끈 강렬한 순간과 마주했을지라도 거기에 별다른 의미를 부여하지 않고 지나쳤거나 그 사건들이 이루어진 앞뒤 상황에 대해서 충분히 따져보지 않았기 때문입니다. 그래서 저는 면접을 준비하는 수강생들이 자신의 이야기를 발견하도록 이끌기 위해 집요하면서도 심도 깊은 대화를 나눕니다.

권민혁 씨(33세)는 해외 대학에서 공부한 뒤 귀국하여 국내 모기업에서 인턴을 마쳤습니다. 그리고 모 증권회사에 입사 지원서를 냈고 면접 전형을 앞두고 있었습니다. 업무에 필요한 전문 지식에서는 부족한 점이 없었지만, 긴 시간 해외에서 생활한 탓에 면접관을 대하는 일은 아무래도 부담이 될 수밖에 없었어요. 그래서 모의 면접을 통해 면접 상황을 미리 경험해보겠다는 생각으로 저의 스피치 수업을 찾았습니다.

하지만 저의 수업은 권민혁 씨가 기대한 방향과는 전혀 다르게 진행되었습니다. 권민혁 씨는 갖가지 면접 상황과 다양한 질문에 미리 답안을 작성하는 방식의 수업을 바랐지만, 저는 면접과는 아무런 상관이 없는 물음을 던지면서 그 자신에 대해서 이야기하도록 유도했습니다. 타인에게 자신의 속내를 내비친 적이 거의 없는 권민혁 씨는 자신에 대해 이야기하는 것을 무척이나 힘들어서 내내 쑥스러운 표정과 어색한 웃음만 지었어요.

미처 예상하지 못한 상황에 처하자 권민혁 씨는 이렇게 말했습니다.

"원래 이런 식으로 하는 건가요?"

당혹스러웠을 거예요. 우리나라 사람들, 특히 한국 남성들은 자신에 대해서 말하기를 주저하는 편이잖아요. 감정을 드러내는 건 더욱 힘들어하죠.

본격적인 면접 스피치 수업이 시작되었습니다. 제가 면접에서 예상되는 질문을 던지면 권민혁 씨가 알맞은 답변을 하는 방식으로 진행되었어요.

"외국에서 공부하는 동안 특별한 경험을 한 적은 없나요?"

권민혁 씨는 유학 생활을 하던 때를 떠올리려는 듯 꽤 오랫동안 생각에 잠겨 있었지만 너무나 싱거운 답변을 내놓았습니다.

"그냥 공부한 기억밖에 없습니다. 학내에서 어울린 그룹이 딱히 없어서 다른 사람들과 특별히 유대를 형성하지도 않았고요. 특별한 에피소드가 없네요."

그 싱거운 답을 말하면서도 권민혁 씨는 몸을 비틀거나 머리를 긁적이는 등 산만한 행동을 보였습니다. 면접관의 좋은 평가를 기대하기 힘들었어요.

권민혁 씨의 가장 큰 문제는 자신의 삶에 별다른 의미 부여를 하지 않고 있다는 점이었습니다. 그러다 보니 말의 내용이 피상적이고 표면적일 수밖에 없었고 말투도 딱딱했죠. 고학력자이고 전문 지식을 갖춘 사람이 서류 전형을 통과하는 건 그리 어려운 일이 아닐 거예요. 하지만 면접 과정에서 자기만의 개성과 매력을 어필해야 하는데, 권민혁 씨는 그런 부분이 많이 부족했습니다.

면접까지 시간이 많지 않았지만 저는 서두르지 않았습니다. 면접을 준비하는 과정에서 권민혁 씨가 깨닫는 바가 있기를 바랐어요. 그렇게만 된다면, 이번에 좋은 결과를 얻지 못한다 하더라도 다음 기회에는 조금은 나아진 태도를 취할 수 있을 테니까요.

6회 차 수업을 진행하기 위해 마주앉았을 때였어요. 제가 질문을 하기도 전에 권민혁 씨가 먼저 말을 꺼냈어요.

"사실은 외국에서 공부하는 동안 많이 힘들었습니다. 집안의 기대가 컸기 때문에 한눈팔 새가 없었어요. 그러다 보니 인간관계를 형성할 수도 없었습니다. 참 외로웠습니다."

그렇게 말하며 권민혁 씨는 수줍게 웃어 보였습니다. 그가 자신을 솔직하게 드러낸 것은 그때가 처음이었어요. 저는 권민혁 씨의 그 작은 변화가 참으로 반가웠습니다. 제가 귀를 기울이자 권민혁 씨의 말이 이어졌어요.

"사회에 진출해서도 계속 그렇게 아등바등 살아야 할 걸 생각하면 답답합니다. 사실 전 즐겁게 살고 싶거든요. 그동안 공부하느라 하지 못한 일들도 두루 해보고 싶고요. 아, 전에는 미처 기억을 못해서 말씀을 못 드렸는데, 몇 가지 재미있는 경험이 뒤늦게 생각났습니다."

제가 물었습니다.

"특별히 기억나는 일 한 가지만 이야기해주겠어요?"

권민혁 씨는 생각을 정리하는 듯 잠시 침묵을 지켰다가 말을 이었습니다.

"2년 전이었어요. 한 단체에 들어가서 우리나라에 거주하는 외국인들에게 한국어를 가르치는 봉사 활동을 한 적이 있습니다. 취지가 좋아서 봉사를 시작하기는 했는데, 나중에는 외국인들끼리 서로 친해지면서 한국어 공부보다는 친목을 도모하는 것으로 모임이 변질되고 말았어요."

"그런 상황에서 민혁 님은 어떻게 행동하셨죠?"

"친목 단체로 변질된 그 모임이 다시 본래의 목적에 충실하도록 바라는 마음에서 제가 아이디어를 냈어요. 매주 하나의 주제와 이슈를 정해서 조별로 토론하는 시간을 갖게 하자고 했는데, 다른 봉사자들이 긍정적으로 받아들여서 그 방법을 실천했더니 모임이 훨씬 효과적으로 바뀌었어요."

"와, 아주 큰일을 해냈네요. 흐름에 휩쓸려서 본질을 놓치지 않고 본래의 목적을 다시 세웠군요. 그래서 결론은 어떻게 되었나요?"

"모임의 체계가 잡히면서 외국인들의 한국어 실력이 점점 향상되었고, 나중에는 외국인들이 자신의 친구를 데리고 와서 그 프로그램을 진행하는 공간이 꽉 차게 되었어요. 외국인 친구들이 저에게 고맙다고 감사 인사를 해주었고, 단체의 단장님은 저를 우수 교사로 인정해주어서 아주 뿌듯했어요."

권민혁 씨는 유학 생활을 하고 국내에서 공부하는 동안 인연을 맺었던 사람들에 대해서 이야기해주었고, 살아남기 위해서 고군분투했던 일들에 대해서도 들려주었습니다. 이야기를 하는 동안, 무언가에 쫓기듯 지나온 것만 같았던 시간 속에서도 진주처럼 반짝이는 소중한 기억들이 있다는 사실에 권민혁 씨는 스스로 놀라워했습니다.

자신을 둘러싼 단단한 외피를 벗어던진 뒤로 권민혁 씨는 제가 던지는 질문에 시원시원하게 답했습니다. 예전에는 답변을 어떻게 근사하게 꾸밀까 머리를 굴린 탓에 딱딱하게 느껴졌지만, 스스로 무장 해제를 하고 나자 한결 답변이 부드러워졌고 생생하게 와닿았습니다.

처음 만났을 때만 해도 마지못해 무대에 끌려나온 사람처럼 어색하고 불편해했지만, 시간이 지나면서 권민혁 씨는 자신이 무대에 오를 순서를 기다리는 것마냥 기대와 설렘 가득한 표정으로 수업에 임했습니다.

마지막 수업 때는 이렇게 말했습니다.

"제가 쌓아온 노력의 가치를 이해할 수 있었어요. 사실 그동안 저는 다른 사람의 역할을 제가 억지로 대신 맡고 있다고 생각해왔거든요. 지나온 시간이 완전히 만족스럽지는 않지만, 그래도 어떻게든 저는 지금 여기에 이르렀고, 앞으로도 어딘가를 향해 가야겠죠."

그리고 잠시 사이를 두고 제 눈을 바라보며 말했습니다.

"저를 알게 되어서 기쁩니다."

권민혁 씨는 12회에 걸쳐 면접 스피치와 그룹 스피치를 수행했습니다. 처음의 그 우물쭈물하던 모습은 사라지고, 그 자리에 생기 넘치는 젊은이가 와 있었어요.

스피치 수업을 수료하고 오래지 않아 권민혁 씨는 교육원으로 케이크를 들고 나타나서는 증권사에 합격했다는 기쁜 소식을 전해주었습니다. 이후에 알려온 소식에 의하면, 사내 행사에서 사회를 맡는 등 숨겨져 있던 자신의 능력을 마음껏 발휘하며 활기차게 회사생활을 이어나가고 있다고 해요.

말을 한다는 것은
이 세상에
당신의 이야기를 하는 거예요.
내 삶의 스토리텔러가 되어주세요.

이야기를 가진 사람과 갖지 못한 사람의 차이는 큽니다. 이야기를 가진 사람은 일상에서 겪는 사소해 보이는 일들에도 의미를 부여하고 삶을 다른 시각으로 바라봅니다. 그런 사람은 타인과 소통할 때에도 공감을 잘 끌어내고 어떤 일을 할 때에도 새로운 접근 방식을 찾아내고는 합니다.

대부분의 사람이 '내 인생은 밋밋하다'고 말하지만, 사실은 그렇지 않습니다. 이 세상에 저절로 되는 것은 아무것도 없어요. 지금 어떤 자리에 있다면 거기에 이르는 동안 있었던 무수한 상황과 사건의 결과물이 곧 현재입니다. 현재가 만족스럽지 못하더라도 내 이야기를 찾아보세요. 그 이야기를 나 자신에게 들려주면서 다음 이야기를 만들어가세요. 지나온 삶의 콘텐츠를 풍부하게 다져서 그걸 밑천으로 새로운 콘텐츠를 만들어나가는 거예요. 삶은 이야기로 이루어져 있고, 미래 역시 당신이 새롭게 만들어나갈 이야기의 일부입니다.

자기소개서를 작성하기 위해 찾아온
대입 수험생

지인 한 분이 대입을 앞둔 고등학생의 면접을 코칭해줄 수 있느냐고 의뢰했습니다. 입시철이 되면 대입 면접에 관한 의뢰가 자주 들어오는 편입니다. 하지만 코칭의 질을 유지하기 위해서는 수강생의 수를 제한할 수밖에 없습니다. 당시에 저는 이미 세 명의 학생을 맡고 있어서 상황이 어려웠지만, 제가 존경하고 따르는 그분의 부탁을 거절할 수 없어서 학생을 맡기로 했습니다. 학생의 이름은 임정석(19세)이었어요.

본격적인 수업을 시작하기 전에 사전 상담을 위해 정석 군의 어머니와 통화했습니다. 어머니는 평소에 아들과 대화를 잘 하지 않아서 어떤 생각을 갖고 있는지 잘 모르겠다고 했어요. 그리고 아

196

들의 성격이 내성적이라서 다른 사람과 대화를 할 때는 눈을 맞추지 못한다고도 했습니다. 지금 성적으로는 서울의 4년제 대학은 힘들어서 2년제 대학을 생각하고 있는데, 혹시나 하는 마음에 수시 전형 과정에서 지원할 수 있는 기회를 모두 활용해보기로 했다며 잘 지도해달라는 당부의 말을 했습니다.

첫 만남은 언제나 설렙니다. 이번에는 어떤 사람을 만나 어떤 인연을 만들게 될지 기대하며 기다리고 있는데 덩치가 크고 인상이 순해 보이는 남학생이 강의실로 들어섰습니다. 그러고는 제 눈을 똑바로 쳐다보며 인사를 건넸습니다. 어머니의 생각과는 달리 붙임성이 있는 편이었습니다.

"정석 군은 가장 좋아하는 일이 뭐예요?"

"글쎄요. 농구를 좀 좋아하는 것 같아요."

"장점으로 꼽을 수 있는 것은 무엇인가요?"

"음, 잘 모르겠어요."

"고등학교에 다닌 3년 동안 가장 기억에 남는 일은 뭐예요."

"음, 딱히 생각나는 게 없어요."

어때요? 대답에 성의가 없어 보이죠? 하지만 정석 군 또래의 아이들 대부분이 말투가 그렇습니다. 딱히 반항심을 가져서가 절대 아니에요. 그리고 자신에 대해서 잘 모른다는 것도 그 또래 아이들의 공통점입니다.

자, 사전 탐색은 끝났습니다. 이제부터 본격적인 대화를 시작할 거예요.

"다시 물어볼게요. 정석 군이 가장 좋아하는 활동은 무엇인가요?"

이때부터는 대부분의 수강생이 살짝 긴장하기 시작합니다. 하지만 걱정하지 마세요. 코칭 과정에서 필연적으로 거쳐야 하는 단계이니까요. 스피치 수업 때는 긴장과 이완의 과정이 되풀이되는데, 약간의 긴장감은 수업에 집중하도록 만드는 역할을 합니다.

"농구를 종종 하고는 했습니다."

"얼마나 자주 하나요?"

"중학교 때부터 가끔 하기 시작하다가 고등학교에 들어와서는 일주일에 두세 번 정도 친한 친구들과 점심시간 때나 학교 마친 뒤에 운동장에서 합니다."

"그랬군요. 혹시 농구를 하면서 기억에 남는 일이 있나요? 누군가를 도와주었다거나 농구를 하면서 기뻤던 일이라든가……?"

"네, 있었습니다. 고등학교 1학년 체육대회 때 반 대항으로 농구대회가 열렸는데, 제가 적극적으로 활약하고 실력이 부족한 친구들을 서포트해주었더니 우리 반이 우승을 했어요."

"우와, 대단해요. 정석 군이 협동심을 발휘한 덕분에 좋은 결과를 만들 수 있었네요. 그 외에 다른 우승이나 수상 경험은 없나요?"

"글쎄요, 공부로는 없는 것 같은데……."

"꼭 공부가 아니어도 괜찮아요."

"그럼 하나 있기는 해요. 1학년과 2학년 때 청소 시간에 청소를 빨리 끝내고 싶어서 제가 맡은 구역을 신속하게 끝낸 다음 친구들 구역까지 도와서 해준 적이 많았어요. 그랬는데 그 부분을 좋게 봐준 학우들의 추천으로 모범상을 두 번 받았어요."

나중에 안 사실이지만, 임정석 군이 받은 모범상은 1년에 딱 한 번 학년별로 단 한 명에게만 주는 큰 상이었어요. 그런데 정석 군은 그 상이 공부를 잘해서 받은 것이 아니기 때문에 대수롭지 않게 생각했던 거예요. 모범상을 받았을 때 부모님이 크게 칭찬을 해주었다면, 정석 군은 그 상에 의미를 부여하고 뿌듯하게 여겼을 겁니다.

"정석 군은 참 훌륭한 사람이네요. 보통은 자기가 맡은 부분만 챙기기 바쁜데 친구들까지 도와주는 걸 보면 정석 군은 남을 돕는 마음을 타고난 것 같아요. 멋져요."

이야기를 나눌수록 정석 군의 다양한 면모를 발견할 수 있었고, 장점과 강점이 많다는 사실을 알 수 있었습니다.

정석 군은 물리치료학과에 가고 싶어 했습니다. 하지만 서울에는 물리치료학과가 있는 대학교가 별로 없어서 지방으로 가야 할지도 모르는데, 부모님이 그걸 허락할지 어떨지 걱정하고 있었어요. 저는 정석 군이 물리치료사라는 뚜렷한 목적을 갖고 있으니까 그런 생각과 마음을 진정성 있게 말씀드린다면 부모님도 받아들일 거라고 이야기해주었어요. 정석 군은 입술을 굳게 다문 채 고개를 끄덕였습니다.

"어떤 과목을 가장 좋아하나요?"

"국어, 영어는 정말 하기 싫어서 성적도 안 좋은데, 수학은 따로 과외를 받고 있어서 그런지 성적도 좀 나오고 그나마 흥미를 갖고 공부했던 것 같아요."

"그렇다면 정석 군이 지원할 물리치료학과에서 수학 지식을 어떻게 발휘할 수 있을지 말해볼까요?"

"물리치료학과는 환자의 건강과 생명을 다루는 학문이기 때문에 정확한 진단과 재활 과정이 중요한데요, 환자의 상태와 경과를 나타내는 데이터 수치들을 정확하게 읽고 판단하는 데 있어서 저의 수학적 지식이 큰 도움이 될 거라고 생각합니다."

정석 군은 자신의 진로에 뚜렷한 소신을 갖고 있었어요. 공부를 열심히 하지 않아서 성적은 안 좋지만, 이만 하면 훌륭한 십대 아닌가요? 성적으로 순위를 매기는 공교육 시스템 속에서 정석 군은 상처를 많이 받았을 테지만, 그래도 훌륭한 인성을 잃지 않아 다행이었어요.

"정석 군의 단점은 무엇이며, 어떻게 극복했나요?"

"음, 어떤 게 단점인지 잘 모르겠어요."

"물건을 잘 잃어버리거나 완벽주의 성향이 강하다거나 게으르다거나 하는 성향이 있는지 묻는 거예요."

"너무 깔끔한 게 장점이자 단점인 것 같아요. 제가 지저분한 것을 못 보거든요. 그래서 교실에서도 계속 정리하느라 부산을 떨면 아이들이 제발 좀 가만히 있으라고 하고는 해요. 그런 점이 주변 사람들에게는 스트레스가 될 수도 있을 것 같아요."

"그렇군요. 결벽주의자처럼 너무 깔끔한 것을 추구하면 일상생활에서는 다소 피곤할 수 있겠지만, 환자들 입장에서는 깨끗하고 청결한 환경이 이로우니까 정석 군의 그런 면을 좋아할 수도 있겠어요."

"어, 그럴 수도 있겠네요, 히히. 그런데 요즘에는 학교에서나 집에서나 너무 요란스럽게 깔끔하게 구는 것을 좀 자제하고 있어요."

저는 정석 군에게 그동안 나눈 이야기를 바탕으로 자기소개를 하는 멘트를 쓰도록 했어요. 다음 수업 시간 때 정석 군은 제 앞에서 자신이 쓴 멘트를 읽었어요.

안녕하십니까? 늘 나보다는 남을 먼저 생각하는 배려의 아이콘, 임정석입니다.

저는 남다른 봉사심과 희생정신을 발휘하여 고등학교 시절 두 번이

201

나 모범상을 받았습니다. 교내 정기 대청소 시간에 항상 제 구역을 먼저 청소한 뒤 친구들이나 선생님을 도와 학급 청소가 신속하게 끝날 수 있도록 했고, 학급 게시판도 자발적으로 도맡아서 관리했습니다. 그 결과 학우들과 선생님의 추천으로 한 학년에 한 명에게만 주어지는 모범상을 받은 것입니다.

뿐만 아니라 저는 수학 동아리 활동을 하는 동안 게임을 어려워하는 친구들에게 게임을 보다 쉽게 할 수 있는 방법을 가르쳐주었고, 처음 들어온 회원들의 눈높이에 맞게끔 게임의 룰을 조정하도록 제안하기도 했습니다. 수학 동아리 활동을 한 2년 동안 회원 모두가 재미있게 지냈고 저 역시 성실하게 활동에 참여했습니다.

○○대학교 물리치료학과에 입학하면 저의 남다른 희생정신과 봉사심을 바탕으로 학우들과 서로 도와가며 원만한 대학생활을 할 것이며, 전공 수업에도 최선을 다해 좋은 성과를 낼 것을 약속드립니다.

다소 투박하면서도 진솔한 마음과 태도가 드러나는 훌륭한 자기소개였습니다. 대학교에서 제시하는 질문에 맞게끔 내용을 조금 더 다듬고 손보면 수시 전형에 제출하는 자기소개서로도 손색이 없을 거라는 생각이 들었어요. 저는 그동안 잘해왔으니, 앞으로도 잘할 것이라고 정석 군을 격려해주었습니다.

정석 군은 고등학교에서 보낸 3년이라는 시간이 자신에게 어떤 의미를 갖는지 잘 몰랐습니다. 자신의 장점이 무엇인지, 자신이 무엇을 잘하는지 깨닫지 못하고 있었어요. 소소해 보이는 일상 속의 사건에 아무런 의미를 부여하지 않았기 때문에 모든 것이 밋밋하게 다가오고 무의미해 보였던 거죠.

하지만 정석 군은 자신에 대해서 말하면서 자신이 했던 행동과 자신에게 일어난 사건들이 어떤 의미를 갖는지 깨닫게 되었고, 지난 시간을 보다 입체적으로 기억할 수 있게 되었습니다. '나의 스토리'를 갖게 된 거예요. 그리고 앞으로도 지난 시간 속의 일들에 대해 의미를 되새기고 반추하는 동안 새로운 이야기를 만들 힘을 갖게 될 겁니다.

Chapter 5

마음과
성공을 얻는
프레젠테이션
스피치

세 번째 챕터「나의 목소리를 깨우는 공부」에서 우리는 발성과 발음의 중요성에 대해서 살펴보았고, 간단한 훈련법에 대해서도 알아보았습니다. 이번 챕터에서는 공적 스피치와 비즈니스 대화, 일상 속의 스몰 토크 어디에나 적용할 수 있는 노하우를 소개하겠습니다. 뿐만 아니라 스피치의 구조와 각각의 스피치 상황에 어울리는 제스처에 대해서도 공부할 거예요. 아, 그리고 중요한 것이 하나 더 있습니다. 발성, 발음, 내용, 스피치 기술, 제스처가 다 훌륭해도 청중 또는 청자가 불쾌해할 행동을 해서는 안 되겠죠? 스피치 상황에서 반드시 피해야 할 사항에 대해서도 알아보겠습니다.

전달력을 높이는
'스피치 황금 비결 3단계'

앞선 챕터에서 일상생활과 사회생활을 할 때 말이 갖는 중요성과 말을 대하는 마음가짐 등에 대해서 알아보았습니다. 이제부터는 단계를 조금 높여서 상대의 귀를 사로잡는 매력적인 화법에 대해서 알아볼 거예요. 여기서 전해드리는 스피치 훈련 방법은 특히 다수의 청중을 대상으로 하는 공공 스피치에 적용할 때 매우 효과적이지만, 이 훈련에 익숙해진다면 일상에서의 스몰 토크에서도 자연스럽게 배어나와 전달력을 높이고 상대의 마음을 사로잡을 겁니다.

여기서 소개해드릴 '스피치 황금 비결 3단계'에는 제가 오랜 시간 방송 생활을 하고 스피치 강사로 활동하면서 익히고 정리한 노하우가 담겨 있습니다. 제가 오랜 시간에 걸쳐 체득한 만큼 독자 여러분께서도 많은 시간을 투자해야 할까요? 그렇지 않습니다. 간단하고 체계적이기 때문에 마음만 먹으면 한 달 만에 마스터할 수 있습니다. 한 가지 아쉬운 점은 지면이라는 공간의 제한 때문에 다양한 스크립트를 활용할 수 없다는 사실입니다. 그래도 열심히 하면 여러분의 언어 감각이 깨어날 것이고, 아울러 개성이 묻어나고 멋들어진 여러분만의 스피치 스타일을 완성하실 수 있을 겁니다. 자, 그럼 첫 단계부터 시작해볼까요?

1단계 : 장·단음 활용하기

첫 번째 단계는 우리말에 있는 장음과 단음을 살리는 것입니다. 짧은 스크립트이건 긴 스크립트이건 어떤 종류의 스크립트를 손에 쥐더라도 가장 먼저 확인할 일은 장음과 단음을 구분한 뒤 특히 장음에 점(:) 표시를 해서 눈에 띄게 만드는 거예요. 종이 국어 사전이든 디지털 국어사전이든 단어를 찾으면 해당 단어가 장음 일 경우 단어 옆 괄호에 점(:) 표시가 있습니다. 예를 들어 국립국 어원(www.korean.go.kr)의 표준국어대사전에서 안개를 검색해서 클릭하면 다음과 같은 내용이 나올 거예요.

안개 / 발음 [안:개]

장음인 단어를 단음인 단어와 구별해서 읽으면 말에 리듬감이 생기면서 호흡하기도 편하고 숨을 길게 내쉴 때는 긴장감이 완화되는 효과를 누릴 수 있어요. 또한 듣는 사람 입장에서는 말이 딱딱하지 않고 여유 있게 들리며, 고급스럽고 세련되게 느껴집니다.

단, 단어의 첫 번째 장음만을 살려주는 것을 원칙으로 삼고, 복합어인 경우에 두 번째 위치에 오는 장음은 약하게 발음합니다.

아래의 예문을 통해서 장·단음을 표시한 후 실제로 낭독하며 훈련해보세요.

| 장·단음 예시 1 : 기상 정보 |

오늘 아침, 서울 등 수도권 지방은 엷은 안개만 끼어 있는데요.

철원과 춘천 등 강원도 곳곳으로는 국지적인 소나기가 내리고 있습니다.

또 남부 지방은 남쪽 기압골의 영향으로 산발적으로 비가 내리고 있는 상황입니다.

전라도와 경남 지방은 오늘 오전까지 3에서 20밀리미터가량의 비가 내리다 차츰 그칠 것으로 보이고요. 오후부터는 대기 불안정이 심해지면서, 경기도 수원 등 내륙 많은 지역에 국지적인 소나기가 쏟아지겠습니다.

20에서 최고 70밀리미터가량으로, 가을비 치고는 강하게 쏟아지겠고, 천둥이 치거나 돌풍이 부는 곳도 있겠습니다.

오늘 미세 먼지 농도는 전국적으로 보통에서 좋음 단계로 공기가 깨끗하겠습니다.

현재 서울의 기온은 21도로 어제 아침과 비슷하고요. 한낮에는 서울과 대전이 28도까지 오르겠지만, 강릉은 22도 선에 머물겠습니다. 날씨였습니다.

| 장·단음 적용 |

오늘 아침, 서울 등 수도권 지방은 옅은 **안개[안:개]**만 끼어 있는데요.

철원과 춘천 등 강원도 곳곳으로는 국지적인 소나기가 내리고 있습니다.

또 남부 지방은 남쪽 기압골의 **영향[영:향]**으로 **산발적[산:발쩍]**으로 비가 내리고 있는 상황입니다.

전라도와 **경남[경:남]** 지방은 오늘 **오전[오:전]**까지 3에서 **20[이:십]** 밀리미터가량의 비가 내리다 차츰 그칠 것으로 보이고요. **오후[오:후]**부터는 **대기[대:기]** 불안정이 심해지면서, 경기도 수원 등 **내륙[내:륙] 많은[마:는]** 지역에 국지적인 소나기가 쏟아지겠습니다.

20[이:십]에서 **최고[최:고/췌:고]** 70밀리미터가량으로, 가을비 치고는 강하게 쏟아지겠고, 천둥이 치거나 돌풍이 **부는[부:는]** 곳도 있겠습니다.

오늘 미세먼지 농도는 전국적으로 **보통[보:통]**에서 **좋음[조:음]** 단계로 공기가 깨끗하겠습니다.

현재[현:재] 서울의 기온은 **21[이:시빌]**도로 어제 아침과 비슷하고요. 한낮에는 서울과 대전이 **28[이:십팔]**도까지 오르겠지만, 강릉은 **22[이:시비]**도 선에 머물겠습니다.

날씨였습니다.

| 장·단음 예시 2 : 행사 진행 |

안녕하십니까? 오늘 2022년 한국태권도협회 정기 심포지엄 개회식 사회를 맡은 ○○○입니다. 반갑습니다.

바쁘신 와중에도 오늘 이 자리에 참석해주신 여러분, 진심으로 환영합니다.

그럼, 오늘 행사 진행 순서에 대해서 간략하게 말씀드리겠습니다.

오늘 개회식은 국민의례, 내빈 소개, 공로패 수여, 기념 촬영 순으로 진행될 예정입니다.

먼저, 행사에 앞서 한국태권도협회 □□□ 협회장의 인사 말씀이 있겠습니다. □□□ 협회장님 나오실 때 큰 박수로 맞아주시기 바랍니다.

(인사 말씀)

다시 한 번 □□□ 협회장님께 박수 부탁드리겠습니다.

이어서 국민의례가 있겠습니다.

(중략)

그럼 이상으로 오늘의 모든 순서를 마치겠습니다.

함께해주신 여러분, 감사드립니다.

| 장·단음 적용 |

안녕하십니까? 오늘 **2022[이:처니:시비]**년 **한국[한:국]**태권도협회 **정기[정:기]** 심포지엄 개회식 사회를 맡은 ○○○입니다. 반갑습니다.

바쁘신 와중에도 오늘 이 자리에 참석해주신 여러분, 진심으로 환영합니다.

그럼, 오늘 행사 **진행[진:행] 순서[순:서]**에 대해서 간략하게 **말씀[말:씀]**드리겠습니다.

오늘 개회식은 국민의례, **내빈[내:빈]** 소개, 공로패 수여, 기념 촬영 순으로 **진행[진:행]**될 **예정[예:정]**입니다.

먼저, 행사에 앞서 **한국[한:국]**태권도협회 □□□ 협회장의 인사 **말씀[말:씀]**이 있겠습니다. □□□ 협회장님 나오실 때 큰 박수로 맞아주시기 바랍니다.

(인사 말씀)

다시 한 번 □□□ 협회장님께 박수 **부탁[부:탁]**드리겠습니다.

이어서 국민의례가 있겠습니다.

(중략)

그럼 **이상[이:상]**으로 오늘의 **모든[모:든] 순서[순:서]**를 마치겠습니다.

함께해주신 여러분, **감사[감:새]**드립니다.

위 기상 예보 스크립트와 행사 진행 원고를 장·단음을 철저하게
지켜가면서 5~10번 정도 연습해서 익숙해지도록 합니다.

2단계 : 끊어 읽기

끊어 읽기를 하는 이유는 안정적인 호흡을 유지하고 의미의 전
달력을 높이기 위해서입니다. 사람마다 호흡의 길이가 다르기 때
문에 호흡이 편한 곳에서 숨쉬기를 해야 합니다. 숨을 쉬지 않은
채 계속 멘트를 읽으면, 숨이 찰 뿐 아니라 듣는 사람도 불편해집
니다. 그래서 적당한 곳에서 숨을 쉬어야 하는데, 어디서 쉬는 것
이 좋을까요? 의미별로 끊어 읽으면 됩니다. 주로 주어, 부사, 시간,
장소, 목적어, 수식어, 감탄사 다음에 끊어 읽으면 의미가 자연스
럽게 전달됩니다.

끊어 읽기의 예시로 널리 쓰이는 '아버지가 방에 들어가신다.'라
는 문장이 있죠. 이 문장에서는 주어인 '아버지가' 다음에 끊어 읽
으면 됩니다.

아버지가 / 방에 들어가신다.

213

그런데 만약 다른 곳에서 끊어 읽으면 어떻게 될까요?

아버지가방에 / 들어가신다.

'방에' 다음에 끊어 읽으면 자칫 누군가가 '아버지(의) 가방에' 들어간다는 의미로 잘못 전달될 수 있습니다. 이처럼 끊어 읽기를 제대로 하지 않으면 의미가 다르게 전달될 수 있기 때문에 끊어 읽기는 의사소통에서 중요한 역할을 합니다.

끊어 읽기의 다른 예를 더 살펴볼까요.

영희는 / 독감에 걸려 병원에 온 철수를 만났다.
영희는 독감에 걸려 / 병원에 온 철수를 만났다.

첫 번째 문장의 끊어 읽기는 영희가 '독감에 걸려 병원에 온 철수'를 (우연히) 만났다는 의미인데, 여기서 '독감에 걸려 병원에 온'은 수식어로서 피수식어인 '철수'를 꾸미는 말이 됩니다. 반면에 두 번째 끊어 읽기를 적용하면, '영희가 독감에 걸려 (병원에 있는데)' 마침 병원에 온 철수를 만났다는 뜻이 됩니다. 독감에 걸린 주체는 영희이며, 병원에 있는 영희를 철수가 찾아온 상황인 거죠. 이렇게 끊어 읽기에 따라서 행위의 주체가 달라지기도 합니다.

BMW 화재 사태가 / 확산하고 있다.
BMW 화재 / 사태가 확산하고 있다.

첫 번째 끊어 읽기에서 주어부는 'BMW 화재 사태'이며, 서술어부는 '확산하고 있다'입니다. 반면에 두 번째 끊어 읽기를 적용하면 'BMW 화재' 이후에 잇따라 일어나는 '사태'가 '확산하고 있다'는 의미로 전달될 수 있어서 듣는 사람은 무슨 사태인지 그 뜻을 제대로 파악하기 힘들 수 있습니다.

배우들의 표정이 / 참 다양하다.
배우들의 표정이 참 / 다양하다.

위 문장에서는 주어부인 '표정이' 다음에 끊어 읽는 것이 자연스럽습니다. 만약에 두 번째 경우처럼 '참' 다음에 끊어 읽으면 어색하게 들릴 뿐 아니라, '다양하다'의 의미가 '안면을 자주 바꾼다'는 부정적인 뜻으로 해석될 여지를 줄 수 있습니다.

고령층 확진자가 늘면서 비교적 안정세를 보여 온 / 위중증 환자가 증가할 조짐을 보인다.
고령층 확진자가 늘면서 비교적 안정세를 보여 / 온 위중증 환자가 증가할 조짐을 보인다.

앞 문장에서 끊어 읽기를 달리했을 때 의미가 어떻게 달라지는 지 생각해볼까요?

아래처럼 끊어 읽으면 고령층 확진자가 늘어났는데 안정세를 보인다는 의미로 전달될 수 있고, 또 '온(모든, whole) 위중증 환자가 증가할 조짐을 보인다'로 해석될 수 있습니다.

반면에 위 경우처럼 '보여 온' 뒤에 끊어 읽으면 '안정세를 보여 온'이 위중증 환자를 수식하는 말이 됩니다. 따라서 피수식어인 위중증 환자가 비교적 안정세를 보여 왔는데, 고령층 환자가 증가하면서 덩달아 늘어날 조짐을 보인다는 의미가 됩니다.

그럼 아래의 문장에 끊어 읽기를 적용해보세요.

- 제주도는 세계에서 하나뿐인 유네스코 3관왕이다.
- 기상청은 우리나라 여름철 바다 수온이 상승하고 있다고 밝혔다.
- 나의 소원은 남과 북이 자유롭게 교류하는 것이다.
- 윤 당선인은 이날 오후 서울 종로구 삼청동 인수위 브리핑룸에서 기자회견을 열고, 한 총리 후보자 지명을 직접 발표했다.

자연스러운 끊어 읽기는 다음과 같습니다.

- 제주도는 / 세계에서 하나뿐인 유네스코 3관왕이다.
- 기상청은 / 우리나라 여름철 바다 수온이 / 상승하고 있다고 밝혔다.

- 나의 소원은 / 남과 북이 / 자유롭게 교류하는 것이다.
- 윤 당선인은 / 이날 오후 서울 종로구 삼청동 인수위 브리핑 룸에서 기자회견을 열고, 한 총리 후보자 지명을 직접 발표했다.

지금까지 주어부에서 끊어 읽는 예를 살펴보았습니다. 이어지는 예문들처럼 주어 외에 시간과 장소, 부사 다음에 끊어 읽기를 적용할 수 있습니다.

시간
- 2003년 / 이라크 수비대가 / 미군을 향해 총을 겨눴다.
- 1592년 / 일본이 우리나라를 침공한 임진왜란이 / 발생했다.
- 2022년 3월 9일 / 우리나라의 새 대통령이 / 선출됩니다.
- 윤 당선인은 / 이날 오후 / 서울 종로구 삼청동 인수위 브리핑룸에서 기자회견을 열고, 한 총리 후보자 지명을 직접 발표했다.

장소
- 프랑스에서 / 브렉시트 운동이 은연중에 일어나고 있다.
- 광화문에서 / 제2 회 전국마라톤대회가 시작됐습니다.
- 인천공항 라운지에서 / 여행자들을 위한 음악회가 열립니다.
- 윤 당선인은 / 이날 오후 서울 종로구 삼청동 인수위 브리핑룸에서 / 기자회견을 열고, 한 총리 후보자 지명을 직접 발표했다.

부사

- 실제로 / 올해 폭염과 고수온 현상이 이어지고 있다.
- 최근 / 우리나라에 난민 신청자가 늘었다.
- 정말로 / 나는 올해 꿈을 이루고 싶어.
- 윤 당선인은 / 이날 오후 / 서울 종로구 삼청동 인수위 브리핑룸에서 / 기자회견을 열고, 한 총리 후보자 지명을 직접 / 발표했다.

목적어

- 윤 당선인은 / 이날 오후 / 서울 종로구 삼청동 인수위 브리핑룸에서 / 기자회견을 열고, 한 총리 후보자 지명을 / 직접 발표했다.
- 김 선생님은 학교에 육아 휴직서를 / 제출할 예정이다.
- K 항공사의 대표이사는 자신의 회사 운영 방침을 소개하면서 수익 증대와 승객들의 안전을 / 가장 중요한 가치로 꼽았다.
- 국무총리를 역임한 인사를 / 다시 총리에 지명한 경우는 장면, 백두진, 김종필, 고건 전 총리에 이어 다섯 번째다.

감탄사

- 우와, / 오늘도 참 많은 분들이 강연장을 찾아주셨습니다. 여러분, 반갑습니다.
- 오, / 철수 군이 재료 손질을 하는 걸 보니까, 손이 정말 빠른 것 같아요!

- 짜잔, / 오늘 의뢰인이 보시는 첫 번째 매물은 마치 베벌리힐스의 초호화 저택처럼 마당에 넓은 수영장이 있고, 각종 나무와 꽃들이 심겨진 예쁜 정원도 있습니다.

여기서 잠깐! 끊어 읽기의 꿀팁을 하나 알려드릴게요. **'반-포즈 (Half-Pause)'**라는 것입니다. 끊어 읽기 스킬을 사용하면서 수식어가 피수식어를 꾸며줄 때는 한 박자(/)보다는 짧은 반 박자(√)로 끊어서 호흡하는 것이 자연스럽습니다.

수식어
- 서울 강남 3구와 강동구를 합한 √ 동남권 지역 아파트 값이 10주 만에 상승세로 전환했다.
- 정부의 규제 완화가 이뤄질수록 집값이 오르는 √ '부동산 딜레마' 가 나타나고 있다.
- 미모와 지성을 겸비한 √ 김지영 총장님은 앞으로 신입생을 위한 √ 만남의 장을 마련키로 했다.
- 이탈리아에 가면 풍부하고 깊은 맛을 자랑하는 √ 에스프레소를 꼭 맛보아야 한다.

이제 스크립트를 읽으면서 끊어 읽기를 적용하는 연습을 해볼 게요. 이어지는 교통 정보와 워크숍 스크립트를 보면서 호흡하기 편한 곳과 의미상 끊어 읽기가 필요한 곳에 연필로 표시를 한 후 제가 표시해놓은 끊어 읽기 표기법과 비교하면서 연습합니다. 사선이 하나 그어져 있는 부분(/)은 한 박자를 쉬고, 사선이 두 개 그어져 있는 부분(//)은 두 박자, 반-포즈(√)가 그려져 있는 부분은 반 박자 숨을 쉬면서 큰 소리로 낭독해보세요.

끊어 읽기 예시 1 : 교통 정보

1분 교통 정보입니다.

주말이 가까워질수록 교통량이 많:아지고 있는데요. 금요일 밤 시간대 강남권과 도심권을 중심으로 차량 흐름이 더딥니다.

남산 1호 터널 강남 방면으로 주로 요:금 징수가 끝나는 밤 9시 이:후로 교통량이 늘곤 하는데요. 오늘도 그렇습니다. 남산 1호 터널 중간부터 한남 오:거리까지 강남 방면으로 차 간격을 좁히고 있습니다.

강남 안쪽으로는 강남역을 중심으로 각 방향 지나기 어려운데요. 강남대로는 강남역에서 교보 타워 사:거리까지 양:방향으로 속도를 내지 못하고 있고, 테헤란로는 역삼역에서 강남역 쪽으로, 논현로도 차병원 사:거리에서 역삼역 쪽으로 각각 밀리고 있습니다.

그 외 삼성로는 대치 사:거리 부:근으로 주변 학원가에 차량들 몰리면서 하:위 차로를 중심으로 혼잡해져 있으니까 참고하시기 바랍니다.

마음은 바쁘시더라도 목적지까지 안:전하게 운:전하시기 바랍니다.

지금까지 ○○○였습니다.

끊어 읽기 적용

1분 교통 정보입니다. //

주말이 가까워질수록 / 교통량이 많:아지고 있는데요. / 금요일 밤 시간대 / 강남권과 도심권을 중심으로 √ 차량 흐름이 더딥니다. / 남산 1호 터널 강남 방면으로 / 주로 요:금 징수가 끝나는 / 밤 9시 이:후로 √ 교통량이 늘곤 하는데요. / 오늘도 그렇습니다. / 남산 1호 터널 중간부터 한남 오:거리까지 / 강남 방면으로 차 간격을 좁히고 있습니다. /

강남 안쪽으로는 / 강남역을 중심으로 √ 각 방향 지나기 어려운데 요. / 강남대로는 / 강남역에서 교보 타워 사:거리까지 √ 양:방향으로 속도를 내지 못하고 있고, / 테헤란로는 / 역삼역에서 강남역 쪽으로, / 논현로도 / 차병원 사:거리에서 역삼역 쪽으로/ 각각 밀리고 있습니다. /

그 외 삼성로는 / 대치 사:거리 부:근으로 √ 주변 학원가에 차량들 몰리면서 / 하:위 차로를 중심으로 √ 혼잡해져 있으니까 참고하시기 바랍니다. /

마음은 바쁘시더라도 / 목적지까지 안:전하게 운:전하시기 바랍니다. / 지금까지 ○○○였습니다. //

끊어 읽기 예시 2

안녕하십니까?

늘 열정과 도전 의식으로 전진하는 □□□입니다.

2ː022년도 △△ 중학교 신규 임ː용 교ː원을 위한 워크숍에 우리 △△ 중학교 전 교ː직원 모두 참석해서 한 자리에 모이게 된 것을 대ː단히 기쁘게 생각합니다.

이번 워크숍을 빛내기 위해 김철수 교ː육감님이 자리하셨고, 멀ː리 경기북부청 교ː원정책국에서는 어제 저녁부터 원활한 워크숍 진ː행을 위해 여러 가지로 준ː비해 주셨습니다.

여러분, 이곳 양평에서 1박 2ː일 동안 좋ː은 공기도 마시고, 훌륭한 강ː사 분들의 좋ː은 말ː씀 많ː이 들으셔서 이번 워크숍이 여러분에게 소ː중한 추억이 될 수 있길 바랍니다. 고맙습니다.

끊어 읽기 적용

안녕하십니까? /

늘 √ 열정과 도전 의식으로 전진하는 √ □□□입니다. /

2ː022년도 / △△ 중학교 신규 임ː용 교ː원을 위한 워크숍에 / 우리 △△ 중학교 전 교ː직원 모두 참석해서 / 한 자리에 모이게 된 것을 √ 대ː단히 기쁘게 생각합니다. /

이번 워크숍을 빛내기 위해 / 김철수 교ː육감님이 자리하셨고, /

멀ː리 / 경기북부청 교ː원정책국에서는 / 어제 저녁부터 원활한 워크숍 진ː행을 위해 / 여러 가지로 준ː비해 주셨습니다. /

여러분, / 이곳 양평에서 / 1박 2ː일 동안 좋ː은 공기도 마시고, / 훌

륭한 강:사 분들의 √ 좋:은 말:씀 많:이 들으셔서 / 이번 워크숍이 /
여러분에게 소:중한 추억이 될 수 있길 바랍니다. / 고맙습니다. //

3단계 : 강조

신선한 식재료로 음식을 만들어도 맛이 없는 경우가 있습니다.
맛깔나는 양념이 빠졌기 때문이죠. 참기름, 통깨, 맛소금, 간장처
럼 음식의 맛을 돋우는 조미료들이 있어요. 마찬가지로 스피치 황
금 비결 1·2단계를 완벽히 구사하더라도 3단계인 '강조'를 놓치면
밋밋하고 식상한 음식처럼 핵심을 제대로 전달할 수 없을 뿐만 아
니라 청자의 마음을 사로잡지 못하는 스피치에 머물 수 있습니다.
강조는 내가 말하고자 하는 내용 가운데 상대방에게 각인시키고
싶은 부분을 차별화하여 전하는 스피치 스킬입니다.

한 가지 예를 들어볼게요. 내가 좋아하는 남자의 이름인 철수를
엄마에게 알려드렸어요. 그런데 엄마가 자꾸만 '철수'를 '수철'이라
고 잘못 말하면 여러분은 이렇게 말할 거예요.

"엄마, 내가 좋아하는 사람은 수철이가 아니라 **철수**야!"

엄마에게 철수라는 이름을 각인시키기 위해 '철수'를 큰 소리로
혹은 톤을 높여서 말한다면, 앞으로 엄마가 철수를 수철이라고 부
르는 실수를 줄일 수 있을 거예요.

어떤 문장에서 중요한 단어를 힘주어 말하면 청자는 키워드가

223

무엇인지 알게 되고 화자의 의도를 보다 쉽게 이해하게 됩니다.

유념할 점은 '강조' 기법을 사용할 때는 강조할 단어를 평소보다 3~4배 크게 말해야 효과적이라는 것입니다. 스스로 크게 소리 낸다고 생각하고 키워드를 말하더라도 청자에게 제대로 와닿지 않을 가능성이 크기 때문입니다. 연습할 때 강조해야 할 단어나 어구를 내 귀에 다소 시끄럽게 들릴 정도로 크게 말해야 상대방에게는 다른 단어에 비해 2배 정도 크게 들릴 거라는 점을 기억하시기 바랍니다.

그럼 아래의 스크립트를 통해 굵게 표시된 키워드를 강조함으로 전달력을 높이는 훈련을 해보세요.

강조 예시 : 건배사

여러분, / 잔을 √ 들어주시기 바랍니다. //

어느덧, / 무더위의 계:절이 지나가고, / 선선한 가을바람이 / 부:는 시점에 와 있습니다. / 시간이 / 참 빠른 것 같죠? //

(네!)

그만큼, / 여러분이 / 각자의 자리에서 / 최:선을 다했기 때문일 것입니다. / 때로는 야:근도 마:다하지 않고, / 회:사를 위해서 열정적으로 일:해주신 덕분에 / 우리 회:사의 이번 상:반기 매:출 실적이 / 지난해보다 30%나 올랐습니다. / 이 모:든 결과의 공을 / 여러분께 돌리고 싶습니다. /

'백지장도 맞들면 낫:다'라는 속담처럼 / 한 분 한 분의 √ 정성과 힘이 모여 / 좋:은 실적을 이룬 만큼 / 하:반기에도 협력해서 / 더욱 큰 성과를 이룰 것을 √ 기대합니다. /

여러분, / 여름 내:내 / 정:말 수:고 많:으셨고요. / 이 자리는 / 여러분을 위해서 마련한 시간이니까 / 맘:껏 드시고 / 회포를 푸시면 좋:겠습니다. /

그럼, 제가 / 건배 제의를 하겠습니다. /

한 단계 도약하는 / 하:반기를 위하여! //

(위하여!)

강조 적용

여러분, / **잔**을 √ 들어주시기 바랍니다. //

어느덧, / **무더위**의 계:절이 지나가고, / 선선한 **가을바람**이 / 부:는 시점에 와 있습니다. / **시간**이 / 참 **빠른** 것 같죠? //

(네!)

그만큼, / **여러분**이 / 각자의 자리에서 / **최:선**을 다했기 때문일 것입니다. / 때로는 **야:근**도 마:다하지 않고, / **회:사**를 위해서 **열정적**으로 일:해주신 덕분에 / 우리 회:사의 이번 **상:반기 매:출** 실적이 / 지난해보다 **30%**나 올랐습니다. / 이 모:든 결과의 공을 / **여러분**께 돌리고 싶습니다. /

'**백지장도 맞들면 낫:다**'라는 **속담**처럼 / 한 분 한 분의 √ **정성**과 **힘**

이 모여 / **좋:은 실적**을 이룬 만큼 / **하:반기**에도 협력해서 / 더욱 큰 **성과**를 이룰 것을 √ **기대**합니다. /

여러분, **여름 내:내** / 정:말 **수:고** 많:으셨고요. / 이 자리는 / **여러분**을 위해서 **마련**한 시간이니까 / 맘:껏 드시고 / **회포**를 푸시면 좋: 겠습니다. /

그럼, 제가 / **건배 제의**를 하겠습니다. /

한 단계 **도약**하는 / **하:반기**를 위하여! //

(위하여!)

꿀팁 하나 더 알려드릴게요. **병렬 구조의 문장에서 연속적으로 나오는 단어들을 읽는 법**입니다.

예를 들어 A, B, C, D가 나란히 이어질 때는 각 단어(항목)들을 각각 다른 느낌으로 말하는 것이 전달력 있게 들립니다. A의 톤을 올리면, B는 낮추고, C는 다시 올리고, D는 내리는 식으로 낭독하면 리듬이 살아날 뿐 아니라 말하는 내용이 귀에 더 잘 들어오는 효과를 가져다줍니다.

자, 지금까지 스피치 황금 비결 3단계인 장·단음 활용, 끊어 읽기, 강조에 대해서 알아보았습니다. 공적 스피치 현장에서 스크립트가 주어지면 스스로 체크하면서 미리 표시를 해둔다면 보다 명쾌한 스피치와 원활한 소통을 할 수 있을 겁니다. 지금까지 알아본 방법으로 황금 비결 3단계를 적용하는 경험이 많아지면 일상적인 대화에서도 자연스럽게 발휘되어 여러분의 말과 언어를 보다 품격 있게 만들어줄 겁니다.

왜 스피치의 구조가
중요할까?

설계도에 의지해 건축물을 짓는 것처럼 스피치에도 설계도에 해당하는 '구조'가 필요합니다. 스피치에 구조가 없다면 말하는 내용이 두서없어지고, 긴장한 상황에서는 말을 끝맺는 것조차 힘들어져요. 특히 많은 사람 앞에서 발표를 할 때 경험이 부족한 사람은 긴장감이 커진 나머지 머릿속이 하얗게 되는 현상을 겪는데, 이때 스피치의 설계도가 없는 사람은 자신의 말 속에서 길을 잃고 맙니다. 지금까지 자신이 무슨 말을 했는지, 무슨 말을 해야 하는지, 어떻게 끝을 맺을지 몰라 헤매게 되는 것이죠. 하지만 스피치의 설계도를 가진 사람은 이런 상황에서도 어떻게든 목적지에 닿을 수 있습니다. 그래서 스피치의 구조는 길을 잃지 않도록 해주는 지도 역할을 한다고도 볼 수 있어요.

이번 글에서는 공적 스피치의 구조를 이루는 스피치 5단계와 OMC 법칙에 대해서 알아볼 거예요. 스피치 5단계는 아래와 같습니다.

① 자기소개
② 소감 및 감사 메시지
③ 핵심 메시지
④ 포부 및 당부
⑤ 마무리 인사

여기서 '① 자기소개'와 '② 소감 및 감사 메시지'는 서론에 해당해요. '③ 핵심 메시지'는 지금 말을 하는 가장 중요한 이유, 즉 내용과 목적이 드러나는 본론에 해당합니다. '④ 포부 및 당부'와 ⑤ 마무리 인사'는 결론에 해당하죠.

그러면 위에서 말한 OMC 법칙은 뭘까요? OMC가 각각 어떤 단어의 머리글자인지 볼게요. OMC는 각각 'Opening', 'Main Point', 'Closing'을 나타냅니다. 스피치 5단계의 서론과 본론, 결론에 해당하는 것이죠. 그러니까 OMC 법칙은 스피치 5단계를 3개의 영역으로 나누어놓은 것입니다.

짧은 인사말을 할 때도 5단계 구조와 OMC 법칙을 적용하면 연회장에 잘 갖추어놓은 다채로운 뷔페를 맛보는 것처럼 풍성한 느낌을 주면서 기대감을 갖게 합니다. 그리고 논리적이고 설득력 있는 스피치를 구사할 수 있습니다.

그러면 예시를 보면서 각 단계에서 어떤 내용으로 이야기하는지 파악해보시기 바랍니다.

① 자기소개(이름, 소속, 하는 일 등)

- 여러분, 안녕하십니까? 최고가 되기보다는 매사에 최선을 다하고 싶은 사람 ○○○입니다. 반갑습니다.
- 여러분 안녕하십니까? 옷깃만 스쳐도 인연이라는 말이 있듯이 매 순간 만나는 모든 인연을 소중히 여기는 여자 □□□입니다.

② 소감 및 감사 메시지

- 오늘 이렇게 여러분을 만나 뵙게 되어 참으로 기쁘고 영광스럽게 생각합니다.
- 비가 오는데도 불구하고 이 자리를 가득 메워주신 여러분, 정말 환영하고 고맙습니다.

③ 핵심 메시지(하고 싶은 말, 제품 소개, 회사 소개, 모임의 동기 등)

- 여러분, 한 방울의 빗방울이 모여 넓은 강을 이루는 것처럼 우리 모두의 힘이 회사 발전의 디딤돌이 될 것입니다.

- 2023 슈퍼 버스 신모델을 설명해드리겠습니다. 이번 모델은 내구성과 디자인이 더욱 업그레이드된 제품으로 2년의 보증 기간 제도를 적용하고 있습니다.

④ 포부 및 당부

- 저도 앞으로는 더욱 심기일전해서 여러분의 기대에 어긋나지 않도록 최선을 다하겠습니다.
- 앞으로 이 모임을 통해 서로가 더욱 발전하는 시간이 되기를 바랍니다.
- 여러분, '구슬이 서 말이라도 꿰어야 보배'라는 속담처럼 각자가 지닌 재능을 잘 활용하고 협력함으로써 큰 성과를 이루길 응원하겠습니다.

⑤ 마무리 인사

- 지금까지 경청해주셔서 감사드립니다(고맙습니다).
- 이상으로 발표를 모두 마칩니다. 감사드립니다(고맙습니다).
- 지금까지 제 얘기를 들어주셔서 감사드립니다(고맙습니다).

마음을 사로잡는
스피치 오프닝(Opening)의 소재

선거철이 되면 후보의 첫인상을 묻는 설문 조사를 진행합니다. 소개팅과 면접, 비즈니스 미팅 등에서도 첫인상은 그 사람의 전반적인 평가를 이루는 가장 중요한 요소로 작용합니다. 그러다 보니 첫인상에 관한 연구도 어렵지 않게 접할 수 있습니다.

동서양을 막론하고 첫인상은 보통 처음 만나고 10초 이내에 결정된다는 연구 결과가 주를 이룹니다. 상황에 따라 3초 만에 결정된다는 의견도 심심찮게 볼 수 있는데 그만큼 첫인상이 순식간에 결정된다는 뜻입니다. 그리고 그러한 판단은 상당 기간 영향력을 발휘하는데, 10초 이내에 첫인상을 통해 내려진 평가가 바뀌기까지는 무려 48시간이 소요된다는 데이터가 발표된 적도 있습니다.

이처럼 한 번 각인된 첫인상을 바꾸기 쉽지 않기 때문에 첫인상을 좋게 만드는 일은 매우 중요합니다.

스피치에서 첫인상을 결정짓는 부분은 오프닝 멘트입니다. 계속 듣고 싶고, 끝까지 듣고 싶게 만드는 스피치를 하기 위해서는 오프닝 영역에서 청자의 마음을 사로잡아야 합니다. 첫인상이 별로인 사람에 대해서 기대감이 낮아지듯이 오프닝에서 마음을 얻지 못하면 이후로 청자는 딴생각으로 빠지고 맙니다. 이번 글에서는 스피치의 첫인상을 형성하는 오프닝 멘트에 활용하기 좋은 소재들을 소개하겠습니다.

① 날씨

처음 만나는 사람과 가볍고 편안하게 대화의 포문을 열 수 있는 가장 좋은 소재는 날씨가 아닐까 생각합니다. 공적 스피치에서도 날씨는 좋은 소재가 됩니다. 하지만 단순히 날씨만 언급하는 것에 그치지 말고, 날씨와 삶을 접목하거나 날씨로 인해 느끼는 감정을 이야기하면서 스피치 주제와 연결하는 것이 좋습니다.

예문 1)

안녕하세요. ○○○입니다.

어딜 가나 봄 향기를 물씬 느낄 수 있는 계절입니다. 특히 다양한 봄

꽃들이 만개해서 우리의 눈을 즐겁게 해줍니다. 봄꽃은 아주 예쁘지만 금세 지기 때문에 그 순간을 잘 포착하셔야 합니다.

젊음도 그런 것 같습니다. 영원할 것 같지만, 빨리 지나가는 만큼 그 시간을 잘 누리는 것이 중요합니다. 그래서 오늘은 청춘을 잘 보내는 방법에 대해서 말씀드리고자 합니다.

예문 2)

반갑습니다. □□□입니다.

오늘 비가 억수같이 내리는데도 불구하고 이렇게 모임에 참석한 여러분, 정말 대단하신 분들입니다. 흔히 인생을 맑은 날씨와 궂은 날씨에 비유하고는 하는데, 궂은 날씨에도 굴하지 않고 배움의 의지를 불태우는 여러분을 보니, 앞으로 여러분의 인생에는 맑은 날만 올 것 같습니다. 저도 여러분의 열정에 힘입어 오늘 발표를 시작하겠습니다.

예문 3)

안녕하세요. △△△입니다.

어제 비가 한 차례 내리고 나니, 오늘 아침 공기가 무척 깨끗합니다. 지난주 내내 말썽이던 미세 먼지도 말끔하게 사라져서 시야가 탁 트인 멋진 가을 풍광을 감상하기에 제격인 날씨입니다.

흔히 날씨를 인생에 비유하고는 하는데요, 우리의 시야를 답답하게 만드는 미세 먼지는 삶에서 느끼는 염려나 역경의 시간들을 뜻하기도 합니다.

미세 먼지가 완전히 걷혔을 때 도시의 모습을 제대로 볼 수 있는 것처럼 우리 인생에서 불청객처럼 찾아오는 미래에 대한 걱정을 떨쳐버린다면, 보다 밝고 선명한 삶을 살 수 있을 것입니다.

그래서 오늘은 '걱정하지 않으며 사는 법'에 대해 이야기 나누어보고자 합니다.

② 명언

명언과 격언은 대체로 짧지만 그 안에는 삶의 깊은 철학이 담겨 있어서 여운이 오래가는 법입니다. 또한 훌륭한 삶을 산 위인들이 남긴 글에서는 무언가를 체험하고 난 뒤에 찾아온 깨달음을 발견할 수 있어서 시간과 공간에 상관없이 힘을 발휘합니다. 인생의 희로애락에서 건져 올린 삶의 귀중한 가치들을 문득문득 대할 때면 깊은 감동을 주며, 우리의 삶을 변화시키는 계기가 되기도 합니다.

오프닝에서 명언으로 운을 띄운다면 청중의 집중력을 불러일으킬 뿐만 아니라 첫 순서부터 기대감을 높일 확률이 커집니다. 명언으로 시작하는 다음 예문을 살펴보겠습니다.

예문 1)

안녕하세요, ○○○입니다.

여러분, 오스카 와일드의 명언 중에 '괴로운 시련처럼 보이는 것이 뜻밖의 좋은 일일 때가 많다'라는 말이 있습니다. 살아가면서 어려움이나 고난을 만나게 되면 대부분의 사람들은 불평과 원망을 하면서 시간을 보내는 경우가 많은데요. 하지만 위대한 인물에게는 역경을 기회로 바꾸는 탁월한 능력이 있었습니다. 위기의 순간에 주저앉아 실망하기보다는 그 시간을 성장의 발판으로 삼는다면 뜻밖의 좋은 결과가 우리 앞에 놓일 것입니다.

그래서 오늘은 '난관을 극복하는 지혜'라는 주제로 여러분과 두 시간 동안 이야기 나누어보겠습니다.

예문 2)

안녕하세요. □□□입니다.

영국의 외과 의사이자 저술가인 새뮤얼 스마일스는 다음과 같은 말을 남겼습니다.

"하늘은 스스로 돕는 자를 돕는다."

평소에 열심히 노력하지 않으면서 무언가를 이루기를 바라는 사람, 요행을 생각하는 이들에게 따끔한 충고와 같은 말입니다.

자신이 목표한 바를 이루기 위해서 최선을 다해 그 일에 매진할 때, 하늘 역시 도와준다는 명언처럼, 여러분이 꿈꾸는 일이 있다면 스스로의 힘으로 부단히 노력함으로써 그에 걸맞은 좋은 열매들을 거두시면 좋겠습니다.

그래서 오늘은 '자기 주도적인 인생 가꾸기'라는 주제로 여러분과 두 시간 동안 이야기 나눠보겠습니다.

예문 3)

안녕하세요. 늘 열정적인 삶을 꿈꾸는 △△△입니다.

현대 사회에서는 많은 사람들이 과거에 비해 물질적으로 풍요로운 삶을 누리고 있습니다. 인간의 기본 욕구를 채우는 것에서 한 단계 나아가 꿈을 실현하고 가치 있는 삶을 사는 것에 많은 관심을 두면서 사람들은 살아가는데요. 사람마다 가치 있게 여기는 것이 다르겠지만, 인생의 마지막 순간에 서 있는 사람들이 공통적으로 하는 말은 '사랑하면서 살라'는 것입니다. 아등바등 부를 축적하고 자신의 명예나 지위를 얻기 위해 수단과 방법을 가리지 않고 앞만 보면서 달려온 사람들이 마지막 순간에서 후회의 감정을 많이 느낀다고 합니다.

로마 철학자인 세네카는 "이야기에서 중요한 것은 길이가 아니라 내용이다."라는 말을 남겼는데요. 여러분의 인생에서도 많은 것을 이루는 것보다는 어떻게 의미 있는 삶을 살 것인가에 대해 한 번쯤은 생각해보셨으면 좋겠습니다.

그래서 오늘은 '내면을 채우는 삶'에 대해 이야기 나눠보고자 합니다.

③ 칭찬

누군가의 칭찬 한마디에 노곤했던 마음이 사르르 녹거나 나의 가치를 다시 확인하게 된 경험이 있을 겁니다. '칭찬은 고래도 춤추게 한다'라는 말도 있잖아요. 저는 이 말을 다음과 같이 바꾸고 싶습니다.

'칭찬은 한 사람의 인생을 가장 좋았던 상태로 리셋할 만큼 강력한 동기가 된다.'

우연히 한 부부가 운영하는 유튜브 채널을 보게 되었어요. 여느 커플들처럼 티격태격 말다툼하는 상황까지 고스란히 라이브 영상으로 내보내기에 싱글인 저는 상대적 빈곤감(?)을 느끼면서 흐뭇하게 시청하고 있었습니다. 꾸밈없는 차림의 아내가 남편에게 조금 더 자신의 이야기를 들어달라고, 마치 아이가 엄마에게 보채듯 애정을 갈구하는 모습을 보면서 저는 그녀가 참 사랑스럽다고 느꼈습니다. 당시 약 200명이 그 라이브 방송을 시청하는 가운데 저는 '아내분이 정말 사랑스러우세요.'라는 실시간 댓글을 남겼습니다. 그 글을 본 아내는 아주 기뻐하며 고맙다는 피드백을 방송에서 즉흥적으로 표현했고, 흥이 난 나머지 콧노래를 부르고 어깨를 들썩이기까지 했습니다.

그날 그 채널의 구독자가 되기는 했지만, 한동안 바빠서 업로드된 영상이나 라이브 방송을 챙겨 보지는 못했습니다. 그러다 한 7~8개월 만에 다시 라이브 방송을 보게 되었습니다. 수개월 전에 딱 한 번의 댓글을 남겼을 뿐인데, 아내는 자신의 마음에 행복을 선사했던 내 아이디를 기억한다며 아는 체를 해왔습니다. 수개월 전에 자신을 칭찬했던 나그네를 그녀는 정확히 기억하고 있었던 거지요. 그녀의 진솔한 매력에 대한 저의 칭찬이 그녀의 마음에 깊이 새겨져 있었다는 사실을 알게 되었습니다.

칭찬은 사람의 마음을 기쁘게 하고 타인과의 관계에서 윤활유 역할을 합니다. 알맹이가 없는 가식적인 칭찬이 아니라, 진심과 애정이 담긴 칭찬을 받으면 누구라도 힘을 얻게 되고 상대방에게 마음을 열게 됩니다. 이렇듯 대화의 시작을 칭찬으로 한다면, 그 공간의 분위기를 좋게 만들 뿐만 아니라 청중을 내 편으로 만든 상태에서 스피치를 시작할 수 있는 유리한 지점을 선점하는 효과를 얻을 수 있습니다.

칭찬할 때는 **즉각적**이고 **구체적**이며 **진정성**을 담아야 합니다. 상대를 보자마자 느끼는 바를 솔직하게 얘기할 때 상대에게 믿음을 줄 수 있어요. 모든 일에 때가 있고 완벽한 타이밍이 있는 것처럼 상황에 맞는 적절한 때에 칭찬을 건네면 효과를 극대화할 수 있습니다. 그렇지 않고 한참 뒤에 지난 상황을 떠올리며 칭찬을 한다면 다소 인위적이거나 어떤 의도를 품은 것처럼 여겨질 수 있고, 또 때로는 칭찬을 받는 사람이 무엇 때문에 자신이 칭찬을 받는지 기억하지 못할 수도 있습니다. 그러므로 칭찬은 느끼는 즉시, 바로 하는 것이 가장 좋습니다.

또한 칭찬은 구체적이어야 합니다. 회사 동료에게 칭찬을 건네고 싶은 마음이 동했는데 무슨 이야기를 해야 할지 몰라서 그냥 "오늘 멋있으시네요."라고 말해준다고 해도 상대방은 기분이 좋을 거예요. 하지만 조금 더 구체적으로 "와, ○○ 님, 오늘 하고 오신 넥타이가 지난주와 달리 알록달록하고 다채로워서 생동감이 넘쳐 보이고 아주 잘 어울리는 것 같아요."라고 말한다면 훨씬 효과적일 것이고, 그 대상은 칭찬해준 사람에 대한 감사함을 보다 선명하게 느끼게 될 거예요. 칭찬은 구체적으로 했을 때 더욱 와닿고 나에 대한 관심을 바탕으로 한 것이기 때문에 보다 감동을 줄 수 있습니다.

끝으로 칭찬에는 진정성을 담아야 합니다. 아무리 듣기 좋고 화려한 말로 상대방을 칭찬할지라도 당사자가 공감하지 못한다면 무용지물입니다. 오히려 역효과가 날 수도 있죠. 미사여구는 중요하지 않습니다. 상대방을 생각하는 마음이 담긴 한 마디면 충분합니다. 소박한 말이라도 진심이 담긴 칭찬은 상대방에게도 곧바로 전해져서 큰 반향을 일으킬 수 있습니다.

예문 1)

안녕하세요. □□□입니다.
오늘 금요일이라 약속이 많고 쉬고 싶은 생각도 드실 텐데, 이렇게 많은 분들이 자리하셔서 정말 감사한 마음입니다.

예문 2)

오늘 정말 멋지고 훌륭하신 분들이 자리하신다고 들었는데, 정말 여러분 앞에 설 수 있어서 영광으로 생각합니다.

예문 3)

와, 오늘 이 자리에 와보니까 멀리 제주도에서, 목포에서, 대구에서 올라오신 열정적인 분들이 가득해서 정말 감동 받았습니다. 이렇게 모임에 대한 애정이 크신 분들 덕분에 저도 힘을 받아서 최선을 다해 이 시간을 잘 이끌어보겠습니다.

예문 4)

안녕하세요. △△△입니다. 반갑습니다.

오늘 강연장에 와보니까 강연 주제에 걸맞게 모두 멋진 의상을 입고 나오셨군요. 맨 앞줄에 계신 남성분은 보라색 넥타이가 정말 잘 어울리시고요. 그런가 하면, 와!(놀란 표정) 뒤에 계신 여성분은 마치 오드리 헵번이 소환된 것처럼 드레스를 입은 모습이 참 우아하십니다. 역시 패션에 대한 감각이 넘치는 분들만 모이신 것 같습니다.

이 시간을 통해 체형에 따른 정장 선택 기준부터 계절별로 적합한 의류 관리법까지 패션에 관한 다양한 정보들을 접함으로써 더욱 매력적인 패셔니스타로 거듭나실 수 있길 기대하겠습니다.

④ 경험

우리가 타인의 사연과 이야기에 궁금증을 갖는 건 어떤 이유일까요? 아마도 저마다 지문이 다르듯 살아온 환경이 다르고 경험이 다르기 때문일 겁니다. 그 사람이 겪은 일을 통해 그 사람의 성격과 가치관을 알 수 있고, 타인의 삶을 통해 내가 해보지 못한 것들에 대해서 간접 경험을 할 수도 있으니까요. 스피치를 할 때도 나의 경험으로 오프닝을 연다면, 청중들의 눈이 반짝반짝할 겁니다. 자, 그럼 나만의 차별화된 스토리로 스피치에 대한 기대감을 높여볼까요?

예문 1)

안녕하세요. ○○○입니다.

제가 지난 주말에 밀린 과제를 하기 위해서 동네 스터디카페에 갔는데요. 요즘 어디서나 쉽게 볼 수 있는 무인 결제 시스템인 키오스크가 출입문 앞에 있었습니다. 입장을 하려고 키오스크로 결제를 시도하는데 화면에 있는 안내 사항에 따라 버튼을 눌렀는데도 페이지가 뒤로 넘겨지지 않는 거예요. 당황한 나머지 뒤에서 기다리는 청년에게 도움을 요청했더니, "개인정보 동의 버튼을 안 누르셨네요." 하고 친절하게 알려줬습니다. 그 순간 감사한 마음이 들면서도 작은 일 앞에 우왕좌왕했던 제 모습이 떠올라 겸연쩍었죠. 이어 속으로 '침착한 태도로 키오스크 화면을 찬찬히 살펴봤다면 혼자서 풀 수 있었을 텐데.' 하고 생각했습니다.

어떤 일에 봉착했을 때 누군가의 도움을 바라기보다 스스로를 믿고 문제를 해결하려 힘쓴다면 내 안에 잠재된 자원을 얼마든지 활용할 수 있을 거예요. 그래서 오늘은 '내 안에 숨겨진 잠재력을 어떻게 끌어낼 것인가'라는 주제로 이야기하겠습니다.

예문 2)

안녕하세요. □□□입니다. 반갑습니다.

여러분, 제가 최근에 경주에 여행을 다녀왔는데요. 경주역 앞에 한 300명의 시민들이 피켓을 들고 시위를 벌이고 있었습니다. 무슨 일인가 싶어서 주변 상점 주인 분들께 여쭤보니까, 지역민들이 경주에 있는 원자력 발전소를 빠른 시일 내에 폐쇄해달라고 정부를 상대로 항의 집회를 하는 중이라고 하셨습니다. 시민들은 괴기스러운 복장을 하고 있었는데요. 원전 때문에 건강이 나빠진 자신들의 미래 모습을 대변한 거라고 하더군요. 저도 보면서 마음이 참 무거웠습니다. 과연 원전 가동을 강행하는 것이 마땅한 일인지 생각하게 되었습니다. 오늘은 '깨끗한 환경을 만들기 위한 지혜로운 에너지 소비'라는 주제 아래 우리가 일상에서 실천할 수 있는 환경 운동에 대해서 이야기 나누어보겠습니다.

⑤ 질문

질문은 쌍방향 커뮤니케이션을 이끄는 좋은 수단이자 도구입니다. 낯선 사람에게 다가가 대화를 시도할 때는 주로 질문으로 시작하며, 상대방이 어떤 사람인지 알기 위해서도 질문을 활용합니다. 질문을 통해서 상대방과 가까워지기도 하고, 상대방이 마음을 열기도 하며, 때로는 생각지도 못한 특별한 이벤트나 좋은 연결 고리를 만들어내기도 합니다. 물론 스피치를 할 때 청중을 대상으로 질문을 던지면 청중의 집중을 유도할 수 있을 뿐만 아니라 화자와 청중의 간격을 좁히는 효과를 거둘 수 있습니다.

단, 첫 만남에서는 허용 가능한 질문의 범위가 있고 피해야 하는 질문도 있습니다. 스피치의 오프닝에서도 상황에 맞는 적절하고 효과적인 질문이 있습니다. 되도록 쉽게 답할 수 있는 질문, 마음이 편안한 상태에서 답변할 수 있는 질문을 하는 것이 좋습니다. 듣는 사람이 난처할 수 있는 질문, 특히 종교적인 의견이나 정치색을 띠는 질문은 반드시 피해야 합니다.

예문 1)

안녕하세요. ○○○입니다. 오늘 강연장에 오신 여러분, 정말 환영하고 반갑습니다.

다들 오시는 길은 쉽게 찾으셨나요? ("네~") 네, 역시나 스마트하신 분들이어서 어렵지 않게 잘 찾아오신 것 같습니다.

요즘 우리 사회에서 성공의 기준이 점차 변하고 있다는 생각이 드는데요. 여러분은 성공의 기준이 뭐라고 생각하시나요? (몇 사람 지목하면서) 네, 여러분의 대답을 들어보니까 정말 다채롭고 풍성한 우리의 인생을 떠올리게 되는 시간인 것 같습니다.

오늘은 이렇게 성공의 기준이 무엇인지 함께 생각해보고, '어떻게 하면 진정한 성공을 이루면서 살 수 있는지'에 대해 함께 이야기하도록 하겠습니다.

예문 2)

안녕하세요. □□□입니다. 오늘 강연장에 오신 여러분, 정말 환영하고 반갑습니다.

다들 오늘 주제에 대해서 알고 오셨죠? ("네~~") 오늘 주제가 뭔가요? ("비움이요.") 네, 맞습니다. '비움'에 대해서 여러분과 이야기 나눠보려고 합니다.

스스로를 생각할 때 '욕심이 많다'고 생각하는 분, 한번 손들어보시겠어요? 어떤 부분에 대해서 욕심이 있다고 생각하시나요? (몇 사람 지목하면서) 네, 여러분의 대답을 들어보니, 정말 다양하고 개성 있는 여러분의 성향들이 나타나는 것 같습니다.

오늘은 이렇게 욕심에 따른 삶의 유형들을 통해서 '어떻게 비움을 실천할 수 있는지'에 대해 말씀해드리겠습니다.

⑥ 정보

사람들은 새로운 정보를 통해 지식을 넓히고 살아가는 데 유용한 지혜를 얻기 위해 애쓰면서 살아갑니다. 하지만 인터넷의 발달로 각종 정보들이 범람하는 가운데 가짜 뉴스와 불분명한 데이터가 많이 유통되기 때문에 정보의 진위를 가려내는 일까지 해야 하므로 적잖은 수고로움과 피로감이 쌓이는 것을 부인할 수 없습니다. 그렇기에 출처가 분명하면서도 정확한 정보에 대한 신뢰성이 아주 크게 다가오기도 합니다. 과학적인 근거와 통계, 객관적인 수치가 동반된 정보로 시작하는 오프닝은 청중에게 신뢰감을 갖도록 해줍니다.

예문 1)

안녕하세요. ○○○입니다.

고대부터 현대에 이르기까지 많은 사람들이 불로장생의 비법을 탐구해 왔는데요. 친구를 많이 두면 노화를 늦추는 데 도움이 된다는 소식입니다.

미국 스탠퍼드 대학과 홍콩중문 대학이 공동으로 진행한 연구에 따르면, 외로움과 불행 등의 감정을 느낄 경우 1년 8개월이나 노화가 앞당겨진다고 하는데요. 부정적인 감정으로 인한 만성 염증이 세포와 중요한 장기를 손상시키기 때문이라고 합니다. 주변에 좋은 친구들을 둬서 함께 행복한 시간을 자주 만든다면 젊음을 오래도록 유지하고 건강한 삶을 누릴 수 있을 거예요.

오늘은 '행복한 삶의 열쇠, 인간관계'라는 주제로 이야기 나눠보고자 합니다.

예문 2)

안녕하세요. □□□입니다.

졸음을 방지하고 향긋한 맛으로 삶의 여유까지 가져다주는 커피는 현대인의 필수품처럼 되었습니다. 그만큼 많은 이들이 커피를 좋아하고 커피가 일상에 깊이 스며들었습니다. 그런데 커피를 마시면 칼슘 흡수에 방해를 받고, 잠이 잘 안 오는 등 부작용이 있다고 해서 커피를 마시는 것에 대해 고민하시는 분들이 적지 않은 것 같은데요. 하지만 이러한 걱정을 덜어주는 연구 결과가 나와 있어서 조금은 안심하셔도 될 것 같습니다.

최근 중국 톈진 의학대와 미국 예일대 생물통계학과 공동 연구팀이 발표한 자료에 따르면, 하루에 2~3잔의 커피를 마신 사람들은 그렇지 않은 사람들에 비해 뇌졸중 발병 위험이 32%나 낮게 나타났고, 이에 앞서 진행한 연구에서는 커피를 3~5잔 꾸준히 마시는 사람들이 그렇지 않은 사람들보다 심장병과 성인 당뇨병의 위험을 낮춰 평균 수명이 길어졌다고 합니다.

이렇게 커피에 대한 다양한 실험과 연구를 통해서 이 시간에는 '커피에 대한 허와 실'이라는 주제로 강의를 열어보겠습니다.

⑦ 시사 및 이슈

첫 만남에서 상대방과 공유할 수 있는 대화의 소재 가운데 하나로 뉴스를 들 수 있습니다. 정치적 편향성으로 갈등을 빚을 수 있는 뉴스는 피하고, 가급적 우리의 일상과 밀접한 뉴스를 소재로 꺼낸다면 쉽게 대화를 끌어갈 수 있을 거예요.

공적 스피치 현장에서도 오프닝 때 시의성 있는 소재로 시작하면 청중들의 공감도가 커지고, 화자가 시대의 흐름을 읽고 있다는 느낌을 줄 수 있습니다. 지금 사회적으로 크게 이슈가 되고 있는 코로나 문제, 부동산 이슈, 기업의 근무 방식, 주린이(주식 투자 초보자), 골린이(골프 초보자), 고령화 사회, 젠더 이슈, 메타버스, 챗(Chat)GPT, 에어 택시, 자율 주행 자동차, MZ세대, 네카라쿠배(ICT 5대 기업인 네이버, 카카오, 라인, 쿠팡, 배달의 민족), 반려동물, 러시아-우크라이나 전쟁 등을 화제로 올릴 수 있습니다.

예문 1)

안녕하세요. ○○○입니다.

요즘 'N포 세대'라는 신조어가 나올 정도로 청년들의 취업 문제가 극에 달하고 있습니다. 지난해 청년 실업자 수가 전국적으로 45만 명으로 집계됐는데요. 우리나라의 미래를 이끌어갈 청년 자원이 이렇게 아깝게 방치되고 있는 현실이 참으로 안타깝습니다.

오늘은 '어떻게 살 것인가?'라는 주제로, 청년들의 삶과 청춘이라는 시간에 대해서 생각해보는 기회를 가져보려고 합니다.

예문 2)

안녕하세요. □□□입니다.

여러분은 삶에서 가장 중요한 가치가 무엇이라고 생각하시나요?

우리나라 국민들과 세계인들의 생각에는 어떤 차이가 있는지 궁금했는데요. 최근 미국의 여론 조사 기관 퓨리서치센터가 한국을 포함한 17개국 선진국의 성인 1만 9천 명을 대상으로 '자신의 삶을 가장 의미 있게 만드는 가치는 무엇인가'에 대한 질문을 했는데, 응답자들이 1위로 꼽은 것이 '가족(38%)'이었고, 2위는 '직업(25%)', 3위는 '물질적 풍요(19%)'였습니다. 그런데 거의 유일하게 한국은 1위로 '물질적 풍요'를 꼽았고, 그 뒤를 이어 '건강', '가족'을 각각 2위, 3위로 답했습니다.

이 결과를 보면서, 마음이 씁쓸했는데요. 2021년 우리나라는 세계 경제 10위권 내에 있다고 하지만, 경제를 제외한 인생의 행복이나 정신적인 만족도는 과연 얼마나 될까 하는 아쉬움이 들었습니다.

그래서 오늘은 '삶을 가치 있게 만드는 것들'에는 어떤 것이 있는지 말씀드리고자 합니다.

⑧ 유머

타인을 웃게 만드는 것은 참 특별한 능력입니다. 적절한 유머는 인간관계를 좋게 만들고, 상대방을 내 편이 되도록 만들어줍니다. 스피치를 할 때도 오프닝에 유머를 활용하면 아주 좋은 분위기를 만들 수 있습니다. 그만큼 유머는 매우 강력한 무기인 거죠.

저는 웃음치료사 1급 자격증을 보유하고 있습니다. 남을 잘 웃길 줄은 모르지만 웃음이 지닌 효능과 장점에 대해서 공부했고, 웃음이 주는 효과를 아주 자주 경험했습니다.

사람이 한 번 크게 웃으면 우리 몸의 근육 650개 중 231개가 움직입니다. 그리고 1분 동안 실컷 웃으면 10분 동안 에어로빅이나 조깅, 자전거를 타는 것과 같은 운동 효과가 나타납니다. 또한 웃을 때는 1,000억 개에 해당하는 뇌세포가 자극을 받으며, 스트레스 해소에도 좋은 약이 됩니다. 우리 뇌는 가짜 웃음과 진짜 웃음을 구별하지 못하기 때문에, 억지로 웃는다 해도 진짜 웃음의 90%에 이르는 효과를 볼 수 있습니다.

아나운서 출신 방송인 전현무 씨는 과거 한 방송에서 "재미없는 방송은 재앙이다."라고 말했습니다. 그러한 자신의 방송 모토 때문인지 그는 프로그램을 진행할 때마다 늘 재치 있고 유쾌한 발언을 해서 출연자와 시청자들을 웃게 만듭니다.

성공적인 스피치를 위해서는 크게 두 가지 중 한 가지를 만족시켜야 합니다.

첫 번째는 재미입니다. 소중한 시간을 내어서 찾아온 청자들은 화자의 재치 있는 멘트로 인해서 그 시간이 즐겁다고 느낀다면 그 시간을 전혀 아깝게 생각하지 않을 것입니다. 웃을 때 긍정 호르몬인 엔도르핀이 돌면서 건강에도 유익하죠.

두 번째는 의미와 감동입니다. 재미없고 딱딱하게 발표를 해도 그 내용이 감동적이고 어떤 깨달음을 준다면 좋은 스피치입니다.

만약 여러분에게 발표나 중요한 스피치 기회가 주어진다면, 이 두 가지 중 하나는 반드시 성공할 수 있도록 해야 합니다.

『해리 포터』의 작가 J. K. 롤링이 2008년 하버드 대학교 졸업식에서 한 연설은 지금까지도 많은 이들 사이에 회자되는데, 이 연설의 오프닝에서 그녀는 자신의 유머 감각을 발휘하여 청중의 웃음을 유발할 뿐 아니라 집중하게 만들었습니다. 오프닝의 유머러스한 멘트를 같이 볼까요?

하버드 대학교 총장님, 하버드 대학협의회 임원님들, 교수님들과 자랑스러운 학부모님들, 그리고 무엇보다도 훌륭한 졸업생들! 먼저 하버드 대학 측에 감사하다는 말씀을 드리고 싶습니다. 하버드 대학교 졸업식 연설이라는 무척이나 영광스러운 기회를 얻었을 뿐 아니라, 지난 몇 주 동안 연설에 대한 걱정과 두려움 때문에 체중이 줄어 자연스럽게 다이어트도 되었기 때문입니다. (웃음) 그야말로 제게는 일석이조가 아닐 수 없습니다.

이제 저는 호흡을 가다듬고 펄럭이는 붉은 깃발을 흘끔거리면서 제가 최고의 교육을 받은 해리포터 마법사들 모임에 참석했다고 생각하려고 합니다.

졸업식에서 연설을 한다는 것은 아주 책임이 무거운 일입니다. 적어도 제가 대학을 졸업하던 당시에 저는 그렇게 생각했습니다. 제가 졸업한 날 연설을 한 분은 저명한 영국 철학자 메리 워녹 남작 부인이었습니다. 그분이 당시에 한 연설은 제 연설을 준비하는 데 큰 도움이 되었습니다. 왜냐하면 그분께서 무슨 말씀을 하셨는지 전혀 생각나지 않기 때문입니다. (웃음)

오늘 여러분도 제 이야기를 곧 잊어버릴 것이라고 생각하니, 제가 드리는 말씀 때문에 졸업생 여러분이 경영, 법조계, 정치 분야에서의 전도유망한 장래를 포기하고 동성애자 마법사가 되겠다고 하면 어쩌나 하는 걱정을 덜게 되어 안심이 됩니다. (웃음)

몇 년 후에 여러분이 오늘 제가 드린 말씀을 모조리 잊고, 기억하는 것이라고는 '동성애자 마법사'에 대한 농담뿐이라고 해도 졸업식 연설자로는 제가 워녹 남작 부인보다 한 수 위가 되는 겁니다. 저는 남작 부인의 연설을 단 한 마디도 기억하지 못하니까요. (웃음)

세계적인 작가라는 명성에 어울리는 참으로 재치 있고 재미있는 오프닝입니다.

사람은 누구나 자신을 웃게 해주는 이에게 호감을 갖게 됩니다.

스피치 오프닝에서 긍정적인 기능을 하는 유머를 활용한다면 화기애애한 분위기 속에서 성공적으로 스피치를 이끌어갈 확률이 아주 높아집니다.

그럼 유머 감각을 키우기 위해서는 어떻게 해야 할까요? 평소에 코미디 영상이나 유머와 관련한 책을 보거나 개그맨과 남을 잘 웃기는 주변 사람들을 지켜보면서 벤치마킹하는 것도 좋은 방법입니다. 아재 개그라 할지라도 흥미롭고 웃기는 에피소드나 이야기를 메모하고 수집해놓아서 오프닝 때 활용하면 큰 효과를 거둘 수 있습니다. 유머 콘텐츠를 구사하기 위해 애쓴 화자의 정성을 경시하는 사람은 없으며, 관객의 나이, 직업, 취향 등이 가지각색인 만큼 웃음 포인트도 다르기 때문에 실패할 가능성보다는 성공할 확률이 높습니다.

⑨ 그 외의 활용할 수 있는 것들

지금까지 스피치의 오프닝 영역에서 청중의 마음을 사로잡을 수 있는 소재들을 알아보았습니다. 이외에도 자기만의 장점을 살려서 얼마든지 오프닝 소재를 개발할 수 있습니다. 현장 분위기를 이야기하는 것도 좋고, 퀴즈를 내서 집중도를 높일 수도 있을 거예요. 각각의 사례를 예문을 통해 확인하면서 나는 어떤 식으로 오프닝을 시작할 수 있을지 생각해보시기 바랍니다.

현장 분위기

안녕하세요. ○○○입니다.

제가 오늘 처음으로 한국도서관에 와봤는데요. 도서관을 이용하시는 분들의 연령대가 정말 다양하더군요. 1층 로비에서 관계자 분을 기다리고 있는데, 할아버지와 나란히 자료실에 앉아 책 읽는 아이를 보면서 '이곳은 정말 세대를 뛰어넘는 공간이구나.' 하고 생각했습니다. 저도 모든 세대를 아우르고 공감할 수 있는 이야기로 지금부터 두 시간 동안 '소통'에 대해서 말씀드리겠습니다.

자격

안녕하세요. □□□입니다.

저는 지난 8개월 동안 집중적인 관리를 통해 30킬로그램을 감량했습니다. 단순히 굶으면서 체중 감량을 실천한 것이 아니라, 식단 조절과 운동, 산림 세러피 등을 통해 체계적으로 감량에 성공했습니다. 그래서 오늘은 저의 경험을 바탕으로 굶지 않고 건강하게 체중을 감량하는 방법에 대해서 알려드리고자 합니다.

퀴즈

여러분, 반갑습니다. 재테크의 여신, 강사 △△△입니다.

지금부터 제가 내는 퀴즈를 맞혀보시기 바랍니다. 이 벌레는 벌레 중에서 가장 게으르고 걱정이 없다고 합니다. 그리고 이 벌레와 친하게 지내면 미래에 가난해질 확률이 높아집니다. 어떤 벌레일까요?

(굼벵이요!)

(여름에 놀기만 하는 베짱이?)

(천천히 기어 다니는 달팽이 아닐까요?)

아닙니다. 이름이 두 글자인 곤충인데요. 바로 '대충'이라는 녀석입니다.

(아하!)

뭐든 대강대강, 되는 대로 하는 사람을 가리켜 '대충'과 닮았다고 합니다.

재테크에서 가장 무서운 적이 바로 이 '대충'이라는 녀석인데요. 열심히 벌어놓은 소중한 돈과 자산을 '대충' 은행에 맡기거나 소홀히 관리하면, 미래가 불투명해질 수밖에 없습니다. 그래서 재테크 전문가인 제가 여러분께 '대충'과 이별하고 똑똑한 부자로 살아갈 수 있는 방법을 알려드리고자 합니다. 기대되시나요?

(네!)

좋습니다. 그 기대에 부응해 오늘 두 시간 동안 '재테크에 성공하는 법'에 대해서 가르쳐드리겠습니다.

강렬한 첫인상을 만드는 오프닝을 위해 활용할 수 있는 또 하나의 무기는 바로 개인기입니다. 다른 사람과 차별화된 나만의 특기나 묘기가 있다면, 청중의 마음을 사로잡을 수 있습니다.

제가 5년째 출강하고 있는 한 교육원에서 저녁 스피치 강의를 하는 날이었어요. 소수 정예로 운영하는 그 반의 수강생은 대부분 직장인이었고, 각자의 분야에서 꾸준히 커리어를 쌓은 임원급 중진들이었습니다. 수업 참여도가 아주 좋았고, 모든 수강생이 강의 내내 필기를 꼼꼼하게 했으며, 발표 과제도 성실하게 준비해왔습니다.

어느덧 2개월이 지나고 수료증을 전달하는 파이널 발표가 있는 날이 되었습니다. 그날은 한 남성 수강생의 임팩트 있는 오프닝으로 인해 인상적인 피날레를 장식할 수 있었습니다.

그분은 첫 멘트로 "여러분, 모두 눈을 감아주십시오."라고 하더니, 준비해온 노래를 아주 멋들어지게 부르기 시작했습니다. 저도 좋아하는, 해바라기의 〈내게 행복을 주는 사람〉을 감미롭고도 진심이 묻어나는 음성으로 불렀어요. 저를 비롯한 다른 수강생들은 그분의 음성과 노래에 압도되어 귀를 쫑긋 세운 채 감상했습니다.

아, 한 가지 말씀을 안 드렸네요. 그 교실에 있던 수강생의 대부분이 여성이었어요. 남성 수강생이 노래를 부르는 동안 거의 모든 수강생의 눈에서 하트가 발사되었죠.

오프닝에서 신선하고 감동적인 이벤트로 문을 연 덕분에 이어진 발표 내내 청중들은 고도의 집중력을 보였습니다. 핵심 내용도 오프닝만큼이나 다이내믹하고 진정성이 담뿍 담겨 있어서 5년이 지난 지금도 생생하게 가슴에 남아 있습니다.

앞서 오프닝의 소재로 삼을 수 있는 여러 가지의 소재를 살펴보

있는데, 노래를 부르신 분처럼 남에게 자랑할 만한 장기와 개인기가 있다면 스피치 오프닝에 활용해보시기 바랍니다. 독특하고 재미있는 사진이나 영상을 보여주는 것도 좋은 방법입니다. 제가 거론한 것 외에 다른 사람이 시도해보지 않은 것 같은 기발한 아이디어가 있다면 얼마든지 개척해보세요. 어디서도 본 적이 없는 개성 있는 오프닝이 되어 성공적인 스피치로 연결될 겁니다.

감동을 주는
클로징(Closing: SWT)

잠깐 복습 시간을 가져볼까요?

사람의 첫인상은 처음 만나고 10초 이내에 결정됩니다. 이렇게 순식간에 내려진 평가를 바꾸기 위해서는 48시간이 필요하다고도 합니다. 그만큼 첫인상의 영향력이 크다는 말이에요. 스피치를 할 때도 오프닝 영역에서 좋은 첫인상을 주면 웬만해서는 스피치 전체를 성공적으로 끌고 갈 수 있다는 말이기도 하죠.

오프닝의 영향력을 흔히 '초두 효과(Primacy Effect)'에 빗대고는 합니다. 초두 효과란 어떤 정보들이 시간 간격을 두고 순차적으로 주어졌을 때 처음 받아들인 정보를 우세하게 여기는 심리 현상입니다. 초두 효과와 반대되는 심리 현상도 있습니다. '최신 효과

(Recency Effect)'입니다. 최신 효과는 초두 효과와 반대로 가장 마지막에 받아들인 정보를 우세하게 여기는 현상입니다. 초두 효과와 최신 효과를 우리가 흔히 겪는 사례를 통해 쉽게 설명해볼게요.

당신이 소개팅으로 A를 만났어요. A는 외모가 출중하고 패션 감각도 뛰어나며 매너도 훌륭해요. 당연히 좋은 첫인상을 남겼겠죠? 당신과 A는 썸을 타기 시작해요. 일주일에 한 번 정도는 데이트를 해요. 그런데 같이 간 식당의 종업원을 함부로 대한다든지, 약속 시간에 조금씩 늦는 식으로 A는 좋은 첫인상을 깎아먹는 행동을 해요. 하지만 여전히 당신에게 A는 외모가 뛰어나고 패션 감각이 좋으며 매너가 좋은 사람으로 남아 있어요. 여기까지는 '초두 효과'의 지배를 받는 중이죠. 하지만 만남의 횟수가 쌓일수록 A가 가진 사소한 잘못들이 눈에 띄기 시작합니다. 어느 날에는 다툼을 벌이기도 해요. 그러다가 크게 다투고는 헤어져요. 당신은 A를 나쁜 사람으로 기억하게 돼요. 처음의 좋았던 첫인상은 완전히 지워지죠. 이게 '최신 효과'입니다.

스피치를 할 때 오프닝을 멋들어지게 하면 초두 효과를 누려서 청중의 집중을 끌어낼 수 있습니다. 하지만 시간이 지난 뒤에 그 스피치를 기억하게 만드는 것은 마지막 단계를 어떻게 마무리했느냐에 달려 있습니다. 오프닝만큼 클로징(Closing)을 잘해야 하는 이유입니다. 다음 페이지의 그래프에서 보이는 것처럼 초두 효과와 최신 효과가 청자의 기억에 미치는 지수가 비슷한 만큼 클로징

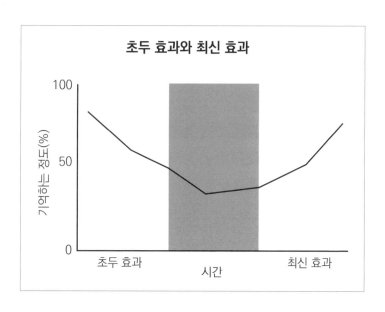

초두 효과와 최신 효과

기억하는 정도(%)

100

50

0

초두 효과

시간

최신 효과

에도 공을 들여야 하는 거죠.

스위스의 신학자이자 철학자인 카를 바르트는 이런 말을 남겼습니다.

'비록 아무도 과거로 돌아가 새출발을 할 순 없지만, 누구나 지금 시작해 새로운 엔딩을 만들 수는 있다.'

혹시나 오프닝이 미미했거나 실수를 했다 하더라도 클로징에서 최선을 다한다면 얼마든지 만회할 수 있습니다. 이미 지난 일은 잊어버리고 마지막을 잘 장식하기 위해 최선을 다해야겠죠. '유종의

미'라는 말이 있듯이 마지막까지 최선을 다함으로써 멋진 모습으로 매듭짓는 것이 스피치에서도 인생에서도 완성도가 높다고 할 수 있습니다.

한 가지 예를 들어볼게요.

음악회에 갔습니다. 피아니스트가 베토벤 피아노 소나타 시리즈를 완벽하게 연주한 다음, 마지막 인사로 그랜드 피아노의 한쪽 부분에 손을 살포시 얹은 채 고개를 숙이고 퇴장하면 관객들은 일제히 박수와 환호를 보냅니다. 무대에 등장하고 연주를 펼치고 마지막의 우아한 인사까지, 이 일련의 과정이 모두 공연에 해당하는 거예요. 그런데 멋지게 등장해서 연주까지 잘했는데, 아무런 인사도 없이 공연의 막이 내린다면 관객들은 의아해할 겁니다. 청중과 관객은 '아직 공연이 덜 끝난 건가?' 혹은 '연주자에게 무슨 일이 생긴 건가?'라고 의문을 품을 수밖에 없겠죠.

한때 JTBC의 뉴스를 진행했던 손석희 앵커는 뉴스를 끝낼 때마다 잔잔한 호수에 조약돌을 던져 파문을 일으키듯 의미심장하고 여운을 남기는 클로징 멘트를 남김으로써 시청자들의 마음에 질문거리를 던졌습니다.

자, 그럼 스피치의 완성도를 높이는 클로징을 어떻게 구성하고 표현하는 것이 좋은지 **SWT 법칙**을 통해서 알아보겠습니다. SWT는 Summary, Wise-Saying, Thank you의 머리글자입니다.

① Summary(재정리) 단계

스피치의 마무리 단계에서 지금까지 말한 내용을 한 문장 정도로 요약함으로써 청중들에게 스피치의 전체적인 내용을 환기시키고 각인시키는 효과를 가져다줍니다.

이때는 반드시 한두 문장에 그쳐야 합니다. 그렇지 않고 긴 문장으로 설명하거나 요약하면, 청중들은 '뭐야? 처음부터 다시 시작하는 거야?'라고 생각하며 부담을 느끼거나 지루해할 거예요. 한두 문장 정도로 재정리하는 것이 기억하기도 좋고 마무리 단계에 이르렀다는 인식을 심어줄 수 있습니다.

② Wise-Saying(명언) 단계

스피치를 마무리하는 단계에서 화자가 깨달은 바를 청중에게 들려주거나 감동을 줄 수 있는 짤막한 명언을 건넴으로써 청중의 마음에 여운을 남기는 동시에 행동의 변화를 촉구하는 동기를 선사합니다.

스피치의 목적은 다양하겠지만, 크게 보면 듣는 사람의 삶에 긍정적인 변화가 일어나고 좋은 영향을 끼치도록 하기 위한 것입니다. 화자가 직접 만든 명언이 아니라도 과거부터 전해 내려오는 격언이나 삶의 지혜가 담긴 위대한 인물의 금언을 들려준다면 청중에게 깊은 울림과 여운을 줄 수 있습니다.

③ Thank you(감사 인사) 단계

TV나 라디오 뉴스를 들어보면 앵커가 스트레이트 뉴스를 전한 뒤 마지막으로 하는 말은 백발백중 "뉴스를 마칩니다. (시청해주셔서 / 청취해주셔서) 고맙습니다."라고 끝인사를 합니다. 마치 네임 사인을 하듯 감사 인사를 해야 비로소 모든 순서가 끝났다는 느낌을 줄 수 있습니다.

모든 스피치에서 청자가 있는 한 감사 인사로 마무리를 짓는 것이 완결성을 높이고 자연스럽습니다. 그리고 끝인사의 표현으로는 '감사합니다'와 '고맙습니다'가 있는데, 전자의 경우 한자어가 바탕이 된 동사이고, 후자의 경우 순수 한글에서 비롯된 표현이므로 가급적이면 '고맙습니다'를 쓰는 것을 권합니다. 발음하기에도 '고맙습니다'가 더 편리하고 쉽습니다.

그럼 이어지는 예문을 보면서 SWT 법칙을 한번 되새기시기 바랍니다.

예문 1)

지금까지 규칙적인 생활의 좋은 점을 건강, 재정, 비전이라는 3가지 측면에서 말씀드렸습니다. [재정리]

영국의 총리 아서 웰즐리는 이런 말을 했다고 합니다. "습관은 천성보다 10배 강하다." [명언]

여러분, 매일의 삶을 규칙적인 습관으로 살아간다면, 아무리 게으르거나 나태한 천성을 가진 사람이라도 어느 순간 부지런하고 성실한 사람으로 변해 있을 것입니다. 하루하루 규칙적인 생활을 실천해나 감으로써 보다 행복하고 건강한 인생을 만드시길 바랍니다.

경청해주셔서 고맙습니다. [감사 인사]

예문 2)

지금까지 꾸준한 습관의 중요성에 대해서 3가지를 예로 들어서 말씀 드렸습니다. [재정리]

스페인의 축구 선수 푸욜은 이런 말을 했다고 합니다. "오늘 걷지 않으면 내일은 뛰어야 한다." [명언]

여러분, 하루 동안 주어진 일과를 꾸준히 수행하지 않으면 내일은 더욱 힘든 일이 닥칠 것입니다. 반복되는 일상을 꾸준한 노력과 끈기로 최선을 다한다면 반드시 여러분 앞에 좋은 열매들이 나타날 것입니다.

제 이야기를 경청해주셔서 고맙습니다. [감사 인사]

스피치의 품격을 높이는
제스처

스피치에 관심이 높은 분이라면 누구나 '메라비언의 법칙(The Law of Mehrabian)'을 알고 있을 겁니다. 의사소통을 할 때 화자가 말하는 내용이나 목소리보다는 태도, 자세, 아이콘택트 등의 비언어적인 요소가 듣는 사람에게 영향을 미치는 비중이 더 크다는 연구 결과입니다. 메라비언은 이를 수치로도 나타냈는데 내용이 7%, 목소리가 38%, 보디랭귀지가 55%를 차지한다고 합니다.

지금껏 발성과 발음, 스피치의 구조에 대해서 공부해왔는데, 내용과 목소리의 영향력이 45%로 전체의 절반도 차지하지 않는다는 게 놀라운 연구 결과로 다가올 거예요. 그만큼 스피치는 하나의 종합 예술과도 같기에 여러 가지 요소들이 복합적으로 필요해요. 우리는 이미 45%를 완성도 높게 마스터하였으므로 남은 55%를 잘 이해한다면 더할 나위 없이 만족스러운 스피치 역량을 갖추게 될 겁니다. 메라비언은 '스피치를 할 때 태도와 자세, 눈빛도 중요하다.'라고 말해요.

실제로 제스처를 적절하게 활용하면 내용의 전달력을 높이고 청중을 집중시키는 효과가 있습니다. 뿐만 아니라 화자의 입장에서 제스처는 일석이조의 효과를 누리게 해주는데, 내용을 생동감 있게 전하는 데 도움을 주어서 청자가 지루하지 않게 해주고, 또 화자가 제스처를 취하다 보면 신체를 움직임으로 인해 긴장이 완화되는 이점이 있어요. 무대에 처음 올랐을 때는 누구나 긴장하기 마련인데, 제스처를 쓰면 자신도 모르게 경직되어 얼어 있던 몸과 마음이 누그러지는 것을 경험할 수 있을 거예요.

스피치의 질을 높이는 연장과도 같은 제스처는 잘 사용하면 스피치를 빛나게 해줍니다. 반면에 지나치게 긴장한 탓에 표정이 어색하고 자세가 뻣뻣하고 눈빛이 불안하면 청중 역시 불편해져서 화자의 발표에 집중하기 어려워집니다.

자, 이제 스피치에 효과적이며 도움이 되는 제스처에는 어떤 것들이 있는지 알아보고, 각 제스처의 사용법과 주의 사항 등을 살펴보겠습니다.

① 숫자를 나타내는 손가락

스피치를 하면서 가장 쉽게 쓸 수 있는 제스처 도구는 손가락입니다. 예를 들어 "오늘은 우리나라 **최고의** 뮤지션들을 무대에 모셨습니다."라고 말하면서 '최고의'에서 엄지를 치켜세우는 겁니다.

"여러분, 여행 가면 사진 많이 찍으시죠? 사진 찍을 때 가장 많이 취하는 포즈가 뭔가요? (검지와 중지를 벌린 채 위로 들어 보이면서) 바로 **이 포즈** 아닌가요? 이제는 브이 말고 좀 더 다양한 포즈로 사진을 다채롭게 만들어보자고요."

위의 말에서는 굵은 부분에서 숫자 2를 나타내는 V를 손가락으로 그린다면 화자의 의도가 더욱 분명하게 전해질 거예요.

"안녕하세요. 손지애입니다. 오늘은 스트레스 해소법에 대해서 여러분과 이야기 나누려고 합니다. 일단 저의 스트레스 해소법은 크게 **3가지**를 꼽을 수 있습니다."

역시 '3가지'를 말할 때 검지와 중지, 약지(또는 엄지와 검지, 중지)를 들어서 내보이면 청중이 3을 기억하는 데 도움이 될 겁니다.

"여러분, 오늘 아침 뉴스를 보니까 우리나라가 OECD 국가 중에서 출산율이 가장 낮게 나타났다는 조사 결과가 나왔습니다. 저출산 때문에 국력이 점점 약해질까 봐 걱정인 요즘입니다. 약 30년 전만 해도 우리나라의 출산율이 낮지 않았습니다. 저희 가정만 하더라도 형제자매가 모두 **4명**인데요."

위 문장에서 '4명'을 말할 때, 숫자 '4'에 해당하는 검지, 중지, 약지, 새끼손가락을 모두 들어서 펼쳐 보인다면 청중들이 쉽게 의미를 인식할 수 있을 겁니다.

"여러분, 세계적인 비운의 예술가 고흐 아시죠? 고흐는 동생 테오와 각별한 형제애를 뽐냈었는데요. 그 둘이 서로 주고받은 편지가 모두 몇 통인지 아시나요? ("몰라요.") 궁금하신가요? ("네.") 궁금하면 **500원**을 준비하시면 됩니다!"

다소 시간이 지난 개그 소재이긴 하지만 KBS TV 프로그램 〈개그콘서트〉의 한 코너에서 개그맨 허경환 님이 종종 사용했던 말인데, "궁금하면, 500원."이라는 유행어를 빌린 표현입니다. '500원'을 말할 때, 손가락 5개를 펼쳐서 앞으로 내밀어 보이는 거예요.

쉽죠? 주의할 점은 손가락 제스처를 할 때 수줍어서 어정쩡하게 하면 분위기가 가라앉을 수 있으니, 자신 있게 하는 것입니다.

② 자신감과 호의를 드러내는 제스처

• 손들기

한 나라의 지도자가 해외 순방을 위해 전용기에 오를 때 인사 제스처로 배웅 나온 국민을 향해 손을 높이 들어 보이는 모습을 본 적이 있을 거예요. 손바닥을 내보이며 크고 시원한 느낌을 담아 팔을 드는 동작을 통해 자신감과 기개를 드러내 보일 수 있습니다.

• 첨탑

기업에서 간부들이 모여 회의를 진행할 때 회의를 주도하는 리더가 종종 두 손을 앞으로 모으고 양손의 엄지와 검지 등을 붙여 삼각형과도 같은 모양을 만들어 보일 때가 있습니다. 주로 결정권자나 리더, 직급이 높은 사람이 이러한 제스처를 취한 채 스피치를 주도하거나 조직원의 발언을 주의 깊게 경청하는 모습을 보임으로써 자연스럽게 자신의 카리스마와 전문성을 나타냅니다.

• 주먹

주먹을 쥐는 것은 힘과 용기를 북돋거나 도전에 앞서 적극적이고 진취적인 마음을 담은 제스처입니다. 수능 시험을 앞둔 수험생에게 시험 잘 보라며 응원할 때 주먹을 불끈 쥐고 높이 들면서 "파이팅!" 하고 외치면 상대방은 힘과 긍정적인 기운을 받게 돼요. 마찬가지로 입사 시험, 새로운 관문, 이사, 시합, 경연 대회, 소개팅 등 긍정적인 에너지와 행운을 필요로 하는 사람에게 주먹을 쥐는 제스처를 취하면 밝은 기운을 전하는 효과를 누릴 수 있습니다.

• 악수

악수는 상대방에게 호의가 있음을 드러내는 좋은 커뮤니케이션 제스처입니다. 보통 악수를 할 때는 손바닥을 보이게 되는데, 이런 행위는 '난 당신을 해칠 아무런 도구를 갖고 있지 않아요.'라는 의미를 담은 동작이기도 합니다. 악수를 청함으로써 상대방에게 다가가고 싶고 내 마음을 연다는 의도를 나타내게 되므로 대인관계를 개선하거나 발전시킬 수 있는 제스처입니다.

③ 사물 또는 상황을 나타내는 제스처

• 두 손바닥을 붙인 채 세로로 세우기

상대방이 잘되기를 바라는 염원을 담은 제스처로, 시험을 앞둔 수험생이나 중요한 발표와 결과를 기다리는 사람에게 '꼭 좋은 결과가 나오기를 제가 기도하겠습니다.'라는 마음을 담은 동작입니다. 이 제스처를 취하면 상대를 향한 따뜻한 응원과 격려의 마음을 전할 수 있습니다.

• 한 손으로 이마 스치기

어떤 일을 가까스로 해냈거나 위험한 순간을 잘 모면했을 때, 난처한 상황에서 기지를 발휘해 무사히 넘긴 경우 등에 씁니다. 그 상황에서 이마에 땀을 흘릴 정도로 애를 썼다는 의미로 땀을 훔치듯 이마를 살짝 손등으로 스치면, 보는 사람으로 하여금 자신이 겪은 어려움과 절박함 등을 간접적으로나마 느낄 수 있게 해줍니다.

• 두 손바닥을 붙이고 비비기

누군가에게 어려운 부탁과 요청을 할 때, 실수를 했거나 예기치 못한 돌발 상황으로 양해를 구해야 하는 상황에서 두 손바닥을 붙인 채 비비면서 이야기하면, 상대방에게 겸손과 난감한 상황, 미안한 감정 등을 전달하면서 화자의 입장을 이해하거나 받아들일 수 있는 여지를 마련해줍니다.

• 손 수화기를 귀에 대기

TV 홈쇼핑을 자주 시청하는 사람이라면 이 제스처를 종종 보았을 겁니다. 쇼호스트가 판매하는 상품과 아이템에 대한 설명을 마친 뒤 고객들에게 주문 전화를 유도해서 구매로 이어지게 만드는 손짓입니다. "지금 바로 전화 주세요. 물량이 얼마 남지 않았습니다." 등의 멘트를 하면서 통화하는 시늉을 하기 위해 손 수화기를 한쪽 귀에 갖다 대는 거죠. 또한 지인과 헤어지는 순간이나 상대방과 멀리 떨어져 있어 이야기를 주고받을 수 없을 때 '(도착하면) 전화해.' 또는 '나중에 전화로 이야기하자.'라는 의미를 나타냅니다.

예문 : 경쟁 입찰 프레젠테이션

안녕하십니까? / 이번 **프로젝트**를 맡은 √ DS**디자인** 사:업본부 팀장 / ○○○입니다. / **반갑**습니다. //

세종시는 / 대:한민국의 **유일한 특별자치시**로서 / 국가 **균형 발전**을 **선도**하는 도시입니다(도십니다). / **대:한건설** 역시 / 우리나라 **지역 건:축문화**의 성장을 위해 / 끊임없이 **힘쓰고** 있습니다. / 저희가 / 이번 대:한건설의 **세종 아트센터** √ **디자인 설계**에 **참여[차며]**할 수 있는 기회를 갖게 돼 / 참으로 **영광**스럽게 생각하고 있습니다. / 다시 한 번 / 이러한 기회를 주신 √ **임:직원[임:지권]** 여러분께 **감:사**드립니다. //

보시는 **사진**들은 / 세종시의 **발 빠른 인프라 구축**과 / **경제 성장**을 나타내는 √ 여러 가지 **상징물**들입니다. / **한:국판 워싱턴 D.C.**로 불리는 √ 세종시 **발전[발쩐]**의 **중심**에는 바로 / **대:한건설**이 있습니다. / 저희 DS**디자인**은 / 이러한 고속 성장을 거듭한 대:한건설의 **위상**에 **걸맞은** √ **훌륭한 디자인**을 제공해드리고자 √ **최:선[최:선/췌:선]**을 **다:**할 것입니다. //

지금부터 / 저희의 디자인 **계:획안[계:훽간/계:회간]**에 대해서 / 자세하게 **설명**해드리겠습니다. //

제스처 추가

안녕하십니까? / 이번 **프로젝트**를 맡은 √ DS**디자인** 사:업본부 팀장

/ ○○○입니다. / **반갑**습니다. // (말한 후 인사)

세종시는 / 대:한민국의 **유일한**(검지를 들어올린다) **특별자치시로**서 / 국가 **균형 발전**을 **선도**하는(오른손을 펴서 앞으로 내민다) 도시입니다(도십니다). / **대:한건설** 역시 / 우리나라 **지역 건:축문화의 성장**을 위해 / 끊임없이 **힘쓰고** 있습니다. / 저희가 / 이번 대:한건설의 **세종 아트센터** √ **디자인 설계**에 **참여[차며]**할 수 있는 기회를 갖게 돼 / 참으로 **영광**스럽게 생각하고 있습니다. / 다시 한 번 / 이러한 기회를 주신 √ **임:직원[임:지권]** 여러분께 **감:사**드립니다. // (단상 옆으로 나와 인사)

보시는 **사진들은**(오른손을 내밀어 PPT 화면의 사진들을 가리킨다) / 세종시의 **발 빠른 인프라 구축**과 / **경제 성장**을 나타내는 √ 여러 가지 **상징물**들입니다. / 한:국판 **워싱턴 D.C.**로 불리는 √ 세종시 **발전[발쩐]**의 중심(두 손을 첨탑 모양으로 만든다)에는 바로 / **대:한건설**이(오른손을 앞으로 내민다) 있습니다. / 저희 **DS디자인**은 / 이러한 고속 성장을 거듭한 **대:한건설의 위상**에 **걸맞은** √ **훌륭한 디자인**을 **제공**해드리고자 √ **최:선[최:선/췌:선]**을 **다:**할 것입니다. (오른쪽 주먹을 쥔 채 앞으로 내보인다) //

지금부터 / 저희의 디자인 **계:획안[계:훽간/계:회간]**에 대해서 / 자세하게 **설명**해드리겠습니다. (왼손을 앞으로 내민다) //

273

④ 피해야 할 제스처

스피치를 할 때는 물론이고 일상생활에서도 가급적 피해야 하는 제스처들이 있습니다. 대부분의 사람이 상대의 마음을 상하게 할 의도로 의식적으로 그런 제스처를 쓰는 것이 아니라, 오랫동안 잘못된 습관이 몸에 밴 탓에 자기도 모르게 실수를 하고는 합니다. 하나하나 살펴보면서 나 역시 이런 제스처를 취하지 않는지 체크해보시기 바랍니다.

첫째, 손가락질을 하는 행위입니다.

살아가면서 검지 하나를 세운 채 손가락질을 해야 하는 일은 별로 없을 거예요. 검지 하나를 세워서 사람을 가리키거나 허공에 대고 흔드는 행위는 누군가를 비난하거나 불특정 다수의 무리를 비난하는 것처럼 착각하게 만듭니다. 검지를 올린 상태에서 누군가를 가리키거나 흔드는 모습을 한번 상상해보세요. 열이면 열, 그리 좋은 그림이 그려지지는 않을 거예요. 잘못한 사람을 야단치는 모습, 서로 삿대질을 하면서 싸우는 광경, 쯧쯧 혀를 차면서 어떤 상황에 대해서 말하며 취하는 포즈 등이 연상되지 않나요?

대체로 손가락질을 하는 행위는 상황이 좋지 않을 때 이루어집니다. 그렇기에 손가락질을 해서 괜한 오해를 사거나 상대방에게 모욕감을 주지 않도록 주의합시다.

둘째, 코를 만지거나 얼굴을 만지는 행위입니다.

『피노키오』의 주인공 피노키오는 거짓말을 할 때 코가 길어집니다. 허구의 동화에 등장하는 재미있는 에피소드로만 여겼던 이 일이 마냥 허무맹랑한 이야기만은 아닐 수 있다는 사실이 밝혀졌습니다.

복수의 과학 잡지에 의하면, 사람이 거짓말을 해서 스스로 당혹감을 느낄 때는 카테콜아민이라는 스트레스성 물질이 나와 코 속의 미세한 조직에 반응을 일으키면서 코가 가려워져 코를 긁게 되거나 코가 붉게 부풀어 오른다고 합니다. 만약 이러한 사실을 아는 사람 앞에서 코를 만진다면, '저 사람이 거짓말을 하고 있나?'라는 의심을 살 수 있을 겁니다.

상대가 그러한 사실을 모른다 해도 대화 중에 코나 얼굴을 만지는 불필요한 행동을 하면 어색하고 겸연쩍은 느낌을 주어서 이야기에 집중하는 것을 방해하게 됩니다. 그래서 특별히 의미를 강조하는 제스처(이마 훔치기, 손 수화기를 귀에 대기 등)가 아니라면 대화할 때나 스피치를 할 때는 얼굴 부위로 손이 가는 것을 삼가는 것이 좋습니다.

셋째, 짝다리 짚기와 고개 젖히기는 금물입니다.

2013년부터 오늘날까지 스피치 강의를 하면서 참 다양한 형태의 수업을 진행해왔습니다. 일 대 일 개인 수업부터 수백 명이 모인 강당에서 이루어지는 특강에 이르기까지 크고 작은 규모의 강의를 진행하는 가운데 가장 자주 한 강의는 소그룹 스피치 수업입니다. 소그룹 스피치 수업을 하다 보면 수강생 저마다의 말하는 성향과 습관 등이 뚜렷하게 대비되면서 개개인의 특징이 드러나는데, 수강생 자신은 그러한 성향과 습관을 미처 인식하지 못하고 있는 경우가 대부분입니다.

그중에서 가장 흔하게 보이는 그릇된 습관은 무게 중심을 한쪽 다리에 실어서 삐딱하게 서 있는 것입니다. 이런 상태로 발표를 하면 듣는 사람을 존중하고 있지 않다는 느낌을 주게 됩니다. 평소 자신에게 그런 습관이 있다는 사실을 모르는 상태에서 면접을 보게 되면 대기하는 중에 그런 자세를 취해서 면접관에게 예의가 없는 듯한 인상을 심어줄 거예요.

고개를 뒤로 젖히고 턱이 나온 자세를 취하는 것 역시 수강생들에게서 흔히 보이는 모습입니다. 이렇게 하면 시선이 아래로 향해서 사람을 경시하는 느낌을 줄 수 있고, 흰자위가 많이 보이기 때문에 보기에도 좋지 않아요. 대체로 거만하고 저돌적이라는 인상을 주죠.

수강생이 발표하는 동안 촬영한 영상을 확인하는 과정에서 수강생들은 자신의 모습을 보며 소스라치게 놀라고는 합니다. 30~40년 동안 모르고 지냈는데, 내가 언제 저랬느냐며 아주 당혹스러워 해요. 다행히 영상을 통해 자신의 단점을 확인하고 저의 피드백이 더해지면, 자세와 제스처를 수정하려는 노력을 하게 됩니다.

　발표를 방해하고 청중의 집중을 떨어뜨리는 불필요한 제스처와 그릇된 자세 등은 반드시 고쳐야 합니다. 앨버트 메라비언의 연구 결과가 말하는 것처럼 발성과 발음이 좋고 내용이 훌륭해도 보디랭귀지가 불량하면 청중은 화자의 태도로부터 많은 영향을 받으니까요.

눈은 마음의 창인 동시에
소통의 창이다

중소기업의 인사팀에서 근무하는 이현재(36세) 씨는 이직을 앞두고 모의 면접 수업을 듣기 위해 저를 찾아왔습니다. 그는 덩치가 크고 체형이 다부지며 크고 둥근 눈동자에 안경이 잘 어울려서 지적인 카리스마를 뽐었습니다. 하지만 곧 그에 대한 첫인상은 보기 좋게 무너졌습니다.

면접 현장의 단골 메뉴인 '1분 자기소개'를 하는 동안 의젓한 풍채에 어울리지 않게 눈동자가 갈 길을 잃은 채 좌우로 왔다 갔다 했고, 탁자 밑으로 내린 손은 마치 킹콩이 뜨개질을 하는 것처럼 계속 꼼지락거렸으며, 고개는 한쪽으로 기울어져 있었어요. 제가 "그만하셔도 됩니다."라고 말하지 않았다면, 5분이고 10분이고 계속 횡설수설했을 거예요. 말을 시작하기는 했으나 탈출구를 찾지 못한 채 같은 자리만 빙빙 돌고 있었거든요.

이직을 희망하는 회사의 면접이 일주일밖에 남지 않은 상황이어서 제 마음은 몹시 급해졌습니다. 이현재 씨도 자신의 문제점을 잘 아는 듯 표정이 좋지 않았어요. 저는 매일 수업을 진행하도록 일정을 잡았습니다. 누구보다도 이현재 씨 자신이 가장 간절했기에 매일 저녁 회사가 위치한 경기도에서 강의실이 있는 강남역 부근까지 출퇴근하듯 열심히 다녔습니다.

이현재 씨의 가장 큰 문제점은 타인과 눈을 맞추지 못한다는 점이었습니다. 당장 그 부분부터 교정을 해야 다른 것도 시도해볼 수 있었어요. 제가 왜 그런 것 같냐고 물었을 때 이현재 씨는 어릴 때부터 사람 눈을 잘 못 맞추었고 누군가와 일 대 일로 대화하는 상황 자체가 별로 없어서 어색하다고 답했습니다. 명색이 회사의 인사팀 담당자인데 사람과 눈을 못 맞추는 게 이상해서 다시 물었더니, 자신은 주로 서류를 보는 업무만 해서 사람 마주칠 일이 없었다고 했습니다.

이야기를 더 나누다가 조금씩 원인을 찾았습니다. 엄한 아버지 밑에서 과하다 싶을 정도로 예절 교육을 받은 것이 첫 번째 이유였습니다. 실제로 그랬어요. 과거에는 어른이나 윗사람을 대할 때 눈을 똑바로 쳐다보는 것이 예의에 어긋나는 행동이었거든요. 이 때문에 누군가와 이야기를 할 때 눈을 제대로 바라보지 못하고 시선을 피하거나 다른 곳에 눈을 둔 채 말하는 사람이 적지 않습니다.

반면에 서양 사람들은 대화를 할 때 마치 눈에서 레이저가 뿜어져 나올 것처럼 상대방의 눈을 뚫어져라 쳐다봅니다. 그렇게 해야 자신의 말이 진실하다는 점을 드러낼 수 있다고 생각하기 때문입니다.

이야기를 나누면서 상대의 눈을 쳐다보지 않으면 3가지 오해를 살 수 있습니다.

첫 번째는 자신감이 결여되어 보인다는 점입니다. 상대를 제대로 쳐다보지 못하고 고개를 숙인다든지 다른 곳으로 시선을 돌리면 기분이 우울해 보이고, 확신을 갖지 못한 채 갈팡질팡하는 것처럼 비치게 됩니다.

두 번째는 상대가 나를 속이고 있다고 생각하게 만들 수 있습니다. 무언가 시원하게 드러내지 못할 꿍꿍이가 있어서 떳떳하지 못한 탓에 눈길을 피한다고 생각하는 거죠.

세 번째는 상대가 나를 존중하지 않는다고 여길 수 있습니다. 이쪽에서 말하거나 듣고 있을 때 상대방이 다른 곳에 눈길을 두고 있는 걸 상상해보세요. '저 사람이 나를 무시하나?'라는 생각을 갖지 않을까요?

상대의 눈길을 피하는 것은 결코 예의가 아닙니다. 눈을 맞추

는 일은 지금 내가 당신에게 집중하고 있다는 존중의 뜻을 드러내
는 적극적인 의사 표현입니다. 화자가 청중을 상대로 스피치를 하
면서 자신을 바라보는 수많은 눈길을 외면한 채 허공을 응시하는
모습을 상상해보세요. 어색하다 못해 기괴한 느낌마저 들 거예요.
혹시 습관적으로 눈길을 피한다면 이제부터라도 버릇을 고쳐야
합니다.

　자, 다시 이현재 씨 이야기로 돌아갈게요.
　이현재 씨는 저와 함께 영상을 보면서 자신의 문제점을 하나하
나 확인하고 수업을 통해 조금씩 교정해나갔습니다. 사람들 앞에
서 고개를 숙이거나 자신감을 잃은 표정으로 있어야 할 이유가 없
다고 저는 계속 강조했어요. 사람 앞에서 주눅이 들면 많은 것을
잃게 된다고 말하며 아이콘택트가 모든 관계를 만드는 출발점이
라고 알려주었어요.
　이현재 씨의 아이콘택트를 교정하기 위해서는 특단의 조치를
취해야 했습니다. 이현재 씨가 말하는 모습을 캠코더로 찍는 동안
눈을 카메라 렌즈에서 절대로 떼지 말라고 주문했고, 잠깐이라도
한눈을 팔면 저는 단호하게 혼내듯이 바로잡아주었어요. 그렇게
매일 연습한 결과, 이현재 씨는 언제 그랬냐는 듯 항상 정면을 응
시할 수 있게 되었고, 사람과 눈을 맞추다 보니 자신감이 향상되

눈은
내 마음을 드러내 보이는
창이에요.
그리고 눈은
상대의 마음을 받아들이는
통로입니다.
말은
입으로만 하고
귀로만 듣는 것이 아니라,
눈으로 건네고 받아들일 때
더욱 진실해집니다.

어서 여유로운 제스처를 취하는 수준에까지 이르렀습니다.

간절함이 이룬 결과일까요. 이현재 씨는 열심히 준비하고 연습한 보상으로 합격이라는 결과를 손에 쥐었습니다. 합격 소식을 알려왔을 때 이현재 씨는 모의 면접 수업을 통해 모르고 지냈던 자신의 모습과 마주할 수 있었고, 사람을 대하는 데 있어 자신감을 가질 수 있었노라고 말했어요. 이현재 씨는 지금 게임 회사의 인사팀장으로 근무하고 있습니다.

흔히 눈을 두고 '마음의 창'이라고 합니다. 저는 여기에 덧붙여 '눈은 소통의 창이다'라고 말하고 싶어요. 눈을 통해 나의 내면을 솔직하게 드러내고, 상대의 마음 역시 읽을 수 있으니까요. 상대방과의 눈싸움에서 다른 곳을 보면 진다는 생각으로 아이콘택트를 하면 면접에서건 그 어떤 대화에서건 성공할 확률이 100퍼센트랍니다.

반드시
피해야 할 스피치

대부분의 사람에게는 습관처럼 쓰는 추임새 성격의 말들이 있습니다. 누가 감사를 표했을 때 "아이고, 덕분입니다."라고 공을 상대방에게 넘기거나, 누가 칭찬을 했을 때 "별 말씀을요."라고 받아넘기는 것 등을 예로 들 수 있어요.

그런데 우리가 별 생각 없이 하는 말 중에는 상대방의 기대를 꺾거나 분위기를 가라앉히고 자기 확신을 부정하는 뜻을 내포한 것들이 많습니다. 심한 경우에는 상대방의 기분을 망치기도 하죠. 이럴 때 우리나라 사람이 자주 쓰는 말이 있어요. '말이 그렇지 뜻이 그렇냐?'입니다. 하지만 이 말은 알고 보면 아주 무책임한 태도를 드러냅니다. '내가 이렇게 말하기는 했지만 뜻은 그게 아니니,

네가 알아서 들어라'라는 말이잖아요.

　말과 뜻이 반드시 일 대 일 대응을 이루는 것은 아닙니다. 특히 우리말에는 은유와 비유 등 해석의 여지가 넓은 표현이 많습니다. 수긍이 완강한 반대를 뜻하기도 하고, 부정을 통해 수긍한다는 의도를 드러내기도 합니다. 그게 우리말의 묘미이기도 하죠.

　그러나 공적 스피치 현장에서는 애매한 표현은 피해야 합니다. 그리고 전문가로서의 식견이 부족해 보이도록 만드는 말투 역시 피해야 합니다. 사적인 만남에서 상대의 기분을 상하게 하는 표현 또한 금물입니다. 이번 글에서는 반드시 피해야 할 습관적인 표현들에 대해서 알아보겠습니다.

① 준비한 것은 별로 없지만…

과유불급입니다. 지나친 겸손은 기대와 신뢰를 떨어뜨립니다.

　발표회나 강연에 참석해보면 가끔 강연자가 이런 말을 하는 걸 듣게 됩니다.

　"제가 시간이 부족해서 많이 준비하지 못했지만, 잘 들어주시길 바랍니다."

　"제가 많이 부족하지만, 이렇게 여러분 앞에 섰습니다. 넓은 마음으로 잘 들어주시면 고맙겠습니다."

　"제가 준비한 건 얼마 안 되지만, 좋게 봐주셨으면 합니다."

실제로 여건이 안 되어서 준비를 제대로 못했다면, 청중들에게 송구한 마음을 표현해야겠지요. 하지만 되도록 그런 상황은 만들지 말아야 합니다. 청중들은 각자의 소중한 시간을 내어 그 자리에 왔기 때문에 준비가 부족한 상태라면 무대와 단상에 서지 않는 것이 옳습니다.

반면에 그런 경우가 아닌데도 의례적으로 혹은 겸손이 지나쳐서 '준비한 것은 별로 없지만'과 같은 종류의 말로 스피치를 시작한다면, 처음부터 청중의 기대감을 떨어뜨려서 집중하기 어렵게 만들 수 있습니다.

귀한 시간을 내어 발표자의 이야기를 들으러 온 청중들을 위해서라면 발표자는 기대감과 호기심을 충족시켜서 자신의 발표에 청중들이 집중할 수 있도록 해야 할 의무가 있는 거예요. 스스로 그처럼 지나친 겸양 화법을 쓴다고 생각한다면, 앞으로는 적극적인 인사말로 스피치의 문을 열기를 권합니다. 일부러 처음부터 김 빠진 분위기를 만들 필요는 없잖아요?

② …인 것 같습니다

저는 스피치를 지도하면서 무수히 많은 발표를 보고 듣습니다. 제가 출강하는 교육원이나 학교, 기관 등 다양한 강의실 내에서 청중을 상대로 펼치는 수강생들의 프레젠테이션을 듣고 있노라면, 어미 처리를 어떻게 하느냐에 따라 스피치의 전체적인 뉘앙스와 어조가 달라지는 것을 봅니다.

"자장면이 좋아? 아니면 짬뽕이 좋아?"와 같은 식의 질문을 받을 때, 나의 감정이나 주관이 확실하지 않으면, "음, 나는 둘 다 좋아하는 것 같은데."처럼 답해도 무방해요. 하지만 "대한민국의 수도는 어디예요?"라는 질문에 "서울인 것 같은데요."라고 말한다면 해당 질문에 대한 답을 명확하게 알지 못하기 때문일 거예요. 많은 이들이 발표를 할 때, 후자와 같은 답변처럼 "~인 것 같아요." 또는 "~인 것 같습니다."라는 표현을 많이 사용하는 걸 봐요.

어떠한 주제에 대해 발표할 때 의견이 확실하지 않거나 정보가 정확하지 않은 경우라면 '~인 것 같아요.'라고 말하는 것이 어울리겠지만, 본인이 조사하고 찾아서 근거가 증명되는 내용마저 모호하거나 불확실한 어미로 끝을 맺으면 자신감이 결여되어 보이거나 발표 내용에 대한 신뢰도를 떨어뜨릴 수 있습니다.

특히 긴장된 상태에서 '~인 것 같습니다'와 같은 표현을 쓴다면 화자의 태도가 더욱 위축되어 보이기도 해요. 따라서 말을 할 때, 도저히 장담할 수 없는 경우가 아니라면, 가급적 확신 있는 태도와 분명한 어미로써 스피치를 구사해야 화자로서 책임감 있는 태도를 드러낼 뿐만 아니라 청자에게 보다 효과적으로 전달될 수 있다는 것을 기억하길 바라요.

③ 선물을 받을 때엔 감사해하면서 받으면 된다

저는 때마다 지방에 계신 부모님께 제철 과일이나 싱싱한 해산물, 생활용품 등을 보내곤 합니다. 그런데 지금껏 '고맙다'는 말을 제대로 들은 적이 없어요.

"이런 걸 뭐 하러 보냈어?"

"너나 쓰지 이런 걸 왜?"

"이런 거 안 보내도 되는데……."

"다음부터는 보내지 마라."

경상도 사람 특유의 무뚝뚝한 성품 때문이겠지만, 실제로 호통을 치듯 말씀하셔서 괜스레 머쓱해지고 민망해지고는 합니다. 사회생활을 시작한 뒤로 줄곧 그런 반응을 대하다 보니, 어떨 때는 다시는 무얼 보내드리지 말아야지, 하고 마음먹은 적도 있어요. 물론 부모님께서 제가 보낸 선물을 고마워하지 않는 것은 아닙니다. 선물을 보내는 사람의 처지를 걱정하는 마음이 커서 그런 식으로 표현하는 것뿐이죠. 하지만 제가 선물을 보냈을 때 고마워하고 반가워하는 부모님의 모습을 보고 싶다는 바람이 간절합니다.

어릴 때는 받는 것을 좋아했습니다. 나이가 들면서 '주는 마음'의 행복도가 더 높다는 사실을 깨달았어요. 누군가를 위해 선물을 고를 때부터 기분이 좋아져요. 선물을 건넬 때는 아주 뿌듯하죠. 선물을 받은 사람이 포장지를 뜯을 때의 표정을 상상하는 것도 재미있습니다. 그런데 기껏 선물을 준비했는데, "아휴 뭘 이런 걸……"이라는 말을 들으면 순식간에 기분이 망가지고는 해요.

우리나라 사람은 상대방이 베푸는 호의에 고마움을 표현하는 데 서툽니다. 누가 칭찬을 해도 "에이, 그런 말씀 마세요."라고 반응해버리고 말아요. 물론 듣는 사람은 그렇게 말하는 사람이 고마워하고 있다는 사실을 모르지 않아요. 하지만 이왕이면 받는 쪽에서도 적극적으로 고마워하는 마음을 표현해서 베푸는 사람의 기쁨을 더해주는 게 좋지 않을까요?

앞으로는 누가 선물을 주면 이렇게 표현하도록 해요.

"와, 나한테 꼭 필요한 거였어. 정말 고마워. 잘 쓸게."

"생각지도 못했는데, 선물을 받으니까 참 좋다."

"생각해줘서 고마워."

누가 칭찬을 할 때도 고마움을 적극적으로 표현합시다.

"그렇게 말씀해주시니 힘이 납니다."

"그런 말을 들으니 저한테도 좋은 점이 있다는 걸 알겠네요. 고맙습니다."

"격려해주셔서 고맙습니다. 앞으로도 좋은 모습 보일게요."

앞에서 썼듯이, 감사하는 마음과 감사하다는 말은 계속해서 감사할 일을 만들어냅니다. 누군가의 호의에 고마움을 표현하는 것은 베푸는 사람에 대한 예의이자, 계속해서 나에게 좋은 일을 불러오는 주문(呪文)입니다.

④ 사실은…

사석에서든 공적인 자리에서든 많은 사람들이 무의식적으로 사용하는 말 중에 "사실은(실은) ~"이라는 표현이 있습니다. 아래의 말을 볼까요?

"제가 아침마다 등산을 하는데 참 기분이 상쾌하고 건강에도 도움이 됩니다. 코로나 사태에 접어든 뒤로 운동하는 사람이 많이 줄어들었어요. 운동을 하는 횟수가 줄어들고 집 안에만 머무를수록 사실은 코로나 우울증이 더 심해질 수 있습니다."

위의 말에서 군이 '사실은'이라는 단어를 쓰지 않아도 의미는 전달됩니다. 불필요한 단어이며 문장의 길이만 늘릴 뿐 별다른 역할이나 의미가 없습니다.

'사실'이라는 말은 잘못된 정보를 전하고 거짓말을 했을 때 그것을 바로잡고자 할 때 사용됩니다. 거짓이나 허위 정보를 말하고 있는 것도 아닌데 대화를 하면서 군이 '사실은'이라는 말을 쓰면, 이제까지 한 말의 진실성을 부정하는 뜻이 될 수도 있습니다. 진실한 말을 하고 있다면, 군이 '사실은(실은)'이라는 군더더기 표현을 써서 의미에 혼란을 일으키지 않도록 해야겠습니다.

⑤ 명령조 말투

썩 가깝지도 않고 그렇다고 멀지도 않은 애매한 관계의 지인이

한 명 있습니다. 그런데 가끔 그녀와 문자를 주고받다 보면 기분이 상할 때가 있어요.

'○○야, 잘 지내니? 못 보는 동안 건강하게 지내고 시간 내서 꼭 보자.'

내가 이렇게 문자를 보내면, 그 친구는 이런 식으로 답합니다.

'그래, 나도 보고 싶네. 다음에 볼 때까지 잘 지내도록.'

친구는 항상 문자를 '~하도록', '~보내도록', '~오도록' 등의 표현으로 마무리 지어요. 아마도 친구는 상대방이 그 표현을 어떻게 느끼는지 모른 채 사용하고 있을 거예요. 오랫동안 굳어진 습관일 테죠. 그 친구와 저의 관계가 가깝고도 멀지도 않은 애매한 위치에 있는 것이 그런 표현 때문은 아닌가 생각하기도 했어요.

문자나 SNS상의 메시지를 주고받을 때는 줄임말을 쓰거나 종결어미로 확실히 매듭짓지 않는 경우가 많습니다. 정보 전달의 효율성을 위한 행위라고 이해는 하지만, 상대에게 불쾌감을 주는 표현은 삼가야 해요. 똑떨어지는 완벽한 문장이나 격식체를 구사할 필요는 없겠지만, 되도록 받아들이는 사람의 입장을 고려해서 친근하고 존중의 마음이 담긴 문자나 메시지를 주고받는 것이 관계를 돈독하게 만드는 방법입니다.

⑥ 말끝을 올리는 습관

교육원의 스피치 수업을 개강하는 첫날이었습니다. 수업을 시작하는 첫날에는 수강생들의 성향을 분석하기 위해 자가 진단 시트를 나누어주고 질문에 답하도록 합니다. 주로 OX로 답할 수 있는 간단한 과정입니다. 그런데 유독 한 수강생의 질문이 많았어요.

"선생님, 이거 다 해야 하는 거예요?"

"오늘 적은 진단지도 성적에 반영되는 거예요?"

"마지막 발표 때는 어떤 내용으로 하면 되나요?"

질문할 때마다 저는 짧게 답해주었고, 그녀는 내내 시큰둥하고 퉁명스러운 표정과 말투로 일관했어요. 그래서 저의 커리큘럼과 강의 시스템에 불만이 있나 하는 생각이 들었어요. 어쩌면 제 얼굴에도 당혹스러워하는 마음이 드러났을지 몰라요.

수업이 끝나고 수강생들이 강의실을 빠져나간 뒤 정리를 하는데, 마지막까지 남아 있던 그 수강생이 제게 다가왔어요.

"선생님, 이상하게 저는 회사와 집에서 갈등이 잦아요. 저는 그냥 하는 말인데 사람들이 시비를 건다고 오해하는 경우가 많아요. 제 말투가 문제인가요? 어떻게 고쳐야 할지 모르겠어요."

제가 답해주었습니다.

"질문할 때도 그렇고, 그냥 말할 때도 어미를 올려서 말하다 보니 공격적으로 들려서 사람들이 오해할 수 있을 것 같아요."

"선생님 말씀 듣고 보니 그런 것 같네요."

"그런 말 습관이 든 이유가 있을 거예요. 한번 생각해볼래요?"

그녀는 잠자코 있다가 입을 열었습니다.

"저희 집은 형제가 많은데 제가 맏이예요. 동생들을 돌보면서 소리를 지른 일이 많아서 그런지도 모르겠네요."

저는 그녀의 이야기를 들으면서, 의도와 달리 말투가 공격적으로 나가서 얼마나 억울할까 하는 생각이 들었습니다. 저는 괜찮다고 격려하고, 연습과 훈련을 통해 충분히 고칠 수 있다고 응원해 주었어요.

그날 이후 급진적인 변화를 보이지는 않았지만, 조금씩 그녀의 말투가 달라졌습니다. 어미를 내리는 것만으로도 말투가 한결 부드러워졌고, 말투가 부드러워지니까 표정 역시 부드러워졌어요. 1개월의 짧은 수업으로 인해 말투를 완전히 교정하지 못한 것이 아쉽기는 했지만, 말투를 바꿈으로써 찾아온 여러 가지 변화를 경험했으니 앞으로 스스로 잘해나갈 것이라 믿습니다.

이 수강생의 사례처럼 평소에 자신도 모르게 말끝을 올리는 사람이 많습니다. 마음은 그렇지 않은데, 상대방은 공격하는 것처럼 들려서 갈등의 원인이 되고는 해요. 이처럼 무조건 손해를 보고 억울한 처지에 처할 수밖에 없는 이런 말 습관은 기술적인 문제이기 때문에 의외로 쉽게 고칠 수 있습니다. 첫 음을 크게 이야기하고 끝 음을 부드럽게 내리면 되거든요. 마치 큰 북을 울리기 시작했다가 엔딩으로 갈수록 작은 북으로 바꾸어 연주하듯이 말하는 거예요.

혹시 이유 없이 타인과 자주 갈등을 겪는다면 자신의 말투를 살펴보세요. 이럴 때는 가까운 사람에게 터놓아서 솔직한 답변을 듣는 것이 좋습니다. 어미를 살짝 내리는 것만으로도 인간관계가 훨씬 부드러워질 거예요.

⑦ 식상함과 지루함을 유발하는 중복 표현

좋은 스피치의 기본 원칙 중 하나가 중복 표현을 피하는 것입니다. 같은 말을 반복하면 듣는 입장에서는 지루하고 식상해서 금세 피로감을 느끼게 됩니다. 또한 화자가 같은 단어와 표현을 되풀이하는 것은 언어(어휘력)의 한계성을 드러내는 일이기도 합니다. 같은 표현이 반복되면 말하는 사람의 지적 수준이 의심받을 수밖에 없어요. 말을 할 때도, 글을 쓸 때도 중복 표현은 반드시 피해야 합니다.

쉽게 떠올릴 수 있는 단어를 대체할 다른 단어와 표현을 생각해내는 것이 처음에는 어려울 수 있습니다. 결국에는 많이 경험해보는 것이 가장 좋은 방법이에요. 한 편의 글을 완성해보는 것을 권합니다. 한 편의 글을 쓴 뒤에 같은 단어와 표현이 되풀이되지 않는지 찾아내고, 그걸 대체할 다른 용어와 낱말을 생각해내는 거예요. 평소 글 쓰는 습관이 잡혀 있지 않은 분들은 힘들겠지만, 삶에 꼭 필요한 기술 한 가지를 습득한다는 마음으로 도전해보세요. 차츰 달라지는 자신을 발견하게 될 겁니다.

예문

오늘 서울에는 <u>봄기운이 완연</u>했습니다. <u>완연한 봄기운</u>을 즐기고자 시민들이 가까운 유원지나 공원을 찾은 모습을 쉽게 볼 수 있었습니다. 삼삼오오 모여 공원 벤치에 앉아서 주변 풍경을 바라보기도 하고, 이야기를 나누기도 했습니다.

그런데 코로나로 인해 마스크를 쓴 채 대화를 하다 보니, 예전만큼 활발하게 <u>대화를</u> 나누지는 못하는 것 같습니다.

수정

오늘 서울에는 봄기운이 완연했습니다. <u>따뜻한 봄 날씨</u>를 즐기고자 시민들이 가까운 유원지나 공원을 찾은 모습을 쉽게 볼 수 있었습니다. 삼삼오오 모여 공원 벤치에 앉아서 주변 풍경을 바라보기도 하고, 이야기를 나누기도 했습니다.

그런데 코로나로 인해 마스크를 쓴 채 대화를 하다 보니, 예전만큼 활발하게 <u>담소를 주고받지는</u> 못하는 것 같습니다.

⑧ 타인을 깎아내리는 표현

제가 사는 곳에 위치한 시립 도서관에서 관할 지역 주민들을 위한 월간 행사의 하나로 유명 강사를 초빙해 인문학 강연을 열었습니다. 강연 주제가 제 관심사이기도 하고 강사 역시 널리 알려진 전문가여서 어떤 식으로 강연을 진행할지 궁금한 마음에 신청을 했습니다.

그날 초빙된 강사는 독서의 중요성과 인문학과의 연관성을 맥으로 잡아 열정적인 강연을 이어갔습니다. 그런데 자신의 믿음에 대한 열정이 지나친 나머지 점점 언어가 거칠어지더니 급기야 한 사례를 이야기하는 도중에 욕설을 입에 담고 말았습니다.

"여러분, 잘 아는 사건 있죠? 2014년 4월 16일에 일어난 세월호 사건요. 그때 물에 빠지고 있는 학생들과 승객들을 뒤로하고 선장 그 새끼가 도망쳤잖아요. 그 새끼가 만약 책을 읽는 사람이었다면 절대로 그렇게 행동하지 않았을 겁니다."

물론 세월호 선장의 무책임한 행동에 분노가 치밀어 그렇게 원색적으로 표현했을 거예요. 하지만 청중의 입장에 있던 저는 세월호 선장의 비정한 행위보다는 강연자의 거칠고 무례한 말투에 더욱 불편한 마음이 들었습니다.

그리고 그날 강연자는 '책을 읽지 않는 사람=무책임한 선장'이라는 생각의 틀을 만드는 오류를 범함으로써 마치 책을 읽는 사람은 책을 읽지 않는 사람보다 인격적으로 우월한 위치에 있다는 인식을 심고 있었습니다. 그러면서도 원색적인 표현을 쓰고 분노를 표출해서 '책 읽는 사람'의 한계를 스스로 드러냈어요. 그날 강연을 들으면서 당혹감을 느낀 사람은 저뿐만이 아니었을 거예요.

한번은 유명한 시인이 강사로 선 강연회에 참석한 적이 있습니다. 삶의 작은 부분조차 쉽게 지나치지 않고 의미를 부여하는 그의 시를 읽노라면 절로 마음이 차분해지고 여유를 갖게 되고는 했습니다. 도대체 어떤 사람이기에 그렇게 넉넉하고 따뜻한 문장들을 누에고치에서 뽑아내는 실처럼 술술 끄집어낼 수 있을까 하는 기대를 품고 강연 장소로 향했습니다.

그런데 기대가 너무 컸던 걸까요? 그 시인은 강연 도중에 많은 사람 앞에서 자신의 아내에 대한 험담을 늘어놓기 시작했습니다. "쯧쯧, 딱하다"며 깎아내리는 식으로 말하는 그를 보며 시의 내용과 삶이 일치하지 않는다는 느낌을 받았고, 만약 그의 아내가 그 말을 듣는다면 참으로 서운할 것이라는 생각이 들었습니다.

사적인 자리에서도 그 자리에 없는 사람을 비난하거나 험담을 늘어놓는 행위는 옳지 못합니다. 하물며 다양한 연령층의 사람이 집중하고 있는 공적 스피치 현장에서 누군가를 깎아내리고 험한 말을 입에 올리는 것은 화자 자신의 평가와 평판을 스스로 깎아먹는 어리석은 행동입니다. 자극적인 표현과 말로 당장은 청중의 환심을 사로잡을 수 있을지 모르지만, 결국에는 많은 사람으로부터 '남을 비방하는 사람'이라는 인식에서 벗어날 수 없습니다. 말

297

이 갖는 힘을 두려워해야 하는 이유입니다.

⑨ 본전도 못 찾는 자기 자랑 늘어놓기

'나이가 들면 입을 여는 대신 지갑을 열어라'라는 말이 있습니다. 이런 말이 나온 이유가 있겠죠? 나이를 내세워서 대화의 주도권을 쥐고 젊은 세대의 입을 닫게 만드는 분들이 많기 때문일 겁니다.

나이 지긋한 분들과 대화를 나누면서 안타까움을 느낄 때가 더러 있습니다. 젊은 세대가 싫어하는 방식으로 대화를 끌어가기 때문입니다. 이해는 해요. 세상은 점점 빠르게 변화하는데 그 속도를 따라잡지 못해서 젊은이들의 대화에 끼어들기 힘들 테니까요. 그래서 '라떼는(나 때는) 말이야' 식으로 대화의 소재와 주제를 자꾸만 과거로 돌리는 우를 범합니다. 게다가 다른 사람은 별 관심이 없는 과거의 행적을 마치 무용담 늘어놓듯 장황하게 이야기해서 타인을 지치게 만들기도 합니다. 생각해보세요. 그런 분과 다시 대화를 나누고 싶을까요? 흥미도 없고 관심도 없는 장황설 앞에서 꼼짝없이 벙어리가 되어야 한다면, 다음에는 그분과 마주쳐도 피하고 싶어질 거예요.

영국 BBC 방송을 통해 해외에 널리 알려진 우리나라의 부정적인 관습 중 하나가 '꼰대(kkondae)질'입니다. 주로 윗세대의 어른들이 자신들의 나이와 권위를 이용해서 지위가 낮거나 나이가 어린 사람들에게 자신의 뜻과 행동 양식을 따르도록 강요하는 행위를 일컫습니다.

'꼰대'에서 벗어나는 방법은 뒤에서 묵묵히 조력하는 리더십을 발휘하는 것입니다. 장황한 말보다는 진심 어린 한두 마디의 말이 더욱 큰 힘을 발휘합니다. 주목받지 못하는 것을 두려워하지 말아야 하고, 나보다 어린 세대의 입장에서 세상을 바라보는 마음을 가져야 합니다. 어떤 자리에서 주인공이 되고 싶다는 유혹을 이기지 못하면, 영영 인간관계가 끊길 수 있습니다. 과거의 경험을 오늘과 미래를 살아가는 자양분으로 삼되, 그걸 떠벌려서는 안 됩니다. 그래야만 '친구 같은 어른'으로 인정받을 수 있습니다.

⑩ 섣불리 판단하지 말라

'인생은 자신의 착각 속에서 떠나는 여행'이라는 말이 있습니다. 바꾸어 생각하면, 자신만의 주관과 철학이 있어야 이 험난한 세상을 살아갈 수 있다는 뜻입니다. 확고한 가치관과 기준이 있다면 어떤 상황에서건 흔들리지 않고 자신의 길을 갈 수 있을 거예요.

하지만 자신의 생각과 주관을 신봉한 나머지 다른 사람이 가치 있게 여기는 것을 얕잡아보거나 다른 이의 말과 행동을 자신이 옳다고 여기는 방향으로 끌어들이는 것은 분명 잘못입니다. '나'와

'너'가 다름을 인정하고 타인의 인식 세계와 행동 양식을 존중해야 하는데, 나의 기준에 맞추어 판단하게 되면 갈등이 유발되고 행복한 삶과 거리가 멀어집니다.

요즘 가끔 시청하는 TV 프로그램이 있습니다. 솔로인 남녀들이 5박 6일 동안 방송국에서 제공하는 데이팅 시스템에 참여하여 짝을 찾는 과정을 그린 프로그램입니다. 리얼리티를 바탕으로 꾸밈없이 진행해서 싱글인 저는 어떤 연애 노하우를 얻을 수 없을까 하고 간간이 시청하는데, 남녀 출연자들의 성향이 참 다양하고 가지각색입니다.

그중 '영호'라는 가명을 쓰는 한 남성 출연자가 제 눈길을 끌었습니다. 그는 늘 여성 출연자들을 배려하는 태도를 보여서 참 인상적이었는데, 그러한 배려에는 이유가 있었습니다. 프로그램을 진행하는 가운데 예기치 못한 사건이 발생해서 '영호'가 호감을 갖고 있는 여성 출연자가 속상해하는 상황에서 그는 다음과 같이 인터뷰를 합니다.

"감정의 크기와 상처 입은 마음을 충분히 알 수 없기에 그 어떤 말도 하기가 미안해져요."

그는 타인과 나의 다름을 인정하고서 겸손하고 겸허한 자세로 그 사람을 바라보고 있는 거예요.

우리는 때때로 상대방의 마음을 다 아는 것처럼 이야기할 때가 있습니다. 그 사람이 간 길을 가보지 않았고, 그 사람의 생각을 형성한 배경과 환경, 여러 가지 변수에 대해서 알지도 못하면서 넘겨 짚고선 아는 체를 합니다. 그 사람의 전부를 알 수 없다면 함부로 말해서는 안 됩니다. '판단을 받지 않으려거든 판단하지 말라.'는 성경 구절도 있습니다.

이 세상에 완벽한 사람은 단 한 명도 없습니다. 내가 완벽하지 않은 만큼 상대방에게서도 완벽을 기대하지 않는 것이 좋은 인간 관계를 맺는 길입니다.

Chapter 6

지애의
스피치 교실로
오세요

이번 챕터에서는 스피치 수업을 경험해본 적이 없는 분들에게 스피치 강의가 어떻게 진행되는지, 스피치 강의실에서 어떤 일들이 벌어지는지 보여드리려고 합니다. 말은 인간이 세상과 소통하는 기본적인 도구이기 때문에 누구나 잘할 거라고 생각해요. 그래서 말이 어눌하거나 소통에 어려움을 겪는 분들은 자신의 약점을 드러내지 않으려고 말문을 닫는 선택을 하기도 합니다. 그런 면에서 제 스피치 교실의 문을 두드리는 분들은 용기 있는 사람들이에요. 자신의 문제와 당당히 맞섬으로써 좀 더 나아지는 선택을 했으니까요.

지한 씨의
면접 시뮬레이션 수업

똑똑똑, 노크 소리가 들려옵니다. 문을 두드리는 사람의 긴장 감이 소리를 통해 전해오는 것만 같습니다.

"네, 들어오세요."

아담한 체격의 청년 남성이 쭈뼛거리며 안으로 들어섭니다. 그는 마치 이곳이 처음이기라도 한 것처럼 두리번거리다가 내가 손 바닥으로 가리킨 의자에 가서 앉습니다.

"수험 번호 ○○번 김지한 지원자님, 간단하게 자기소개 부탁드 립니다."

지한 씨는 정신과 자세를 가다듬으려는 듯 허리를 꼿꼿이 세우고 심호흡을 한 뒤에 입을 엽니다.

"(헛기침한 뒤) 안녕하십니까? 음, 남다른 책임감과…… 음, 친화력으로…… 아, 죄송합니다. (머리를 긁적이며) ……기억이 안 나네요."

입사 면접을 보면서 이렇게 행동한다면, 엄청난 감점 요인이 될 거예요. 하지만 다행히 지금 이곳에서는 면접 시뮬레이션을 진행 중입니다.

"괜찮아요, 지한 님. 긴장해서 그런 거니까 조금 더 연습하면 다음엔 더 유창하고 자신감 있게 할 수 있을 거예요."

저의 격려에 김지한 씨가 얼굴을 붉힙니다.

이미 여러 번 일 대 일 면접 스피치 수업을 진행했는데도 김지한 씨는 처음으로 돌아간 듯 심한 긴장감과 조바심에 허둥지둥했습니다. 수차례에 걸쳐 면접 예상 질문의 답변을 작성하고, 그것을 토대로 말하기 연습을 되풀이하면서 지한 씨는 부쩍 자신감이 붙은 듯했지만, 실제 면접장과 유사한 분위기 속에서 그만 속절없이 무너지고 만 겁니다.

"어땠어요?"

제 물음에 김지한 씨가 답했습니다.

"순간적으로 머릿속이 하얘져버렸습니다."

과거에 MBC의 〈무한도전〉이라는 예능 프로그램에서 출연자들이 방송국 입사 면접을 치르는 상황을 연출한 적이 있어요. 〈무한

도전〉 멤버들은 면접 시험관인 PD들과 평소 친분을 나눈 사이였고 실제로 면접을 보는 것이 아닌데도 무척 긴장한 모습을 보였습니다. 많은 사람 앞에 나서는 직업을 가진 분들이 그럴 정도인데, 일반인들이 면접 상황에서 긴장하고 당황하는 것은 당연한 일이겠죠?

오랜 시간 몸에 밴 습관은 쉽게 고칠 수 있는 게 아니에요. 특히나 중요한 면접을 앞둔 상황이라면 시간적 여유가 많지 않기 때문에 별다른 진전이 없을 때는 수강생이나 선생이나 조바심이 생기지 않을 수 없습니다. 하지만 이런 때일수록 선생이 중심을 잡아야 합니다. 성급한 마음에 휩쓸려버리면 수강생도 선생도 길을 잃고 맙니다.

다행히 면접 시뮬레이션에서 낭패를 당한 뒤로 김지한 씨는 이전과는 다른 태도로 훈련에 임했습니다. 실전을 통해 어떤 부분이 부족하고 어떤 부분을 고쳐야 하는지 확인했기 때문에 자신의 약점을 보완하기 위해 노력했어요.

그동안의 수업은 면접 스피치 역량을 향상시키기 위해 벽돌을 쌓는 과정이었어요. 이제 벽돌에 시멘트를 두껍게 바르고 미관상으로 매끈해지도록 미장을 하는 단계가 남아 있었습니다.

저는 면접 상황에서 맞닥뜨릴 여러 가지 질문에 김지한 씨가 자동적으로 답하는 정도가 될 때까지 계속해서 답변을 소리 내어 읽게 했고, 면접관을 대하는 표정과 제스처가 당당하고 자연스럽도록 지속적으로 교정했습니다. 그러고 나서 두세 번의 모의 면접을 거치자 김지한 씨의 말하기 능력이 크게 나아진 것을 확인할 수 있었습니다. 표정과 몸짓도 한결 부드러워져 있었어요. 그리고 마지막 면접 시뮬레이션을 하는 날이었어요.

똑똑똑.

과하지도 모자라지도 않은 적당한 크기의 노크 소리가 들려옵니다. 베테랑 면접관이라면 노크 소리만 듣고도 면접 대상자의 심리 상태를 파악할 수 있어요. 크게 긴장했거나 심리적으로 흔들릴 때는 힘 조절을 제대로 못해서 문을 너무 세게 두드리거나 소심하게 두드리게 되거든요. 김지한 씨는 노크 소리에서부터 안정감을 주었습니다.

김지한 씨는 밝은 표정으로 면접관(여기서 면접관은 저예요)에게 목례를 한 뒤 면접관이 지정하는 자리에 가서 앉았습니다. 자기소개를 할 때도, 면접관의 질문에 답할 때도 전혀 당황하는 기색 없이 당당하게 임했습니다. 이런 순간도 있었어요.

"죄송합니다만, 다시 한 번 더 질문을 해주실 수 있습니까?"

김지한 씨는 공손하고도 당찬 태도로 자신의 요구 사항을 말하는 여유까지 보여주었습니다.

어떤가요? 첫 시뮬레이션 때와는 많이 달라졌죠?

여러분 생각은 어떠세요? 지금 김지한 씨가 그동안의 수업과 훈련을 통해 익힌 대로 '연기'를 하고 있는 걸까요?

그렇지 않습니다. 분명 지한 씨는 다른 사람이 되었습니다. 말하기에 자신감이 생기고, 그로 인해 타인을 대하는 품이 넓어지면서 한결 여유롭고 부드럽게 변했습니다. 그리고 어른스러워졌습니다.

처음 만났을 때의 김지한 씨가 어땠는지 저는 기억합니다. 제 눈을 똑바로 쳐다보지 못할 정도로 수줍음이 심했거든요. 그런데 그 사이에 그는 부쩍 성장해 있었어요. 면접 시뮬레이션을 마친 뒤에 스스로도 만족스러웠는지 저를 슬쩍 쳐다보며 수줍게 미소를 지어 보였는데, 처음 만났을 때 짓던 수줍은 미소와는 결이 다르게 다가왔습니다. 그 미소를 대하면서 저는 김지한 씨가 앞으로 어떤 상황과 맞닥뜨리건 잘 대처할 수 있을 거라는 확신을 가졌습니다.

일주일 뒤 지한 씨는 최종 면접에 합격했다는 반가운 소식을 전해왔습니다.

그래요. 지한 씨는 매력적인 사람이니까 회사에서도 다들 좋아할 거예요. 직장인으로 살아가면서 항상 좋은 일만 있는 건 아닐 테지만, 저와 면접 스피치 수업을 하며 찾아온 몇 번의 고비를 넘겼던 것처럼 잘해낼 거라고 믿어요.

나를 바라보는
시간

지인의 소개로 영은 양과 통화하면서 첫 스피치 수업 일정을 약속한 뒤 저는 여느 수강생을 처음 만날 때와는 다른 종류의 기대감을 가졌습니다. 20대 초반의 대학생인 영은 양의 목소리로만 판단했을 때, 스피치 수업이 따로 필요할까 싶은 생각이 들 정도로 목소리 톤이 밝고 에너지가 넘쳤으며 말투에서는 예의 바르면서도 씩씩한 느낌이 들었거든요.

아이돌 그룹의 노래를 따라 부르고, 전화보다는 메시지 보내는 것이 더 익숙하며, 미슐랭 가이드가 추천한 힙한 맛집에서 음식 사진을 먼저 찍은 뒤에 식사를 하는 영은 양의 일상이 눈앞에 그려져서 직접 만나기 전부터 무척 친근하게 다가왔습니다.

며칠 뒤 첫 수업을 위해 마주 앉았습니다. 우리는 서로 코로나바이러스에 음성인 것을 확인한 뒤에 마스크를 벗었습니다. 반달눈이 되어 이를 환하게 드러내며 웃는 영은 양의 모습이 참 보기 좋았습니다.

스피치 전문가의 입장에서 관찰하면 대부분의 사람에게서 말하기에 관한 약점이 보입니다. 영은 양에게서도 그런 점이 보였지만, 굳이 드러내서 꼬집을 만큼 큰 문제는 아니었어요. 처음 보는 사람 앞에서 쾌활하고 편안하게 말하는 걸 보면 영은 양 스스로도 말하기에 자신감을 갖고 있다는 걸 알 수 있었습니다. 그래서 영은 양이 왜 스피치 훈련을 자처했는지 의아했습니다.

"상담심리사가 되고 싶어요."

"영은 씨에게 잘 어울리는 일이네요. 특별히 상담심리사를 꿈꾸게 된 계기가 있나요?"

잠시 머뭇거린 뒤 영은 양이 답했습니다.

"중·고등학생 시절을 아주 힘들게 보냈습니다. 제 얘기를 들어줄 누군가가 간절했던 시간이었어요. 그 시간을 돌아보면서 힘들어하는 사람의 마음을 치유해주는 일을 하고 싶다는 생각을 갖게 되었습니다."

영은 양을 소개해준 지인께서 그녀가 질풍노도의 청소년기를 다소 호되게 치렀다고 이야기해주었습니다. 자세한 사연을 묻지는 않았지만, 영은 양이 아주 힘겨운 과정을 거쳤다는 사실을 알 수 있었어요. 영은 양과의 만남이 기다려졌던 건 그녀가 지금은 어떤 생각을 갖고 살아가고 있을까 하는 궁금증 때문이기도 했습니다. 기대했던 대로 어떤 혹독한 경험이 누군가에게는 독이 될 수 있지만, 누군가에게는 약이 될 수도 있다는 사실을 영은 양이 상기시켜주었습니다.

우리는 수업 시간의 절반가량 이야기꽃을 피우다가 본격적인 첫 수업을 시작했습니다.

전체 과정에서 전반부 4회는 보이스 트레이닝에 집중하기로 했습니다. 음성을 진단하기 위해 캠코더로 녹화하는 가운데 영은 양에게 텍스트를 읽도록 했어요. 말하기에 자신감을 가진 영은 양은 어땠을까요?

녹화 버튼을 누른 뒤로 영은 양의 쾌활한 표정과 밝은 음성은 못된 마녀가 빼앗아간 것처럼 순식간에 사라지고 말았습니다. 잔뜩 움츠러들었고 낭랑하던 목소리도 기어들었으며 발음마저 부정확했습니다. 이어서 30초 동안 자기소개를 해달라고 주문했습니다. 역시 무척이나 쑥스러워하면서 몸을 배배 꼬더니 말을 하는 둥 마는 둥하다가 황급히 끝내버렸습니다.

영은 양은 왜 갑자기 딴사람이 되어버렸을까요? 사실 스피치 훈련을 받지 않은 분들 대부분이 이런 모습을 보입니다. 자신에 대해 소개하는 일이 일상생활에서 흔히 일어나지 않기 때문에 준비가 되지 않은 상태에서는 허둥댈 수밖에 없죠. 아무리 음성과 발음이 좋아도 '내용'이 없으면 음성과 발음마저 흔들리니까요.

자기소개를 한다는 것은 나를 알릴 수 있는, 자주 찾아오지 않는 절호의 기회예요. 처음 보는 사람에게 나라는 존재의 이름 석 자를 각인시킬 수 있을 뿐 아니라, 나의 관심사를 드러냄으로써 상대방과의 접점을 만드는 통로이기도 해요. 취미, 꿈, 좋아하는 음식, 하는 일 등 어떤 소재라도 좋아요. 나를 솔직하게 드러낸다는 생각으로 접근하면 수월하게 자신을 소개할 수 있습니다. 언제 찾아올지 모르는 기회를 위해 평소에 자신에 대해서 생각하고 미리 준비한다면 자기소개를 해야 하는 상황에서 당황하지 않을 거예요.

녹화 종료 버튼을 누르자마자 영은 양은 부끄러워 어쩔 줄 모르는 표정을 지었습니다. 마치 커다란 실수를 저지른 사람이 애써 사태를 수습하는 것처럼 계속 이리저리 둘러댔어요.

"카메라가 있으니까 말을 못하겠어요."

"아휴, 무슨 말을 했는지도 모르겠네요."

"식은땀이 날 지경이에요."

"자기소개를 해본 지가 너무 오래되어서……."

녹화한 영상을 LCD TV 화면으로 확인하기 위해 캠코더 케이블을 연결하면서 제가 말했습니다.

"고생했어요. 자기소개를 영상으로 찍어본 적이 없기 때문에 어색했을 거예요."

영상을 켜놓고 함께 보면서 저는 영은 양의 스피치 역량을 함께 진단하기 위해 성량과 발음, 말의 내용과 속도, 시선 처리, 자세, 습관적인 말투와 몸짓 등 요소 하나하나를 짚으면서 영은 양이 어떤 특징과 강점을 지니고 있는지, 또 개선하고 보완해야 할 부분은 무엇인지 상세하게 알려주었습니다.

영은 양은 자신의 모습과 마주하는 것이 민망한 듯 참담한 표정을 짓고 있다가 이내 평정을 찾고 자신의 모습을 관찰한 감상을 얘기했습니다.

"크게 말한다고 생각하고 소리를 냈는데, 제 목소리가 저렇게 작은지 몰랐어요. 눈빛은 또 왜 저리 우울할까요? 손가락을 만지작거리는 습관이 있다는 것도 몰랐어요."

영은 양의 푸념에 저는 이렇게 말해주었습니다.

"살아가면서 자기 모습을 객관적으로 관찰할 수 있는 기회가 많지 않아요. 그리고 많은 사람이 자신을 객관적으로 바라보는 것을 피하려고 합니다. 내가 생각하는 나와 다른 사람이 생각하는 나 사이에 어느 정도 괴리가 있다는 사실을 누구나 인지하기 때문이에요. 그래서 저는 영은 씨를 비롯해서 스피치 수업에 참여하는 수강생들이 참 용기 있는 분들이라고 생각해요."

그러고 나서 이렇게 덧붙였습니다.

"오늘 녹화를 하지 않았더라면 평생 모르고 지나갔을 수도 있을 텐데, 지금이라도 이렇게 점검해서 장점과 개선점을 발견했으니까 앞으로는 스피치 훈련을 통해 좋아질 일만 남았겠죠?"

제 말에 영은 양은 살포시 미소를 지었습니다.

처음에 저는 영은 양과 통화하면서 그녀가 군이 스피치 수업을 들을 필요가 있을까 하고 생각했습니다. 하지만 상담심리사를 꿈꾸는 영은 양은 미래의 내담자와 더욱 원활하게 소통할 수 있는 소양을 갖추기 위해 스피치 교실의 문을 두드렸던 거예요. 일상의 대화에는 능숙할지라도 공적 스피치에 나서거나 내밀한 정보를 교환하고 누군가에게 힘을 실어주는 말을 해야 할 때에는 보다 수준 높은 스피치 수준을 갖추어야 하잖아요? 그래서 영은 양은 스스로를 점검할 생각으로 스피치 수업에 임했고, 지금 자신이 어디에 있는지 확인하게 된 겁니다.

첫 4회의 수업 동안에는 목소리 훈련에 집중했습니다. 매 시간 복식 호흡을 적용한 발성을 연습하고, 장·단음 효과와 틀리기 쉬운 우리말 표현, 강조법, 품위를 높이는 언어, 진행 화법 등의 세련되고 정제된 스피치 기술을 더하면서 안정감 있고 호소력 짙은 음성을 갖추어갔습니다. 뿐만 아니라 매 수업마다 마지막 순서에는 카메라 앞에서 다양한 장르의 스크립트를 읽는 시간을 가졌습니다. 녹화한 영상은 그때그때 같이 보면서 잘한 점과 개선할 점을 체크했어요. 수업 시간이 아닐 때에도 영은 양 스스로 영상을 찍어 보내도록 해서 자신의 스피치 역량을 확인할 수 있도록 지도했습니다. 4회 차 수업을 마칠 무렵 영은 양은 부쩍 자신감이 붙어서 MC 스크립트를 여유 있게 소화했으며, 손을 만지작거리거나 구부정하게 서 있는 등의 자세도 보기 좋게 교정되었습니다.

목소리 훈련을 통해 힘차고 자신감 넘치게 말하는 방법을 터득한 영은 양은 더욱 높은 곳으로 향하고자 했습니다. 그래서 보이스 트레이닝을 마치자마자 곧바로 논리 스피치 수업을 이어나갔습니다.

영은 양은 원래 경영학을 전공했습니다. 상담심리사가 되기로 마음먹은 뒤에 상담학으로 전공을 바꾸기로 했고, 저의 스피치 교실에 찾아올 무렵엔 전과(轉科) 면접을 반 년 정도 앞두고 있던 상황이었어요. 그리고 상담학이라는 학문을 공부하기에 앞서 소양을 쌓기 위해 휴학을 택했던 영은 양은 다음 학기에 복학할 예정이었습니다.

"휴학하는 동안 사람들과 소통할 기회가 별로 없었고, 더군다나 코로나 때문에 거의 외부와 단절된 상태로 지냈어요. 이제 곧 복학하게 될 텐데, 학교에서 과제 발표와 친교 활동을 잘할 수 있을지 걱정이에요."

자의든 타의든 어느 정도 세상과 담을 쌓고 지낼 수밖에 없었던 영은 양에게 논리 스피치 수업은 세상과의 말문을 트기 위한 최적의 시간이었습니다.

논리 스피치 수업의 첫 시간에 다시 한 번 자기소개를 하는 시간을 가졌습니다. 지난 4주 동안 수업을 잘 따라온 덕분에 영은 양은 또렷한 발음과 밝은 음성, 차분한 태도로 자기소개를 마쳤습니다. 하지만 무언가 2% 부족한 느낌이었어요. 당당하고 호감 가는 목소리는 흡족했지만, 면접이나 공적인 자리에서 다른 누군가가 톡톡 튀고 참신한 소개말을 한다면 묻히기 십상인 그런 내용뿐이었거든요. 선생인 저로서는 영은 양의 자기소개를 더 매력적으로 만들고 싶다는 욕심을 가질 수밖에 없었어요.

일단 스피치 구조를 짜는 방법부터 시작했습니다. 첫 멘트에서 청중을 사로잡는 창의적이고 개성 있는 오프닝(서론)을 만들기 위한 다양한 소재를 소개했고, 브레인스토밍을 통해 영은 양만의 독특하고 고유한 소재를 끄집어내도록 이끌었습니다. 이어서 풍성한 메인 포인트(본론)를 채우기 위해 자신의 스토리를 만드는 과정을 함께 고민했고, 인상적인 클로징(결론)으로 여운을 남기기 위해서는 어떤 내용으로 장식해야 하는지 가르쳐주었습니다. 이렇게 머릿속에 서론과 본론, 결론의 구조를 새기고 각 단계에 적합한 내용을 배치하면 스피치를 할 때 당황하거나 허둥대지 않을뿐더

러 알차고 풍성하며 개성 있는 스피치로 사람의 마음을 사로잡을
수 있습니다.

자, 이제부터는 영은 양의 몫입니다. 나만의 독특하고 개성 있는
스토리를 만들기 위해 영은 양은 자기 자신과 만나야 합니다. 저
는 곁에서 영은 양이 길을 잃지 않도록 나침반 역할을 할 뿐이에
요. 내가 가진 강점, 가장 행복했던 순간, 나만의 소확행, 스트레스
해소법, 코로나19 사태를 겪으며 집콕 생활을 슬기롭게 보낸 나만
의 노하우, 다른 이에게 들려주고 싶은 나만의 독특한 경험, 미래
어느 때의 내 모습 등등 다양한 접근법으로 나를 돌아보고 바라
보는 시간을 갖게 했습니다.

수업을 마칠 무렵에는 3분 스피치의 주제를 공개하고, 그 주제
에 따라 서론과 본론, 결론의 구조에 맞게 스크립트를 직접 작성
하고 연습해오도록 했습니다. 그리고 다음의 수업 때 카메라 앞에
서 발표하고 녹화된 영상을 함께 보면서 장·단점을 확인했습니다.

"휴학 전 리포트 제출을 위해서 글을 써본 이후로 정말 오랜만
에 글을 써보는 거예요, 선생님."

글쓰기를 부담스러워하면서도 영은 양은 성실하게 대본을 잘
작성해왔고, 발표 때마다 성의 있고 진지한 태도로 임했습니다. 녹
화 영상을 함께 보면서 제가 피드백을 할 때엔 노트에 내용을 꼼
꼼하게 적었고, 집에서도 성실히 연습했는지 다음 발표 때면 저의
피드백을 잘 반영해서 한층 나아진 모습을 보여주었습니다.

두 달 동안 총 여덟 번의 수업으로 스피치 실력이 얼마나 변할 수 있을지 의구심을 갖는 분도 있을 거예요. 수업은 한 달에 네 번이지만(상황에 따라 수업을 늘리기도 합니다), 수업 시간에 익힌 내용을 일상에 적용하면서 꾸준히 연습하고 또 스스로 영상을 찍어 제게 보내면 그때마다 피드백을 해주기 때문에 실제로 수강생들은 그보다 훨씬 많은 시간 동안 훈련을 하는 거예요. 그래서 수강생이 얼마나 충실하고 열정적으로 임하느냐에 따라 두 달 동안에도 엄청난 변화가 일어날 수 있습니다. 영은 양은 아주 모범적인 학생이었고, 두 달 동안의 스피치 여정을 마칠 즈음 그녀는 준전문가로 거듭나 있었습니다.

마지막 시간에 제가 물었습니다.

"영은 씨, 두 달 전과 지금 가장 달라진 것이 무엇이에요?"

영은 양은 잠시 생각에 잠겼다가 대답했습니다.

"자신감요."(실제로는 '근거 없는 자신감'이라고 말했어요.)

그리고 이렇게 덧붙였습니다.

"스피치 수업을 듣기 전에는 저의 부족한 점만 도드라져 보였어요. 그리고 불투명한 미래 때문에 잠을 설친 적도 많았어요. 그런데 스피치 수업을 들으면서 점점 변화해가는 영상 속의 제 모습을 확인하면서 내가 노력하는 만큼 얻을 수 있다는 사실을 깨달았습니다. 잘할 수 있다는 자신감 장착! 그게 가장 큰 소득이에요. 이번 경험이 학교에 복학한 뒤에 학과에 적응하는 데에도 큰 도움이

오늘 1의 노력을 했다고 해서
1의 결과를 얻는 것은 아니에요.
1에 1을 더하고, 다시 1을 더해도
달라지는 게 보이지 않을 수도 있어요.
하지만 반드시 그날은 온답니다.
그동안 바친 모든 노력보다
더욱 큰 선물이 찾아오는 그날.

될 거라고 확신합니다."

스스로 달라지고 있다는 사실을 확인하는 만큼 큰 응원이 어디 있을까요? 영은 양은 얼마 지나지 않아 한 기업에서 청년들을 대상으로 기획한 공익 프로젝트에 참가하여 이전 같았으면 엄두도 내지 못했을 기획안 발표와 최종 활동 프레젠테이션을 잘해낼 수 있었다며 감사 인사를 담은 메시지를 보내왔습니다.

그렇게 영은 양은 스피치 수업을 통해 얻은 자신감으로 자신이 그려온 꿈을 향해 한 걸음씩 나아가고 있습니다. 복학 후 오랜만에 찾은 학교에서 스피치 수업에 임한 것처럼 성실하게 학과 수업에 매진한 결과 학기를 잘 마칠 수 있었고, 이후 전과 면접을 준비하기 위해 저를 다시 찾았을 땐 한층 견고해진 모습이었습니다.

저와 함께 면접 예상 질문에 대한 답변을 작성하는 과정에서 그녀는 자신의 꿈을 더욱 공고히 다지게 되었는데, 이전까지 밑그림만 그려놓은 상태였다면 모의 면접 수업을 통해 보다 구체적인 형태와 색상, 질감 등을 입체적으로 채워나갔습니다. 목표한 바가 뚜렷해진 만큼 모의 면접 수업에서 간혹 실수를 하더라도 오뚝이처럼 즉시 일어나 흔들리지 않는 눈빛으로 자신의 소신을 진정성 있게 어필하는 수준에까지 다다랐습니다.

마침내 전과 면접에 합격했다고 수화기 너머로 소식을 전해왔을 때, 그녀처럼 제 마음도 들뜨고 감격스러웠습니다.

영은 양의 새로운 도전을 응원합니다. 그녀가 택한 새로운 도전 속에서 많은 것을 경험하며 꾸준히 성장해갈 것을 의심하지 않습니다. 그리고 영은 양을 통해 많은 이들이 치유되고 위안을 얻을 것임을 확신합니다.

그동안 스피치 수업을 진행하면서 한 달, 아니 단 하루 만에도 스피치 실력이 좋아지는 분들을 많이 만났습니다. 어떤 일이든 간절함과 본인의 의지, 강력한 열정으로 임한다면 못해낼 일이 없다는 사실을 그분들을 통해 다시 한 번 깨달았습니다.

나의 생각과 경험을
더 잘 전해주겠다는 그 마음

런웨이를 걷는 모델을 상상해보세요. 새로운 시즌의 유행을 이끌 감각적이고 근사한 의상을 입고서 좌우에 빼곡한 시선들 사이로 당당하게 걸어가는 모델의 모습을요. 그 장면이 2023 S/S 패션쇼 무대의 런웨이가 아니라 여러분의 직장으로 들어서는 출입로라면 과연 여러분은 어떤 모습을 하고 있을까요?

　그룹 스피치 강의를 하기 위해 강의실에 들어선 뒤 강단에 서기까지의 그 짧은 시간 동안 저는 런웨이를 걷는 모델과 같은 설렘을 느끼고는 합니다. 물론 제가 모델처럼 외모가 근사한 사람이라는 뜻은 아니에요. 다만 그 짧은 길에서 저는 오늘 만나게 될 인연과 저의 스피치 강의를 통해 수강생의 삶에 나타날 긍정적인 변화에 대한 기대감으로 잔뜩 부풀어 오릅니다.

스피치 그룹 수업에는 적게는 두세 명에서 많게는 쉰 명 가까이 참여합니다. 나이와 직업, 사는 곳, 관심사, 언어의 역량 등은 다 제각각이지만, 모두 스피치를 잘하고 싶다는 바람을 갖고 모였기에 그 공통분모가 수강생 간에 동질감을 갖게 해주고, 동질감과 유대감으로 한데 뭉친 수강생들은 마음을 모아 자신들 앞에 선 선생을 향한 기대를 드러냅니다. 서로를 향한 기대감이 저로 하여금 강의에 대한 열정과 사명감을 샘솟게 합니다.

정혜수 씨를 알게 된 것은 그룹 스피치 강의에서였습니다.

추석 연휴를 조금 앞둔 시점에 제가 출강하는 교육원에서 스피치 강사 과정을 열었습니다. 열 명 내외의 수강생이 참석한 가운데 퇴근이 늦어져서 어쩔 수 없다며 비대면으로 출석한 사람이 바로 혜수 씨였어요.

첫날이어서 한 분씩 앞으로 나와 간단히 자기소개를 하는 시간을 가졌습니다. 늘 그렇듯 초면인 수강생들 사이에는 어색함이 감돌았습니다. 여느 수업과 달리 수강생 대부분이 현직 강사이거나 강사를 희망하는 분들이기 때문에 묘한 경쟁심 같은 것도 느낄 수 있었어요.

평일 저녁 시간이다 보니, 퇴근 후 부랴부랴 강의실로 달려오기도 하고 시간이 애매한 분들은 귀갓길에 비대면으로 참여한 가운데 혜수 씨는 아예 회사에서 비대면으로 출석한 상태였습니다. 자신을 국내 한 공기업의 홍보팀장이라고 소개한 그녀는 평소에 말을 조리 있게 잘하고 싶은 마음이 강하거니와 직원을 대상으로 교육을 해야 할 일이 많은데 그때마다 보다 또렷한 음성으로 정확하게 내용을 전하기 위해 강의를 신청하게 되었다고 밝혔습니다. 약간 허스키한 음성을 지닌 혜수 씨는 비대면상에서도 민첩하게 행동했고, 온라인으로 접속한 다른 비대면 수강생들에 비해 훨씬 적극적으로 수업에 임했습니다.

커리큘럼에 따라 보이스 트레이닝을 진행했습니다. 다 같이 바른 자세를 취하고 복식 호흡의 원리부터 익혔어요. 발성법을 다룰 땐 한 명 한 명 배에서 끌어올린 소리를 내고 있는지 일일이 성량과 배의 움직임을 직접 확인했습니다.

다양한 발성법을 훈련한 뒤 그날 연습할 뉴스 원고를 제가 한 문장씩 선창할 때였습니다. 강의실 뒷문이 슬며시 열리더니 까치발을 한 수강생이 빈자리로 가서 앉았습니다. 정혜수 씨였어요. 어쩔 수 없이 비대면으로 수업에 참석했다가 직접 몸으로 부딪치면서 공부하는 것이 훨씬 효과적이라는 사실을 깨닫고는 마치 축지법을 쓴 것처럼 강의가 시작되고 한 시간 만에 비대면에서 대면으로 옮겨온 것이었어요. 열정이 대단하죠?

수업의 후반부에는 뉴스 대본을 전달력 있게 읽는 노하우를 적용하여 연습을 한 뒤에 한 사람씩 발표하는 시간을 가졌습니다. 혜수 씨는 자신의 차례가 되자 쑥스러운 듯 내내 어색한 웃음을 짓고 있다가 이내 자세를 고치고 뉴스를 낭독했습니다. 오독하지 않고 곧잘 텍스트를 읽어내기는 했지만 긴장한 탓에 속도가 빨랐고 발음이 뭉개졌으며 허스키한 음성 때문인지 어미가 뚝뚝 끊어져 딱딱하게 느껴졌습니다. 저는 복식 호흡을 해서 목 대신 배로 말한다는 생각으로 소리를 뱉으라고 조언하는 한편 듣는 사람이 사랑하는 남편이나 아이들이라고 가정한 채 그들에게 들려준다는 느낌으로 '말하듯이' 읽을 것을 권했습니다.

2주 뒤 혜수 씨가 속한 반에 들어갔습니다. 마치 수능을 한 달 앞둔 고등학교 3학년 수험생이 필사적으로 공부하듯, 그녀는 수업 내용을 하나라도 놓칠세라 결의에 찬 눈빛으로 노트에 빽빽하게 메모하면서 강의에 열중했습니다. 그날은 방송의 MC 대본으로 연습을 했는데, 수업이 무척 재미있다며 즐거워했습니다. 이후로도 혜수 씨는 수업에 빠짐없이 참석했고, 발표에도 적극적이었으며, 집에서도 훈련을 게을리 하지 않는다고 자신의 열정을 애교스럽게 피력하기도 했습니다.

그렇게 한 달이 지나자 혜수 씨는 몰라보게 달라졌습니다. 종강을 앞둔 날에는 같은 사람이 맞나 싶을 정도였어요. 짧은 문장, 긴 문장 할 것 없이 어떤 내용의 멘트든 우렁차고 깊이 있는 음성으로 안정적으로 발표하여 그녀의 목소리가 강의실을 꽉 채우는 느낌을 주었어요. 뿐만 아니라 허스키한 음색이 전혀 느껴지지 않았어요. 어떤 일을 맡겨도 안심이 되는 편안함과 안정감을 주는 사람의 목소리였어요. 저는 혜수 씨에게 아낌없는 칭찬과 격려를 보냈고, 혜수 씨는 지난 한 달간의 수업이 자신에게 큰 도움이 되었다며 고마운 마음을 표했습니다. 그리고 마지막 날에 진행하는 최종 프레젠테이션에서 그녀는 자신이 회사에서 직원들을 대상으로 교육하는 콘텐츠를 멋지게 발표하여 수강생들로부터 뜨거운 갈채를 받았습니다.

저와 수강생들이 함께 공부한 것은 스피치 하나입니다. 인생의 수많은 부분 중 한 가지에 변화를 주었을 뿐이에요. 그런데도 많은 수강생이 스피치 훈련을 통해 삶을 대하는 자세가 달라지는 경험을 합니다. 그 이유는 아마도 세상과 관계를 맺는 가장 기본적인 도구가 바로 말이기 때문일 거예요.

대부분의 사람은 어제보다 오늘, 오늘보다 내일 더 나은 존재가 되기를 바라고, 그렇게 되기 위해 노력하고 있습니다. 저의 스피치 강의를 듣는 분들은 저마다의 이상을 향해 다가가는 여정의 한때를 저와 같이하고 있는 거죠. 스피치 강의가 다른 여러 가지 교육과 차별되는 점은 내가 노력하는 만큼 그 결과를 확인할 수 있다는 것입니다. 내 목소리를 듣고 내 모습을 바라보면서 스스로 조금씩 발전하고 있음을 눈과 귀와 느낌을 통해 확인함으로써 동기부여가 되고 앞으로 나아갈 힘을 얻는 거예요. 나를 위로하고 응원하는 그 한마디는 바깥에서 오는 것이 아니라, 내 안에서 시작되는 것인지도 모릅니다.

귀 기울여 듣는 것에서
말공부는 시작된다

요즘엔 남녀 가리지 않고 피부에 관심이 높은 것 같습
니다. 소비자의 기호와 요구에 맞게 화장품도 점점 진화하고 있어
요. 기초 화장품을 고를 때는 흡수율이 좋은 제품을 고르고, 촉촉
한 피부를 유지하기 위해 영양 성분이 풍부한 크림이나 오일을 구
매하는 데 돈과 시간을 아끼지 않는 분들도 많습니다.

그런데 피부에 각질이 생기면 아무리 좋은 화장품을 써도 피부
속까지 영양이 흡수되지 않아서 소용이 없다고 해요. 각질을 제거
해서 피부를 부드러운 상태로 만든 다음 화장품을 써야 효과를
볼 수 있어요.

좋은 영양분이 공급되는 것을 막는 각질처럼 스피치를 공부할

때도 유익한 콘텐츠와 노하우를 수강생들이 제대로 활용하지 못하도록 막는 방해 요소가 있습니다. 경청하지 않는 자세와 고집스러운 마음이에요.

수년 동안 그룹 스피치 강의를 하면서 비슷한 방식과 진심 어린 열정으로 지도해도 전혀 다른 결과를 만들어내는 현상을 많이 봐 왔습니다. 대부분의 수강생이 저의 지도를 잘 흡수하지만, 유독 잘 따라오지 못하는 분들도 있었어요.

2022년 가을, 매 주말마다 하루 8시간씩 강도 높은 일정으로 진행하는 그룹 스피치 과정이 개강하는 날 강의실 강단에 섰습니다. 수강생은 20대 중반부터 50대 중반까지 연령층의 스펙트럼이 넓었고, 간호사, 박물관 큐레이터, 광고 회사 사원, 프리랜서 연기자, 초등학교 방과 후 강사, 건축 회사 중역, 공무원 등 직업도 다양했습니다. 일하는 직종이 천차만별인 것처럼 스피치를 공부하려는 목적과 필요성 역시 제각각이었고, 스피치 실력 또한 개개인마다 차이를 보였습니다.

그날은 발표 미션이 많아서 개강일임에도 자기소개로 첫 순서를 열지 않고 수업 중간중간 자연스럽게 자신을 알릴 수 있는 방향으로 수업을 이끌어나갔습니다. 복식 호흡으로 기초를 다진 뒤 몇 가지 발성법으로 목소리를 다듬고 나서 여러 문장을 통해 강조법을 훈련하고자 한 사람씩 문장을 낭독하게 했는데, 20대 여자 수강생 한 분이 유난히 더듬거렸습니다. 발음 역시 어눌하게 들려서 외국에서 살다 왔나 싶었어요.

"실례가 안 된다면, 고향이 어디인지 여쭤봐도 될까요?"

"경기도 광명시에서 나고 자랐습니다."

토종 한국인이었어요. 그런데도 한 문장을 읽는데도 여러 번 오독과 실수를 반복했어요. 마치 우리말을 배우는 어린아이를 보는 것 같았습니다.

쉬는 시간이었어요. 그녀는 수다 떠는 걸 좋아하는지 복도에서 큰 소리로 다른 수강생들과 대화를 나누었습니다. 스피치 수업을 듣고 나면 대부분의 수강생은 배운 걸 체득하느라 일상적인 대화를 나눌 때도 주의하기 마련인데, 그녀에게서는 조금의 조심성도 찾아보기 힘들었어요.

종강을 1회 앞둔 날, 그녀가 제게 다가와 말했습니다.

"선생님, 저는 목소리가 너무 커요. 어떻게 줄여야 할지 고민이에요. 방법이 없을까요?"

"목소리가 큰 것은 단점보다는 장점이라고 할 수 있어요. 그리고 작은 음성을 키우는 것보다는 큰 음성을 줄이는 것이 쉬워요. 내 목소리를 민감하게 체크하면서 조금씩 볼륨을 줄이듯 약하게 말하는 연습을 꾸준히 해보세요. 그러면 점점 나아질 거예요."

하지만 그때뿐이었습니다. 그녀는 수업 중간의 휴식 시간이면 저의 피드백 따위는 완전히 잊어버린 듯 큰 소리로 통화를 하거나 동료 수강생 앞에서 떠들어대고는 했어요. 결국 모든 스피치 훈련 과정이 끝날 때까지도 그녀의 스피치나 발표 능력에는 별다른 변화가 생기지 않았습니다.

성인이라면 누구나 모국어가 유창할 거라고 생각합니다. 아니, 그래야 한다고 당연시해요. 하지만 언어적인 역량은 다양한 요인으로 인해 사람마다 차이를 보이고, 모국어의 영역별 숙달도도 개개인마다 다른 양상을 띠어요.

스피치 강의를 하다 보면, 적지 않은 성인들이 말하기나 듣기 등을 포함하여 '읽기', 더 정확하게는 '소리 내어 읽기' 또는 '낭독'에 취약한 경향을 보입니다. 저마다 여러 가지 이유로 '읽는' 경험이 부족했기 때문일 것입니다. 어릴 적부터 소리 내어 읽는 교육 문화가 잘 정착되지 않은 영향도 있을 테죠.

사람이 가진 DNA가 한 명이라도 일치되는 것이 없듯 언어적인 역량 역시 성장 과정과 환경에 따라 다를 수밖에 없다는 것은 자명한 이치일 거예요. 각자 다르게 형성된 스피치 역량을 성인이 되어 객관적으로 마주하고 부족한 영역을 발견하는 기회가 왔을 때, 적극적인 자세로 새로운 방법을 받아들여 약한 부분을 개선시키고자 노력한다면 제2의 인생을 살 수 있습니다. 왜냐하면 말이 바꾸면 삶의 모든 부분이 바뀌니까요.

하지만 '내 속엔 내가 너무도 많아서 당신의 쉴 곳 없네'로 시작하는 가수 조성모의 곡 〈가시나무〉에 등장하는 노랫말처럼 내 귓속에 내 목소리만 가득 차게 들린다면 변화와 혁신은 결코 일어나지 않습니다. 다른 이의 말을 듣고 그에 적합한 반응을 보일 때 인간관계가 원활하게 흘러가는 것처럼 나의 스피치 역량을 발전시키는 방법은 경청에서 시작됩니다.

나의 말이 어떻게 들리는지 내 소리를 잘 듣는 것에서 나아가 타인을 포함한 스피치 안내자의 말에 귀를 세심하게 기울여 듣고 받아들일 때 비로소 작은 변화의 물결이 일렁일 거예요.

같은 과정을 들은 수강생 가운데 주말마다 전라도 여수에서 서울까지 와서 수업을 듣는 50대 은희영 씨는 전혀 다른 결과를 만들었습니다.

은희영 씨는 전라도 사투리가 아주 강했습니다. 수업 첫날 발표 연습을 할 때 구수한 전라도 사투리로 신고식을 톡톡히 치렀죠. 50년 넘게 써온 말투를 하루아침에 바꾸기엔 역부족이란 걸 아는지 말하는 도중 넉살 좋은 웃음을 지었어요. 그녀는 금융 서비스업에 종사하여 고객과의 소통이 잦기 때문에 보다 나은 커뮤니케이션과 전문성을 위해 억센 사투리를 교정하고 싶다는 바람을 드러냈습니다.

은희영 씨는 고속철도를 타고 오가면서도 결석이나 지각을 단 한 번도 하지 않았고, 누구보다 집중해서 수업에 임했습니다. 발음 훈련 시간을 통해 제가 따로 알려준 취약한 모음은 쉬는 시간에도 반복적으로 연습했고, 발표를 해야 할 때면 절대 뒷걸음질하거나 회피하지 않고 용감하게 스크립트를 낭독했습니다. 발표를 한 뒤 평가 받은 내용을 숙지해서 다음 발표에 적용하려는 노력을 기울였습니다.

한 달이 지나서 수료할 무렵에 은희영 씨는 말투와 발음, 발성, 발표하는 태도 등 전반적인 스피치 역량이 크게 향상되었습니다. 진하게 묻어나오던 사투리도 90% 가까이 사라졌어요. 그녀의 꾸준하고 의도적인 훈련이 결코 헛되지 않았다는 것을 결과가 보여줬죠. 놀라운 열정과 노력으로 다른 수강생들에게 모범이 되어준 은희영 씨에게 이 책을 통해 감사하다는 말씀 전하고 싶어요.

은희영 씨, 고맙습니다.

은희영 씨와 같은 과정을 공부했던 또 한 사람이 기억납니다. 여성스러운 외모에 늘 세련된 옷차림으로 눈길을 끌었던 30대 초반의 문예진 씨예요.

그녀는 항상 강의실 맨 뒷자리에 앉았습니다. 백 퍼센트 장담할

아기는 말을 배우면서
세상을 다시 만납니다.
어른의 말 공부는
더욱 넓은 세계로 인도합니다.
말을 공부한다는 것은
내 삶을 다시 바라보는
좋은 기회가 되니까요.

수는 없지만, 수업을 향한 열의가 강한 분들은 대개 강의실 앞자리를 차지하고, 그렇지 못한 분들은 뒷자리를 선호합니다. 저는 순간적인 예감에 사로잡혀 문예진 씨가 눈에 띄고 싶지 않거나 혹은 누군가의 권유로 마지못해 강의를 신청한 것이 아닐까 생각했어요. 하지만 저의 예감은 기차가 선로를 탈선하듯 단단히 빗나갔습니다. 문예진 씨는 항상 뒷자리에 앉으면서도 수업에 빠지지 않았고, 수업에도 높은 집중력을 보였습니다.

첫날 발성 훈련을 할 때 문예진 씨는 모깃소리를 내었어요. 저는 그녀의 성량을 끌어올리기 위해 스타카토 발성과 공명 훈련으로 자신의 소리를 직접 듣게 했고, 배 힘으로 소리를 내도록 손으로 빨래 짜는 시늉까지 해 보이며 단단한 음성을 낼 것을 계속해서 요구했습니다. 장·단음, 끊어 읽기, 강조법 등의 스킬을 훈련할 때는 제가 먼저 선창해서 제 목소리를 충분히 듣고 따라 할 수 있도록 했습니다.

어떤 분은 한 문장을 낭독할 때 기계적으로 따라 하지만, 어떤 분은 최선을 다해 오감을 집중시키고 힘과 에너지를 쏟아부은 채 문장을 읽습니다. 예진 씨가 그랬습니다. 외국어를 배울 때 반복적으로 외국인의 음성을 듣고 따라 하는 새도잉 기법으로 효과를 얻듯 예진 씨는 제가 읽는 단어 하나, 문장 하나를 그대로 따라 하고자 노력하더니 어느 날에는 마치 예진 씨가 제 성대모사를 하는 것처럼 느껴지기도 했습니다.

그렇게 스피치 수업에서 접한 내용들을 허투루 흘리지 않고 자신의 것으로 받아들이고 접목하는 시도를 함으로써 예진 씨는 점점 목소리와 발표 태도, 내용 면에서 스피치 실력이 부쩍 늘었으며, 종강을 일주일 앞둔 날에는 MC 대본을 읽을 때 마치 방송을 진행하는 아나운서처럼 능숙한 실력을 보여주었습니다. 첫날 수줍고 조용했던 첫인상과는 달리 그녀의 섬세하고도 거침없는 패션 감각에 걸맞게 한껏 자신을 표현할 줄 아는 멋지고 당당한 발표자의 모습으로 거듭나 있었습니다.

문예진 씨는 자신이 본래 가지고 있던 원석을 스피치 과정을 통해 발견하고 다듬어서 빛나는 보석으로 만들었습니다. 이제까지 해보지 않아서 모르고 있었던 자신의 재능을 십분 발휘하게 된 거예요.

어쩌면 우리는 나 자신이 어떤 사람인지 모르고 살아가고 있는지도 모릅니다. 직접 부딪쳐보고 경험할 때만이 우리는 비로소 나 자신과 마주하게 됩니다. 그동안 스피치 강사로 일하면서 목격했던 수강생들의 변화와 발전은 용기 있게 도전한 이들에게 주어진 달콤한 보상이었습니다. 그리고 이런 일들이 저의 스피치 교실에서 일어나고 있음에 보람과 감사함을 느낍니다.

여러분은 이미
삶의 긍정적인 파도에 몸을 실었습니다

지난 십 년 가까이 현장에서 다양한 연령과 직종의 사람들을 대상으로 스피치 강의를 진행하면서 이런 질문을 무수히 많이 받았습니다.

"선생님, 교재는 어디에서 구할 수 있나요?"

"스피치를 더 공부하려면 어떤 책을 사야 하나요?"

"이 수업 내용을 책으로도 볼 수 있나요?"

그때마다 저는 이렇게 답했어요.

"머지않아 서점에서 제 책을 만나보실 수 있을 거예요."

수강생들과 함께 공부할 책이 간절했기에 책으로 엮을 콘텐츠를 하나하나 정리해나갔습니다. 하지만 그동안 연구하고 축적해온

방대한 양의 콘텐츠와 스피치 노하우를 한눈에 볼 수 있도록 묶는 일은 쉽지 않았습니다. 그리고 어떻게 하면 스피치 공부가 필요한 분들이 책 한 권으로도 스피치를 이해하고 실질적인 훈련법까지 익히도록 할 수 있을까 고민하는 데 시간이 더 필요했습니다.

원고를 출판사에 넘긴 뒤로도 강의는 계속되었고, 시간이 더해지면서 새로운 깨달음이 찾아왔습니다. 그동안의 경험을 책 한 권 분량의 원고로 정리하자, 제 자신과 스피치 수업을 객관적으로 바라볼 수도 있었습니다. 그래서 보다 완성도 높고 유익한 책이 탄생하기를 바라는 마음에서 원고의 내용을 거듭 수정했습니다. 그리고 이렇게 독자들에게 유의미한 도움을 줄 수 있는 풍성한 스피치 책으로 열매 맺게 되었습니다.

'세 살 버릇 여든 간다'는 속담이 있죠? 스피치를 공부하며 생긴 저의 신념으로 스피치에 관해서만은 이 속담을 '세 살 말하기 버릇은 스피치 훈련을 하기 전까지만 간다'라고 감히 바꾸려 합니다. 세 살 말하기 버릇이 나쁘게 정착했을지라도 스피치 훈련을 통해 데스크톱(desktop)의 '새로 고침' 버튼을 누른 것처럼 새로이 형성될 수 있습니다. 스피치를 공부한다는 것은 삶에 대한 가치관, 태도, 목표 등을 점검하고 바꿀 수 있는 중요한 기회이자 인생의 분수령이라고 생각하기 때문입니다. 이 책을 통해 소개한 여러 가지 사례와, 수업을 함께하면서 변화되어간 수강생님들이 바로 그 증

거입니다.

혹여 첫 단추를 잘못 꿰었더라도 스피치 공부를 통해 하나씩 풀어 다시 꿸 수 있고, 중간부터 삐뚤게 꿰었더라도 잘못 꿴 지점부터 얼마든지 바로잡을 수 있습니다. 사람은 딱딱한 나무의자나 무생물이 아니기에 어떻게 학습하고 훈련하느냐에 따라 충분히 좋은 방향으로 다시 나아갈 수 있습니다.

중요한 건 마음입니다. 한때의 트라우마로 발표 불안증을 겪으며 세상을 험준한 산으로 느낄 만큼 여렸던 제가 멋지고 당당한 커뮤니케이터가 되겠다는 꿈을 향해 용기를 낸 그 순간 마침내 변화가 시작되었습니다.

제가 스피치 훈련을 시작할 때에도 여러 가지 훈련 방법과 스피치 스킬을 소개하는 책이 여럿 있었고, 그러한 책들을 통해 저의 스피치 역량을 끌어올릴 수 있었습니다. 호소력 짙은 음성 기교를 연마함으로써 스피치를 잘하기 위한 연장과 도구를 갖추었고, 더 나아가 사람의 마음을 얻고 삶을 풍요롭게 만드는 말하기를 표방해왔습니다. 그리하여 제게 스피치의 초석을 다지게 해준 지도서처럼 탄탄한 기본 실력뿐만 아니라 스피치의 궁극적인 목표점이나 방향을 제시하고 안내하는 길잡이가 될 만한 책을 만들어야겠다는 사명감에까지 이르게 되었습니다. 세상과 소통하며 마음 그릇을 넓히는 스피치 훈련을 지도하는 과정에서 발견한 주옥같은 보물들을 많은 이들과 나누길 희망합니다. 이 책이 스피치를 공부할 여러분과 제 마음을 연결하는 가교이자 광장이 될 것을 생각하니, 가슴 벅찹니다.

비행기 추락 사고로 외딴 섬에 홀로 남은 채 오로지 사랑하는 사람과 다시 만나겠다는 희망만으로 버티다가 결국 무인도에서 탈출한 남성의 기적 같은 이야기를 담은 영화 〈캐스트 어웨이(Cast Away)〉(2001)에서 주인공은 이렇게 말합니다.

계속 숨을 쉬어야 해. 내일은 또다시 해가 뜰 것이기 때문이야. 파도가 뭘 가져다줄지 아무도 모르잖아.

I gotta keep breathing. Because tomorrow the sun will rise. Who know what the tide could bring?

다소 낯설고 생경하게 다가오는 보이스 훈련법과 따라 하기 쑥스럽고 어색한 프레젠테이션 스킬을 포함한 스피치 노하우를 읽어 내려온 독자 여러분은 이미 위대하고 긍정적인 변화의 파도에 몸을 실은 것입니다. 영화에서는 파도가 무얼 가져다줄지 모른다고 말하지만, 저는 이 책을 끝까지 읽은 독자님들께 확신을 갖고 말할 수 있습니다. 이 책을 읽고 스피치 훈련을 시작하는 여러분들은 각자가 지닌 재능과 역량을 발견할 것이며, '매력적인 스피치'라는 동력으로 여러분이 꿈꾸는 바에 바짝 다가가실 수 있을 것이라고요.

지금 있는 모습 그대로의 여러분을 응원하며, 스피치를 통해 곧 이루실 여러분의 꿈이 어떤 모습으로 나타날지 기대하는 마음으로 기다리겠습니다.

마치 오랜 기다림 끝에 기적과도 같은 새 생명을 품에 안듯 저의 첫 스피치 책이 나오기까지 기다림을 배웠습니다. 때로는 인고의 시간이었으며, 때로는 희망에 찬 시간이었으며, 때로는 성숙하기 위한 훈련의 시간이었습니다. 저의 첫 열매가 여러분의 삶에 선한 영향력을 끼칠 수 있길 기원하며 열매가 잘 맺히기까지 도움 주신 분들께 감사의 인사를 전하고 싶습니다.

저의 강의 경험과 콘텐츠의 가치를 인정해주고 늘 격려해줄 뿐만 아니라 책 출간을 권유해주신 이양훈 편집장님, 배려심 깊은 홍상만 디자이너님, 묵묵히 지지해주신 김성룡 대표님과 출판을 위해 수고해주신 분들께 진심으로 감사드립니다.

또한 같은 마음으로 저의 첫 책을 기다려주고 기도와 응원으로 힘을 주신 가족, 지인, 수강생님들께 깊은 사랑과 감사를 표합니다.

모든 순간 함께 하시고 눈동자처럼 저를 지켜주시며 인도하시는 살아 계신 하나님께 감사와 영광을 올려드립니다.

목소리에도 색깔이 있습니다.
지금 당신의 목소리는 어떤가요?
당신의 말을 듣는 사람의 마음이
보다 밝아졌으면 좋겠습니다.
그러면 당신은 그 사람보다
더 큰 행복을 누릴 거예요.

내가 하는 말이 나를 만든다

| 나를 완성하는 언어의 품격

ⓒ 손지애, 2023

초판 1쇄 발행   2023년 4월 21일

지은이   손지애
발행   김성룡

기획 · 편집   이양훈
일러스트   senya
디자인   홍상만(네오이크)

펴낸곳   딩글
주소   서울시 마포구 월드컵북로 4길 77 3층
전화   02-858-2217
팩스   02-858-2219
이메일   2001nov@naver.com

ISBN   978-89-6897-118-1 03190